中国历代张天师评传

主编　张金涛　执行主编　盖建民

中国历代张天师评传

卷五

江　峰　著

江西人民出版社
Jiangxi People's Publishing House
全国百佳出版社

张金涛简介

张金涛，男，贵溪市人，汉族，1964年9月11日生，系祖天师张道陵血胤后裔。1983年入道教正一派。同年，经中国道教协会会长黎遇航推荐入北京中国道教学院学习，两年后以优异成绩毕业。1986年当选为中国道教协会理事，同年，当选为江西省政协委员。1987年起任嗣汉天师府主持，同年当选为鹰潭市政协常委、市人大代表、江西省青联副主席、中华全国青联常委。1991年，被授“大法师”称号。1992年当选为中国道教协会常务理事。1994年，被推选为龙虎山道教协会会长。同年，被美国夏威夷中华文艺大学授予“道学硕士”学位。2003年当选为第十届全国人民代表大会代表、鹰潭市月湖区政协副主席。2005年，当选中国道教协会副会长。2007年当选为第十一届全国人民代表大会代表，并当选为江西省道教协会会长。2011年当选为鹰潭市政协副主席。2013年再度当选为第十二届全国人民代表大会代表。

自1987年主持嗣汉天师府工作以来，他率领全府道众坚持走爱国爱教道路，承上启下，继往开来。多方筹集资金，重建了头门、二门、法箓局、玄坛殿，修复了万法宗坛，兴建了玉皇殿、敕书阁等天师府的主体建筑,使破旧的天师府焕然一新。同时，他先后多次率团出访马来西亚、美国、澳大利亚、印度尼西亚、新加坡及港澳台地区，弘道扬法不遗余力。并主编了《中国龙虎山天师道》、《道教文化管窥》、《嗣汉天师府志》等著作，积极参与编辑出版《龙虎山道教音乐谱集》、《天师道音乐磁带》及天师府风光VCD光盘，发表道教学术论文数十篇。2013年5月，由龙虎山道协申报的“龙虎山古建筑群”被评为第七批全国重点文物保护单位。2010年，天师府和鹰潭市道协被评为江西省“创建和谐寺观教堂”先进集体。同年天师府、正一观分别被评为“江西省重点宫观”。2013年7月，“正一天师道音乐”列入第四批国家级非物质文化遗产名录。由于他在抢救天师道文化和开展社会慈善等方面贡献突出，1987年被江西省人民政府授予“宗教为四化建设服务先进奖”，1993年被中国道教协会授予“全国道教爱国爱教先进个人”等称号。他的事迹已载入《中国当代名人录》。

盖建民简介

盖建民，男，1964年2月9日生。哲学博士，现任教育部人文社会科学重点研究基地四川大学道教与宗教文化研究所所长，教授、博士生导师，国家“985”工程四川大学“宗教、哲学与社会研究创新基地”学术带头人，《宗教学研究》副主编，2004年入选教育部首届新世纪优秀人才。主要从事道教历史与文献、道教医学、道教科技研究，著有《道教金丹派南宗考论——道派、历史、文献与思想综合研究》（北京：社会科学文献出版社，2013）、《道教医学》（北京：宗教文化出版社，2001）、《道教科学思想发凡》（北京：社会科学文献出版社，2005）、《道教医学导论》（台北：中华道统出版社，1999）、《科学淘汰与科学汲取》（桂林：广西师范大学出版社，1996）等个人专著；主编《道教科技研究丛书》，合作主编普通高等教育“十五”国家级规划教材《中国宗教通论》（北京：高等教育出版社，2006）；合著《中国道教思想史》《道教医学精义》《道教文化新典》等多种；辑校有《白玉蟾文集新编》（北京：社会科学文献出版社，2013）《白玉蟾诗集新编》（北京：社会科学文献出版社，2013）；参编《三玄与丹道养生》、《金丹派南宗》（甲乙丙）、《方域道迹考原》等系列专集12部（台北：中华道统出版社1999—2002年，副主编）。

专著《道教科学思想发凡》荣获教育部第五届人文社会科学研究优秀成果奖(2009年9月)暨福建省政府第七届社会科学优秀成果一等奖（2007年12月），专著《道教医学》荣获福建省政府第五届社会科学优秀成果一等奖（2003年10月）。主持完成国家社科基金项目《道教金丹派南宗研究》（2011年优秀结项成果）、教育部重点研究基地重大项目《道教科技文献的整理与研究》等，目前主持国家社科基金重点项目《道教与中国传统天文历法互动关系研究》。

目　录

引　言

考察历代张天师，可以发现，清代以降，各代张天师较之其前辈，有几个明显的变化是值得注意的。

第一，他们的嗣教活动已经有了更为深厚的教派文化累积。经过东汉至明末长时期的教派衍化与流迁，张天师及其正一道作为统领江南的道教派别，其文化不断创新与沉积，在教义教理、象征符号、科仪法器、戒律禁忌、法术法式、灵棋法课、丹道修炼以至洞天宫观的建筑风格、修养性情的道诗道乐等诸多方面，都有了更为深厚的文化底蕴。

第二，他们的嗣教生涯处于三教融合并趋于一体化的文化生态环境之中。此期历代张天师传教的文化生态环境，相对于以前来说，实际上更为纷繁复杂。先前的儒释道三教尽管在宗教观念、教理教义、神祇崇拜等方面已有一些文化元素的融通契合，交错渗透，但是更多的时候都是分庭抗礼和碰撞冲突的。而在此期间张天师传教的文化背景中，儒释道三教合一已然成为无以遏制的主流，这就使得他们需要有更为宽广的思想视野，能够在更大的文化空间和更深的文化层次上理解他们自己所身负的嗣教本职，也能够增进其传教多元化的内容，丰富其传教的教理思路和践行模式。

第三，张天师已成为围绕张道陵这个原型所创造出来的具有广泛意义的道士形象。王见川、高万桑等人认为："宋代以来一般民众却普遍认为张道陵天师是道教的教主，江西龙虎山张天师是其子孙，历代相承道法，有极高的法力，精于符箓，是斩妖驱鬼治病的高手，拥有崇高的地位。"（引自《近代張天師史料彙編》）

清人笔下有关张天师传说的资料极为丰富。如，梁章钜《浪迹丛谈》卷六的《龙神》；俞蛟《梦厂杂著》卷九的《隐身术》；刘储鲲《铁槎山房见闻录》中的《李龙神》；沈起风《谐铎》卷六的《上清宫除妖》；许秋宅《间见异辞》卷二的《朱道人试法》；墉讷居士《咫闻录》卷二的《论狐》；钱泳《履园丛话》中的《狐女与天师》《朱方旦》；张山来《虞初新志》卷十七的《纪袁枢遇仙始末》；程趾祥《此中人语》卷五的《天师》；袁枚《子不语》卷三的《鄱阳湖黑鱼精》、卷四的《猎户除怪》、卷十三的《归安鱼怪》、卷七《续子不语》的《天师通幽》等，都有关于张天师的传说。从这些传说来看，张天师总体上是以一种除妖降魔的正面艺术形象进入到民间传说之中的，不过，也有部分文学因歌颂爱情自由，将其作为带有陈旧偏见的反面形象予以对象化的批判。而《梦厂杂著》中对张天师形象评述道："考天师为汉时张道陵之后，历代相承，至元明而教大显，凡祈晴祷雨，靡不应；而驱除妖魅，尤所擅长。"可以说是对张天师形象的一个比较典型的社会评价。

第四，后期张天师的人生际遇，不可避免地与中国近现代社会历史的风云变幻紧密相关。清朝经过康乾盛世之后，逐渐积贫积弱。特别是后期，更是闭关锁国，腐败至极。而历经鸦片战争、太平天国运动、辛亥革命、军阀混战以至新民主主义革命和社会主义革命的不同时期，张天师及其正一道，都称得上是命运多舛。这从历史上与张天师紧密关联的苏州穹窿山上真观的境况，即能得以体察。民国时，上真观稍趋衰落，但尚有殿房2000多间，当时国事多艰，特别是日本军占领时，真是愁山忧云，所有的事都晦暗难明，穹窿山及上真观，曾遭受到了日本侵略者的肆意破坏，其殿宇除关帝殿、龙王殿、吕祖殿、财神殿等外，其余均毁于大火。据穹窿山老法师姚卧松所述，抗日战争期间，穹窿山上真观尚有道士二十余人，即使如此，上真观仍具有一定规模，在民间群众中还有相当大的知名度。直至20世纪50年代，穹窿山上真观依然是江南最大的道教建筑群，有1000多间，"文化大革命"时，殿宇全部毁坏。而与中国近代以来的历史进程相对应，张天师及其正一道和社会不同政治集团的关系也亲亲疏疏，错综复杂，其社会影响可谓起起落落，总体上逐渐减弱，因而人们对其认知也就更不明晰了。

第五，民国以后的张天师对于中西方文化冲突有一定程度的反应。西方列强通过洋枪洋炮轰开了清朝闭关锁国的大门，西方强盗在中国烧杀抢掠，无恶不作，而在中国沦为半封建半殖民地，中华民族陷入深重灾难之中的同时，许多有识之士也睁开眼睛看世界，努力从西方汲取各种先进的科学技术知识和文化思想观念。西方科技与文化给中国文化传统带来了极其巨大的冲击,而这种冲击,通过多个不同的环节得到了凸现。梳理相关的材料,我们就可以发现,在历史上,张天师及其正一道的文化系统虽然具有相对的稳态,但近代西方文化对中国的冲击,在张天师及其正一道那里,实际上也有一些比较明显的史迹。

对清朝民国12位张天师作评传,其意义是极为重要的。这主要可以从如下方面予以理解:一是可以在一定程度上消除普通民众对于张天师及其正一道的模糊认识,对此期张天师及其正一道有一个正确的历史定位,有利于还原、重塑张天师的宗教人格形象;二是可以在社会普适性的更为宽广层面,引发人们对于此期张天师及其正一道的关注与反思,不断挖掘张天师及其正一道的多重宗教文化价值,以充分发挥其宗教的正能量,促使其社会正面影响作用得以全面展现;三是可以为未来张天师及其正一道宗教文化生存空间的拓展,提供某些切近实际的知见和合乎时宜的理念,以促使其教理教义能够掌握更多的信众,其教派能够润化大批教内弘道的现代人才,其整个系统能够充满增进传统正信和提高社会道德水准的良性文化元素;四是可以从关于张天师及其正一道的普化认知维度,为宗教文化哲学、伦理学、社会学及历史学等多学科建设展现出一个独特的视域,使张天师及其正一道的发展能够在学术化与社会化两个方面较好地契合、链接起来;五是可以通过对此期张天师及其正一道中所具有的传统思想文化资源的开掘,正确地把握张天师及其正一道信仰的本质特征,增强张天师及其正一道传统文化精髓为现代社会服务的时代气息,为人们科学地考察中国传统宗教文化提供某些经验借鉴,"阐旧邦以辅新命",增进人们弘扬优秀传统文化、促进和谐社会构建的历史责任感和时代使命感。

作为一种宗教派别延续的一脉,清朝民国张天师及其正一道的历史功过究竟如何评述?这是一个非常棘手的问题。我们既不能以一种路径依赖的惰性思维方式简单划一地依据一些民间非正面的印象,带有成见地对之予以不切实际的理解,也不能因为其教派承袭的需要而过分地夸大其历史地位和价值作用。最重要的还是应该将其还原到具体的历史镜像之中去,在充分的史料基础上,对其本真面貌进行理性的认知与反思,力求以一种客观公允的态度,走进此期张天师的生活世界,再现其真实的情感理路、宗教神迹及其教派活动的丰富史实,表达与传输对于这一宝贵文化资源的相关见解。具体而言,在评传中必须要重视如下基本方法的运用:一是系统分析与语境还原相结合。将张天师及其正一道信仰置于主流文化生态语境之中,特别是中国近代三教融通、西学东渐以及现当代先进文化的昌盛等多种文化演进的背景之下，多层面梳理、透析张天师及其正一道与各种文化错综复杂的关系，加强对其信仰蔓延流转的形态考察，使其教派的生命力和未来发展潜力从这一流转形态中得到一定程度的映现。二是文献资料及多学科交叉探讨相结合。在充分占有原始文献材料的基础上，综合运用多学科尤其是生命哲学的反思方法，对此期张天师及其正一道予以梳理、整合、诠注、阐释，在其活性文化因子与当代和谐社会发展的多个交叉点上进行系统透析，勾勒该教派信仰的思想体系与履道轨痕，彰显其文化特质和多元价值，从而开拓中国宗教文化的新思路、新领域。三是历史与现实相结合。立足于中国社会、经济、文化的历史和现实，从文化发生学的视角审视此期张天师及其正一道信仰，考察其文化发生的具体环境条件，揭示其生成衍扩的本质规律、内在机制以及多重动因，从而彰显其当代文化重构的前景与道统开新的深层启示。四是学术化与社会化相结合。评述此期张天师及其正一道，要在学术化与社会化两个层面互动互进，既避免某些学术化成果常有的那种枯燥、晦涩、单一、无趣等容易疏远普通民众的缺陷，又防止某些通俗读物缺乏可读性、信息量贫乏、粗制滥造、低俗浅薄、片面迎合大众口味等弊端，力求在学术化与社会化两个层面上实现平衡，做到评传的兴趣性与学术性、艺术性与真实性的有机统一。五是重点与一般相结合。既要突出此期与张天师相关的重要人物、重要事件的评述，又要从总体上对于此期各代张天师及其教众群体予以一般性的观照。既要有对他们嗣教实践中出现的某些现象、问题相对集中的讨论，又要增加教派洞天胜境、建筑艺术、斋醮科仪、神道仙话、劝善戒恶、符咒易卜、风水节庆等诸多具象符号一般性的诠释与描绘，从而使得此期张天师及其正一道能以一种更为丰满、实在、清晰、具体的历史形态进入到当代人的文化视野之中。

由于清朝以后，尤其是中国近现代社会战争频仍，各种社会运动风起云涌，加之其他社会与个人的诸多原因，此期各代张天师的相关资料屡遭损毁，导致了当今其道迹难寻的实际状况。因此，撰写他们的评传，占有一手材料是一件相当困难的事，而这对于我们完成写作的目标任务来说，恐怕是必须突破的一个关键点。从国家、省会图书馆和众多高校图书馆的各条线索以及台湾地区、香港地区和内地的多个渠道，动员各种资源，对张天师及其正一道的相关材料进行不懈的搜集，从与之有所相连的诸多场所、区域展开全面的探寻，这都是必不可少的。累则累矣，然而，倘若能够对于弘扬正一道这样的传统文化有所裨益的话，那么，因之而吃一些苦头，笔者以为也是非常值得的事情。这也正如罗素在《西方哲学史》中所言："一种行为之受到赞美并不是因为它有好结果或者因为它与一种道德教条相符合，而是因为它有那种把它激发起来的情操。"①本评传的写作能否达到较好的效果就不说了，这些只能留给时间作答。但无论如何，尽最大的努力，并以自己的特定方式，使艰苦的写作实实在在地转化为一个忘我的愉悦的过程，使自己对于弘扬中国传统文化的一种责任感和使命感能够通过这本评传得到较好的传输，这却是笔者更为着意的了。

在人生昏暗迷茫的倦怠之中，总有某扇窗口，让人能借着幽寂如银的月色星辉，透过暗夜层层神秘的雾纱，极力洞穿、感思那无穷无尽的世界。书斋庭外，夜色深沉。风吹帘摆，摇曳心神。而至晨曦初露，倏忽惊觉，只任春鸟啾人，窗藤探书。我虽有使命所在，仍自感一如凤尾竹般不堪，不禁以诗自咏道：

三月清气夜满庭，秀巧凤尾舞枝轻。
疏影撒落娉婷态，细叶裁剪天师情。
为伊惭见消瘦时，随风格物半入梦。
春鸟不知无眠苦，但凭晨光即发声。
绍华匆匆鬓已白，仙缘绵绵意难尽。
长卷乍现玄道乐，苍穹唯识淡云心。

① ［英］罗素：《西方哲学史》，商务印书馆，1963 年，第 21 页。

第一章

第五十二代天师张应京评传

在历代张天师中,第五十二代天师张应京可以算得上是维系正一道脉,并在明清改朝换代时期推演正一道的一个相当重要的人物了。透过他生存的特定历史境域,体察他作为天师的生活世界,追踪他独特的天师人格生成轨迹,就可以发现,对他的这一历史角色定位,就正一道的发展延续和历史演进而言,应该是恰如其分的。他掌理道箓所处的时代特点、他统管教务所作的道业奉献、他修身养性所具的个人魅力,都充分地表明,他在正一道的教史上,足以获得这样一个层级的声誉。

张应京(? —1651),字翊宸,明思宗崇祯九年丙子(1636)袭爵,顺治八年(1651)掌理道箓。他继承天师之位时所处的历史情势是:天灾人祸频频发生,社会矛盾冲突重重,农民战争风起云涌,南明偏安软弱无能,而大明王朝奄奄一息,可谓气数殆尽矣!历史的发展,偶然中有必然,必然中亦有偶然,势在必得的满州贵族入主中原,取代明朝,亦是毋庸置疑、理所当然的了。这就客观地使得当时掌理道箓的正一真人、第五十二代张天师张应京,被推置于明清之间改朝换代的风口浪尖之上。可以说,在这个风雨飘摇的历史时期,张应京乃至整个正一道,都称得上是战战兢兢、如履薄冰。一方面,张应京面对明朝一步步走向衰落和灭亡的现实,不得不适应当朝统治者的心理需求,竭尽所能地践履他作为正一道嗣教真人的神职,极力维系本门与大明王朝的关系;另一方面,清朝入主中原之初,张应京从正一道生存发展的长远大计出发,又不得不绞尽脑汁,运用自己的生存智慧,慎重考虑张天师及其正一道与清王朝新政权之间何以相处的一系列问题：在新政权的统治之下，张天师及其正一道将何处何存？怎样才能适应新的统治者普遍的精神需要和信仰诉求，在新政权的统治架构之下谋求到一个最佳的弘教位置？怎样才能够率领教众，体道立行，以提振正一道，最大化地释放其影响信众、实施其社会教化的正能量？这些攸关教派兴衰存亡的难题，现实地摆在这位正一道真人面前，给他以极大的精神重负和强烈的危机感，也逼迫他不得不直面严峻的挑战和历史的机遇。当然，张应京掌理道箓所处时代这一政权转换时期的特点，也激发了张应京作为嗣教真人的体道意识，决定了张应京在正一道教史上，必定会成为这样的一代天师：他极力做到审时度势，以适应张天师及其正一道的角色定位，促使教派在改朝换代中平稳过渡，并且使之宜时适境地延续和演进。

一、"护国罗天"　玄语崇祯

诚然，张应京之所以对于正一道发展举足轻重，主要在于他处置教务所作出的重要的道业奉献，但也还因为他体道的各种奇闻逸事和他的神奇天师魅力，在民间群众中造成了比较深远的影响。崇祯十三年庚辰，也就是1640年，张应京作为第五十二代张天师入觐当朝皇上。为了大明能够挽回颓败之势，明朝的最后一任天子——崇祯皇帝，把一丝希望寄托在张天师及其正一道护国罗天的业法上，可以说，对张天师和正一道，他在内心颇有敬重之意，在礼数上也是颇为周详的。张应京入觐之时，恰逢皇子患病，因此，崇祯皇帝决定让他为皇子祈祷。为此，崇祯皇帝还特地亲自拜谒了正一道祖天师张道陵坛位。在祖天师坛位前，当皇上正欲行下拜大礼之时，张应京谦恭地说："卿祖正一道陵位在人臣，礼不当拜。"意思是说，皇上贵为天子，而我祖师张道陵只不过处在为人臣子之位，皇上在礼数上还是不应该下拜的啊！崇祯皇帝因他这一说，即就自己行此下拜大礼的理由回应道："卿祖道德高深，正赖默赞元化，可晋封六合无穷高明大帝，卒成礼。"你们祖天师的道德高深，其位可晋封为六合无穷高明大帝啊！所以一个俗世人君，对他行下拜大礼，终是礼当可成的！不管是一种偶合现象，还是有什么玄机在内，总之，据说经皇上大礼拜谒和张应京天师斋醮祈祷之后，皇子的病居然真的"旋即痊愈"了。因而，对于此事，满朝皆称灵验，慨叹不已。

崇祯十六年(1643)，明朝已然濒于灭亡，崇祯皇帝在万般无奈之下，还曾经亲自恳请张应京天师主持过一场“护国罗天大醮”。尽管张应京天师心知明朝气数已尽,但他仍然一路风尘仆仆,去履行他作为一代天师护国罗天的道义。“护国罗天大醮”之后,张应京天师即对崇祯皇帝道出一句八字玄语,这一带有预测未来性质、颇为惊世骇俗的八字玄语,即“国家绵久,万子万孙”。由于这八字玄语看起来像一个吉祥美好的预言,令崇祯皇帝不禁大喜过望,似乎他的王朝真的就是气运长久、牢不可破了。然而,最终的结果却令人遗憾,大明王朝历史命运的最后走向,并非如事前崇祯皇帝对这八字玄语理解的那样,因为他的美好的王朝梦想,终于还是成为水月镜花,虚幻而逝了。人们不由得疑惑,张应京天师的预言是不是一种糊弄人的妄语与荒谬的谎言?实则不是这样的。

罗素说:“当一个有智慧的人表现出来一种在我们看来显然是荒谬的观点的时候,我们不应该努力去证明这种观点多少总是真的,而是应该努力去理解它何以竟会看起来似乎是真的。”①这话用在张应京天师的身上,颇为贴切。那么,对于这“国家绵久,万子万孙”八字玄语的预言究竟何解呢?其实,只需从哲学的层面反思一下,即可以明白张应京天师所费的一番良苦用心了。从这八字玄语中,可以体味到,这位处于明清交替之际的张天师,表现出一种高妙的处世智慧。一般来说,哲学讲究“从后思索”的方式,正如马克思所说的那样:“对人类生活形式的思索,从而对它的科学分析,总是采取同实践发展相反的道路。”②为什么这样呢?“因为已经发育的身体比身体的细胞容易研究些。”③在马克思和其他许多哲学家那里,哲学家总是“事后才上场”的。马克思还因此在《神圣家族》中批判黑格尔说:“哲学家只不过是创造历史的绝对精神在运动完成之后用来回顾既往的意识,因为真正的运动已经被绝对精神无意识地完成了。所以哲学家是 Post festun(事后)才上场。”④借用这种“从后思索”的方式,体察张应京天师的八字玄语,就知道,事实上,他内心的真实想法,并不是要糊弄明崇祯这位亡国之君,一方面,他是想借这八字玄语,为崇祯皇帝鼓劲,使他能够振作起自己的精气神,整肃朝纲,问政勤政,以极尽挽救大明王朝之能事,因此,他这“国家绵久,万子万孙”的八字玄语之说,在当时的情境之下,毕竟也是一句充满真情实意之语。他之所以没有使用逻辑清晰的话语,向崇祯皇帝明

---

① [英]罗素:《西方哲学史》,商务印书馆,1963 年,第 67 页。
② 《马克思恩格斯全集》,第 23 卷,人民出版社,1972 年,第 92 页。
③ 《马克思恩格斯全集》,第 23 卷,人民出版社,1972 年,第 7—8 页。
④ 《马克思恩格斯全集》,第 2 卷,人民出版社,1957 年,第 108 页。

白地预言明朝必定会亡国的悲剧性命运，也是免得贵为天子的皇上的尴尬，以及避免可能来自王权的威胁、甚至是关乎生死的凶险；另一方面，他又不能因此而一味地迎合崇祯皇帝，丧失自我。如果“从后思索”的话，张应京天师这八字玄语的意思其实就应该是：大明王朝确实也算得上是很长久了，但仅仅只能够到“万子万孙”为止。正一道士们对“万子万孙”进行过认真的解释，认为“万子万孙”不过是个巧妙的缩写，展开来看就是“万历皇帝的儿子和万历皇帝的孙子”。万历皇帝的儿子就是史称“红丸天子”“一月天子”的明光宗皇帝朱常洛；万历皇帝的孙子则是个不爱江山爱技艺的昏君，也就是明熹宗皇帝朱由校。

明光宗朱常洛像

明光宗皇帝朱常洛(1582—1620)即泰昌帝，是明朝第十四位皇帝，是万历皇帝也就是明神宗朱翊钧的长子，在明神宗病故之后继位。朱常洛由于病后服用红丸而死，终年不足40岁，因而被称之为“红丸天子”。在位仅一个月，是明朝在位时间最短的一位皇帝，因而又被称为“一月天子”，死后葬于庆陵，也就是现今的北京十三陵。

明光宗好色而短命，是明代最富传奇色彩的一位皇帝。明光宗朱常洛的生母是恭妃王氏，原来只是慈圣皇太后的一个宫女。明光宗的身世与他的父亲——明神宗朱翊钧其实差不了多少，都是父皇在偶然的机缘下，一夜风流，临幸宫女所生。然而，虽然他们一样都是父皇临幸宫女所生，但不同的是，明神宗的父亲明穆宗朱载垕却要比明光宗的父亲明神宗负责任得多。明神宗朱翊钧打心眼里就不喜欢朱常洛，认为这个皇子的出生是他一生中的一件丑事，这个想法萦绕着明神宗39年之久，一直到他去世时，也没有改变。因此，朱常洛一生都没有能够得到过什么父爱，《先拨志始》说他：“光庙诞生，一应恩礼俱从薄。”意思就是说他在皇家所有的待遇都是比较差的。据说，神宗因为不想立他做太子，竟很长时间都不让他念书学习，以致使得这个后来短命的皇帝差点成为一个文盲。

关于明光宗，历史上有过所谓的“国本之争”。明神宗极为宠爱郑贵妃，他与郑贵妃有个儿子，也就是福王朱常洵，不过，他的这个儿子，最后被李自成的农民起义军所杀。由于明神宗宠爱郑贵妃，因此更是把朱常洵视如掌上明珠，明神宗自己私下也一心想废长立幼，欲将福王朱常洵立为皇太子。按古制的要求，皇上长子之母理当予以相应的册封，明神宗却为了废长立幼，违反古制，册封并不是长子之母的郑氏为贵妃，而长子朱常洛的母亲反而没有得到明神宗相应的册封。但他这一步走出之后，并没有获得废长立幼的成功。于是明神宗又抛出了将三个儿子一并封王的主意，企图通过使众皇子皆封为王，从而降低长子的地位，以变相的方式，实质性地实现他废长立幼的想法。但他的这个主意又因为被朝臣所阻止，最终也没有付诸实施。

围绕着朱常洛和朱常洵两人之间择一而立的事情，当时朝中两股势力之间你争我夺，斗争相当激烈，因而使得皇太子的册立拖延了十余年之久，直到明万历二十九年，也就是 1601 年，才通过朝臣的极力谏争，在慈圣皇太后的支持下，得以尘埃落定，最终，还是朱常洛被册立成为皇太子。

朱常洛当上皇太子之后，起初一度也没有过上多少安宁的日子。因为朝内党争，加之宫闱纠纷，他的太子地位始终受到来自多方势力的威胁，一直没有能够稳定下来。不过，由于朱常洛在各方面的表现，也还算得上是中规中矩，因此，没有给朝中反对势力落下翻盘的由头，明神宗对他也就没有什么话可说的了。

事实上，从历史上来看，在此期间的明宫三大疑案，都与明光宗朱常洛紧密相关。这三大疑案同时也都触及明朝历史走向的神经末梢，明朝亡国前后，朝廷中的种种政治风波，都或多或少地与这三大疑案的影响关联，而这种影响作用，一直延续至南明朝。

第一大疑案史称“梃击案”。此案发生在朱常洛太子之位渐趋稳定的时候。明万历四十三年，也就是 1615 年，蓟州（今天津市蓟县）一个叫张差的男子持梃闯入朱常洛居住的慈庆宫，意欲行刺，被宫门太监当场抓住，朱常洛才算躲过一劫。张差被抓住后，先是装疯卖傻，之后供认称是由郑贵妃手下的太监刘成、庞保等所指使，并由他们引入太子寝宫的。当时人们怀疑是郑贵妃为了让她的儿子朱常洵登上太子的位子，因而想谋害朱常洛。对于这件事，朝中一时议论纷纷，不过正是由于感觉此事在朝野之间影响太过恶劣，因而无论是明神宗还是作为太子的朱常洛自己，都不愿意对之予以追究，最后便只是草草了结此案，仅杀死了张差，其罪名是疯癫奸徒，同时也一并杖死了刘成、庞保。然而，一介草民何以能够闯进戒备森严的皇宫？又如何能轻易找到太子居住的宫殿？此中必有内情。而幕后指使之人究竟是否是郑贵妃，却没有定论。此案也因之成为明宫的一大疑案。

第二大疑案史称“红丸案”。万历四十八年，也就是1620年。这年八月，明神宗朱翊钧病逝，朱常洛于同月丙午日继位，改年号为“泰昌”。朱常洛继位后，短短的时间，实行了一些革除弊政的改革。如，发内帑犒劳边关将士，这虽然只不过是杯水车薪，却也是明神宗朝政时所难得一见的；又如，罢除了明神宗其间的矿税，而正是这种税收，也是使明神宗朝政时民不聊生、民变迭起的重要原因之一；还如，采取了一系列拨乱反正的措施，尤其是释放了那些由于进谏而得罪皇帝的官员，并让他们官复原职。他还重振纲纪，提拔了一批新的官吏，补足了缺额，使当时的朝政稍有起色。然而，好景不长，他的王朝统治大好的前程却因为他的私人生活而被亲手葬送了，这也造成了其后大明王朝进一步走向衰败的命运。明光宗即位之前，在宫中沉湎于酒色，身体日益羸弱，加之即位之初，政务又繁忙，因而不到一月，便累垮病倒了。这期间，经宫内太医崔文升诊治，服用了泻药，以致一日一夜竟腹泻达四十余次，病情更是日趋恶化，因而就不敢再用了。于是，鸿胪寺丞李可灼进献了两粒红丸，明光宗服用第一粒之后，效果极为明显，气喘很快得到了缓解，食欲也明显增大，病情便见好转。但紧接着服用第二粒之后，便昏睡过去，到次日凌晨，便一命呜呼了。崔文升为何让明光宗服用泻药？李可灼向明光宗进献的红丸究竟是何药，是否有毒，为什么明光宗服用第二粒红丸之后便就此毙命？这些都已成为一团迷雾。有的人猜测说这种红丸是由参茸与女子的经血糅合而成的，一开始服用时，自然会令他精神大振，但再服用后，由于他的身体过于羸弱，猛补之后，委实不堪，所以也就因之而送了命；有的人则怀疑是因为郑贵妃请封，而皇太后不许，她便指使李可灼给明光宗下了毒，众说不一。此案最后的结果是不了了之，遂成明宫又一大疑案。

第三大疑案史称“移宫案”。明光宗朱常洛驾崩之后，此时其皇父明神宗朱翊钧尸棺尚未埋葬，而明光宗的地宫也不可能在短时期内迅速完成，因此，不得不利用原北京昌平景泰陵的废址，重建新陵。明朝天启元年(1621)三月，新陵重新修缮，于八月完工之后，名为庆陵。明光宗即位后，其子朱由校与李选侍一起迁住乾清宫。而一个月之后，明光宗就驾崩了，抚养朱由校的皇妃李选侍控制了乾清宫，欲争当皇太后，以便操纵朝政，于是就与太监李进忠密谋挟持朱由校，此举引起了朝臣刘一燝、杨涟等朝臣的极力反对。就在明光宗驾崩的当日，这些朝臣直奔乾清宫，要求哭临明光宗，请见皇长子朱由校，商谈皇帝即位之事。但是李选侍以明熹宗生母早逝为由，将熹宗扣留，多方阻拦，大臣们据理力争，结果李选侍不得不准许他们与朱由校见面。杨涟、刘一燝等人一见到朱由校，便叩首大呼万岁，并保护朱由校，离开了乾清宫，来到文华殿，接受群臣的礼拜，当即决定于九月六日举行皇帝的登基大典。诸大臣为了保护朱由校的安全，暂时将他安排在太子宫，由太监王安负责保护。这样，李选侍挟持朱由校的目的就落了空。于是便又提出，凡是大臣们的奏章，都要先交由她过目，然后再转交给朱由校。而朝臣们没有答应，并要求李选侍移出乾清宫，迁居到哕鸾宫去，这遭到李选侍的拒绝。后李选侍向大臣们提出要求，先封自己为皇太后，然后再让朱由校即位，也遭到了大臣们的拒绝，遂使双方矛盾日渐激化。眼看朱由校在乾清宫举行登基大典的日子日益临近，但是李选侍根本不听，并将朱由校扣留，直至九月五日，李选侍仍毫无移宫的意思，并称还要延期移出乾清宫。在这样的情形之下，诸内阁大臣全都站立在乾清宫的门外，催促、逼迫李选侍移出乾清宫。王安是朱由校的东宫伴读太监，他将皇子骗了出来，交给群臣，也在乾清宫内力驱李选侍，万般无奈之下，李选侍不得不怀抱其所生八公主，仓促地离开了乾清宫，移居到仁寿宫内的哕鸾宫。九月六日，朱由校登基，即天启皇帝，改明年为天启元年。就这样，李选侍想做皇太后、操纵朝政的一场美梦，也就此化为了泡影。其后，李选侍虽然最终“移宫”了，但事情还没有完。数日之后，哕鸾宫失火，经过一番奋力的抢救，李选侍母女才被救出来。反对移宫的官员在这之后还散发谣言，指责朱由校违背孝悌之道，逼使李选侍投缳、其女皇八妹投井。后来，朱由校在杨涟等人的支持下，澄清了这些谣传，并对此辩驳说：“朕令停选侍封号，以慰圣母在天之灵。厚养选侍及皇八妹，以遵皇考之意。尔诸臣可以仰体朕心矣！”就这样，“移宫案”风波才算告一段落。然而，这场宫中神秘的大火，究竟由何而起，也成为明宫一大疑案。

明熹宗朱由校（1605—1627）是明朝第十五位皇帝，为明光宗朱常洛长子，光宗因“红丸案”而暴毙，在位仅 29 天，而朱由校经过“移宫案”风波，为群臣拥立而继位。明熹宗朱由校也是一个短命皇帝，终年 23 岁。由于明熹宗皇帝朱由校的父亲明光宗皇帝朱常洛，从未受爱于其父明神宗朱翊钧，很长时间都未上学就读，因而朱常洛长期处于忧惧状态，更无暇关心自己儿子的学业，所以朱由校因之自幼备受冷落，到做皇帝时，文化水平还相当低，人们甚至称之为“文盲皇帝”。朱由校的生母王才人虽位尊于李选侍之上，但因为李选侍受宠，其母备受李选侍凌辱而致死。她在临终前留下遗言，直说自己与西李也就是李选侍有仇，因而“负恨难伸”。朱由校在这样的境遇中，从小也受到李选侍的凌虐欺侮，终日以泪洗面，渐渐形成了惧怕李选侍的软弱性格。而明神宗直到临死前，才留下遗嘱，将他册立为皇太孙。明光宗朱常洛即位后，朝中很多大臣都劝他赶紧给这个太子找位老师读书，而当时明光宗却回说，过几天再说，不用着急，结果还没过几天，他自己就死了，而文化水平不高的朱由校竟然就此当上了皇帝，即位时年仅16岁。

明熹宗像

不过明熹宗皇帝却是个颇具技艺天才的皇帝，在明朝历代皇帝中最富特色，尤其是喜好木技，手艺极高，因之而鼎鼎有名，这也可以说是中国历史上的一大奇观。明熹宗对制造木器有极浓厚的兴趣，心灵手巧，他亲自操作刀锯斧凿、丹青髹漆之类的木匠活，手造的漆器、床、梳匣等，均装饰五彩，精巧绝伦，极富创意。据史书上记载，当时木匠造床，不仅用料多，而且样式也很呆板笨重，甚至要十几个人才能移动。而明熹宗琢磨设计新的图样，亲自锯木钉板，造出来的床可以折叠，携带移动方便，雕镂各种花纹，做工极为精美，无不令当时的工匠所叹服。明熹宗还善用木材做小玩具，他做了很多栩栩如生的小木头人，男女老少，神态各异，动作惟妙惟肖。明熹宗喜好在木制器物上发挥自己的雕镂技艺，制作的十座护灯小屏上，雕刻着形象逼真的《寒雀争梅图》。对于他自己创作的作品，明熹宗总是十分自豪，扬扬得意，《明宫杂咏》有诗吟道：“御制十灯屏，司农不患贫。沈香刻寒雀，论价十万缗。”明熹宗雕琢的玉石，也极为

明熹宗的作品

精美，还常常用玉石雕刻成各种印章，赐给身边的大臣、宫监。

明熹宗喜欢看傀儡戏，当时的梨园弟子惯用轻木雕镂各种人物形象，他也施展自己的手艺，做成男女不一的木像，绘色着漆，彩画如生，每个小木人下面的平底处安一锔卯，用长三尺多的竹板支撑着。又用大木头凿钉成长宽各一丈的方木池，里面添上水，放有活鱼、蟹虾、萍藻之类的海货，再用凳子支起小方木池，周围用纱围成屏幕，竹板在围屏下，游移转动，形成水傀儡的戏台。太监、艺人都陪着他游斗玩耍，其乐融融。熹宗也喜欢弄机巧，喜欢建盖房屋，每当造成房屋，都高兴得手舞足蹈，反复欣赏，之后又立即毁掉，重新造出新样式，乐此不疲，兴致高时，往往是"膳饮可忘，寒暑罔觉"。而治国平天下之事，在他那里，早就被抛到脑后了。

明熹宗即位，将其乳母客氏封为奉圣夫人，内监魏忠贤与客氏私情密切，也被晋升为司礼监秉笔太监。按照明朝的旧例，凡是朝廷大臣的奏本，都必须要由皇帝御笔亲批。如果是例行的文书，则由司礼监代拟批词，也要署上规定的字样，或奉旨更改，要用朱笔批之，号为批红。由于明熹宗性喜木技，每当他引绳削墨，兴趣最浓时，魏忠贤就故意拿来公文要他批示，这时明熹宗就觉得非常扫兴，以至于对此极为厌烦，因而总是随便敷衍一下，称自己已经知道了，让魏忠贤尽心照章办理就是了。据《酌中志余》所述："当斫削得意之时，或有急切章疏，奏请定夺，识字女官朗诵职衔姓名毕，玉音辄谕王体乾辈曰：'朕已悉矣！

汝辈好为之。’诸奸于是恣其爱憎，批红施行。”后来，明熹宗一不做，二不休，索性将朝中诸事全权交托魏忠贤处理，自己则潜心于制作房屋木器，对朝政竟不闻不问了。这样，魏忠贤一方面想尽千方百计，引诱明熹宗沉溺于技艺游戏的玩乐之中，另一方面则趁机排斥异己，作威作福，与朝中崔呈秀等一些文臣相勾结，打压东林党人，杨涟、左光斗等都惨死于其手，老百姓深受盘剥，国内苛捐杂税繁重，土地兼并剧烈，各类社会矛盾急剧恶化，由此使得时政黑暗，民不聊生。而对于这一切，明熹宗却浑然无知，竟命顾秉谦等人，专修《三朝要典》，为魏忠贤等宦官阉党歌功颂德。而高官杨涟等人被害多日，明熹宗也都不知道他们已经被害了。

1627年，明熹宗在客氏、魏忠贤的陪同下，到宫中西苑乘船游玩，饮酒作乐，在深水处泛舟之时，一阵狂风刮翻小船，明熹宗不小心跌入水中，差点被淹死。虽被人救起，但受到惊吓，落下病根，经多方医治无效，身体每况愈下。后来，尚书霍维华向他进献了一种名叫灵露饮的“仙药”，他依言饮用后，觉得效果显著，便日日服用。几个月后，即得臌胀病，浑身水肿，卧床不起了。其后他的病更加严重，由于预感到自己时日不多，他便召弟弟朱由检到他卧房，嘱托其弟当为尧舜，命朱由检继位，后崩于乾清宫，终其一生。死后葬于北京昌平德陵。

明熹宗在位七年，明朝内乱不已。“妇寺窃权”，专权误国，忠良惨祸，生灵涂炭，民生凋敝，明朝日薄西山。人民反抗，离心离德，奢崇明、安邦彦起事于西南，白莲教揭竿于山东，陕西王二起义，山东徐鸿儒发难等。不仅如此，而且外患重重，山海关外，女真叛乱步步逼近；后金攻陷沈阳、辽阳，辽东局势日趋严峻。而1624年，荷兰人登上台湾岛，明朝的台湾也就此失去。在明熹宗这位天才匠工的一双巧手上，大明江山实际上风雨飘摇，岌岌可危，已是去日无多了。纵观明熹宗的一生，客观地说，固然荒唐昏聩，但其行径毕竟只是一个缺乏良好教育、贪玩随性的顽童，在禀性上也并非邪恶之人。如，明熹宗对兄弟情深义重，在他自己病重之时，其弟信王入见，他拍着榻说道：“来！吾弟当为尧舜。”又如，重视夫妇之情，十分爱惜张皇后，使客氏和魏忠贤终不能加害于她，临终时，还道出心中对张皇后的歉疚，嘱咐信王要善事中宫，足见结发情意。而他所导致的大明亡国的恶果，实则应归罪到其祖父万历皇帝那里。

张应京天师以“国家绵久，万子万孙”八字玄语向崇祯示意，说明了他通过体察万历皇帝之后两代明朝皇帝的统治，实际上早已明白，自“万历皇帝的儿子”朱常洛开始，大明王朝即是衰势已定；而经过“万历皇帝的孙子”熹宗皇帝朱由校这一代贪玩昏君，大明王朝也就彻底糜烂了。张天师看得很清楚，明熹宗将明朝这样一个烂摊子交给继位的弟弟崇祯，明朝灭亡的命运其实不是崇祯皇帝所能改变的，因为轮到他当皇帝的时候，一切都已经晚了。尽管锐意振兴明朝的崇祯皇帝在上位三个月后，即铲除了魏忠贤这个大害，但一错再错的施政举措、农民起义的沉重打击，对后金战争的一败再败，都致使大明王朝最终不可避免地走向了毁灭。所以，在正一道士们看来，张应京天师这一“国家绵久，万子万孙”的八字玄语，是对一代天师得道神通的生动显现，而在民间，这一事件则成为人们津津乐道的历史谈资。

二、符瑞四十　清廷示冷

清人入主中原后，其统治者对于张天师及其正一道的态度，总体上是趋于冷淡的。顺治三年(1643)，当时，第五十二代张天师张应京，曾请求江西巡抚李翔凤进献符瑞四十幅，但却受到清廷的冷遇，不过清廷为了稳固对中原的统治，对于张天师及其正一道仍然极力加以利用，并令张应京天师掌理天下道教。清廷之所以对张天师及其正一道既冷淡又利用，其主要原因不外乎在于如下几个方面：

第一，由于张天师及其正一道与明朝关系密切，尤其是暗结南明，视满族为“异族”，导致了清廷统治者的不满。就张天师及其正一道与明朝的关系来看，总体上，在整个明朝统治期间，正一道都得到了统治者相当程度的重视。如，明成祖朱棣登极之后，就对第四十三代天师张宇初极为器重，敕他执掌天下道教之事，并命他编修道教书典，由朝廷通类刊版；张宇初病故之后，又两次特遣专使，赐祭张宇初之灵。从明朝重修龙虎观上清宫一事，就反映了正一道受重视的程度。明朝曾于明成祖朱棣在位期间，于永乐元年（1403）和永乐十四年（1416）两次赐缗钱对上清宫进行修建；正德三年（1508），第四十八代天师张彦羽又奏乞修建上清宫，武宗朱厚照敕遣太监李文会同江西镇巡等官监修；同年，又新建寥阳殿为正殿。明世宗朱厚熜更是沉溺于道教，据统计，他在位45年，仅仅给第四十八代、第四十九代天师下诏书和敕谕，就达到41次之多。甚至于连天师娶妻生子，他都要下诏书、送礼物以示祝贺。嘉靖十一年（1532），明皇又敕遣内官监左监丞曹玉会同江西抚按等官监修上清宫，之后敕建仙源宫，两次敕颁神像到龙虎山安祀；明神宗朱翊钧于万历三十八年（1610）又因三清殿等殿宇房院被大水冲毁，而重修上清宫。明朝前后修建、重修上清宫达六次之多，因而明朝统治下正一道的地位可见一斑了。直到最后一位皇帝明崇祯那里，第五十二代天师张应京还为他们操办了“护法罗天大醮”，社会反响相当大。这样，在南方尚未安定的情况下，正一道支持南明，视满族为“异族”，满族统治者也就自然会打从心底里不满了。由于满族贵族对道教本无信仰，入关之初，即对道教实行贬抑。尤其是清兵攻下江南后，重颁禁令，实行“留头不留发，留发不留头”的屠刀政策，激起了汉族广大民众的反抗，期间，南明残余势力在福州建立隆武政权。而由于龙虎山毗邻福建，江西副总兵王德仁怀疑张天师会走福建，依从隆武政权，竟然带兵前来上清，企图屠杀张氏宗亲和信道民众。然而出乎意料的是，王德仁的兵马离上清还有20里时，张应京天师却早已在路边迎候这位副总兵了。王德仁很惊奇，问道：“君犹在此耶，何缘预知我来?”显然，这位总兵大人以为张天师有先见之明，因而由于自己的鲁莽而不知所措，只好随张应京天师一同来上清。刚到天师府门前，又见一位老道鹤发童颜，神态翩翩，携杖出来迎接，这便是第五十二代天师张应京的父亲清素真人。王德仁一见这位神仙般的老道，出于对神仙的崇拜，也有对自己鲁莽的失悔，竟然口称弟子，倒身下拜。由此，一场预谋的上清大屠杀，才得以幸免。

第二，由于清朝统治者从自身利益的需要出发，拉拢、借用西藏的统治力量，因而信奉藏传佛教，形成了崇佛抑道的情势。顺治三年（1647），清兵入关已三年多，南明小王朝的偏安美梦早随宏光皇帝被砍落的人头而破灭了。当时名义上统治中国的顺治皇帝却还是一个年仅九岁的小孩，真正掌权的是其皇父摄政王多尔衮，此外还有一个坚强多智的女子孝庄太后。眼看着明朝气数已尽，龙虎山正一道第五十二代天师张应京不失时机，托请江西巡抚李翔凤，进献皇帝符瑞四十幅。但结果却令人失望，摄政王多尔衮明显不把张天师的符瑞看在眼里，认为致福之道，全在于敬天勤民，而不在于这些“符瑞”，既然你张天师费一番心意送来了，那就在一边放下吧！虽然如此，多尔衮确实感觉到以他们早先信仰的萨满教来统摄中原，其教化能量显然是过于薄弱。清朝从皇太极开始，就非常重视西藏，并关注其局势。在明朝腐朽不堪、江河日下的情形下，西藏各种势力盘踞，皇太极根据当时西藏的实际情况，为了拉拢、借用西藏的统治力量，将达赖喇嘛作为了主要盟友，并希望一直维持下去。顺治“惟喇嘛之言是听”，笃信喇嘛教，因而奉行自皇太极以来宠信喇嘛的政策，极为重视与西

顺治接见五世达赖

藏、蒙古等边疆民族的联系,也多次邀请达赖到京。尤其是到顺治九年(1652),达赖五世携三千随从,从西藏启程抵京,顺治帝予以了最高礼仪的接待,并给予其重赏。达赖到京"进献马匹方物",他特于南苑接见,"赐坐,赐宴"。顺治十年(1653)正月又宴赏其于太和殿,并且命诸王"依次设宴"款待达赖一行。二月,达赖因水土不服辞行,他再次于太和殿宴赏,命郑亲王济尔哈朗等饯行于清河,并命亲王硕塞等率八旗官兵护送返藏。四月遣官赍金册金印赐五世达赖喇嘛为"西天大善自在佛所领天下释教普通瓦赤喇怛喇达赖喇嘛"。清朝统治者正是通过各种方法,拉拢西藏、蒙古等边疆地区的统治势力,优化了其边境政策,并且也在很大程度上收获了其他少数民族的民心。而作为这一统治政策的精神文化方面,藏传佛教也获得了统治者高度的重视,这就使得各种宗教存在的生态环境条件发生偏向,在一定程度上遏制、弱化了国人好道之风。在这样的情形下,张天师及其正一道受到清朝的冷遇也不足为奇了。

第三,由于清朝皇帝大多信奉藏传佛教,加之其他一些外来教派势力发展的影响,在很大程度上影响了张天师及其正一道在清朝的发展。顺治、康熙、雍正、乾隆等皇帝皆对佛教信奉有加。顺治皇帝即爱新觉罗·福临(1638—1661),满族,清世祖,清太宗爱新觉罗·皇太极的第九子,清朝第三位皇帝,同时也是清朝入关后的第一位皇帝，在位 18 年（1643—1661）。他一生喜爱佛教，简直是达到了一种痴迷的境地。这是中国清史上一个充满了传奇色彩的皇帝。他喜爱董鄂妃，而董鄂妃因所生唯一的男孩很小就夭折，非常悲伤，年仅 22 岁就病逝了。董鄂妃死后，顺治皇帝遭受到感情上的打击，整日悲伤不已，并以佛教葬礼仪式将董鄂妃火化，希望她能受佛教的庇佑，自取法号“行痴”，他羡慕出尘脱俗的僧家生活。据民间传说，他为了董鄂妃，后来还去五台山当了和尚。康熙皇帝是一位比较开放且学贯中西的皇帝，他极重视佛教，在位之时曾经有过“礼仪之争”，对传教士采取非常严厉的措施，下令将他们驱逐至澳门，从此清朝百年禁洋教，藏传佛教在国内的传播因之而得到了极大的保护。而雍正皇帝从小就喜欢读佛书古典，对佛教痴迷之心更甚。他广交僧侣，甚至自编佛教禅宗语录，字号“圆明居士”，专心禅坐，突破了佛教中的“三关”，佛法境界甚高。乾隆皇帝也信仰佛教，字号“长春居士”，一生六下江南，到过很多名山寺院，并为之亲题匾额，他倡导用“周孔”思想指导禅学，以达到统一佛教之境。乾隆四十七年（1780）七月，乾隆在承德避暑山庄会见六世班禅，专门为班禅一行修建班禅行宫。六世班禅在北京宣讲两个月的佛法，后却突患天花不幸离世。这些史实都在很大程度上说明，佛教在清廷普受重视，而与之形成宗教文化生态竞争的道教，相比之下，其发展空间自然会受到佛教的挤压，这就决定了张天师及其正一道在清廷也必定会随之遭受到冷遇。其他一些外来教派的传播也影响到了张天师及其正一道的生存空间。如，在顺治皇帝自亲政初期起，就因天主教耶稣会士汤若望而对天主教极为重视。汤若望（1592—1666）为德国人。在明万历末年，即来华传教。顺治的母亲孝庄太后拜他为义父，顺治因之而称他为“玛法”，也就是爷爷之意。顺治向汤若望请教有关社会人生、天文历算等各种知识和问题，深深地为汤若望的渊博学识与高尚品德所折服，对他愈加尊敬。汤若望的地位因此也就迅速提高，顺治十年（1653）三月，被赐名为“通玄教师”，十二年（1655）被授为通政使，十五年（1657）被诰封为光禄大夫，秩为正一品。顺治对汤若望屡加厚

顺治帝像

赐,还下令,汤若望见他时免除跪拜。顺治还经常将汤若望召至宫中,彻夜交谈,而后令众多护卫小心护送他回住宅,他自己也会经常亲临汤若望住宅,多次作较长时间的晤谈,特别是顺治十三年、十四年的两年间,两人晤谈竟达24次。汤若望在顺治皇帝心目中的威信极高,几乎到了对他言听计从的地步。汤若望曾向顺治上书三百余封奏帖,直陈治国大计方略,大多是举朝所难发之言,顺治都特意选择一批,藏在皇帝个人文书库特别的一格,每当出宫游猎的时候,携带在身边,以便阅读。对其诸多建议与谏言,都予以采纳。只是后来顺治皇帝完全被一群和尚所缠绕,才对汤若望有所疏远。尽管如此,他对汤若望的尊敬信任之情始终未变。这些都说明,天主教等教派的发展,也在很大程度上淡化了清朝统治者对于张天师及其正一道信仰的热情。

不过,由于清廷对于张天师及其正一道在中原影响力十分重视,因而也千方百计地对之予以借用。清朝统治者十分清楚,张天师及其正一道在中原的影响力是极其巨大的。一方面,道教已成为中原文化的深层影响元素。其从仙话、符咒、斋醮科仪、金丹、建筑、艺术、易卜、善书、节庆诸方面所体现出来的观念导向、维护机制、表现样态、精神位格、思维模式、生态空间、流转系统、审美意念、生命追求等,都已经融入中国社会的文化深层。对其具象符号的考察表明,道教极富直觉特色的思维模式、"劝善成仙"的弘道主调、"神明司命"的监督机制,各种符号隐喻、术数的表现形式,都深刻地影响着广大民众。道教治病解厄、劝善意向、仙话象征、符咒表达、易图筮数、灵棋课法、奇门遁甲、太乙六壬、参同纳甲、内丹与胎息、斋醮科仪、青乌秘术以至音乐、戏剧、舞蹈、雕塑、明堂宫观、洞天福地、体道教化等,都表现出道门充满神性、生生不息的内在文化蕴意。而这一切,都使其当之无愧地成为中国文化的根柢;另一方面,在历史上,道教尤其是张天师及其正一道作为民间文化精神的表达符号,具有凝聚民心、实现信仰统绪的文化价值功能。其惯于依靠它的宗教凝聚作用聚拢民间巨大的精神能量,而这股能量一旦以对抗统治者的方式释放出来,统治者的政权就将有被葬送的危险。入主中原之初的清朝统治者清楚地认识到了这一层,所以他们自然不会忽视张天师及其正一道对于民众影响力的客观存在。为了笼络汉民人心,稳定其统治秩序,清王朝不得不借用张天师及其正一道信仰的巨大力量,发挥它对于巩固清朝统治的作用,这样,对之采取既拉拢又限制的一贯策略,也就可以理解了。

清廷入主中原,定鼎之后,张应京天师曾入朝恭贺,清世祖也就是顺治皇帝即颁赐敕谕，谕曰："国家续天立极，光昭典礼，清静之教，亦所不废。尔祖张道陵，博通五经，覃精玄教，治民疾病，俾不惑神怪。子孙嗣教，代有崇封。兹特命尔袭职，掌理道箓，统率族属，务使异端方术，不得惑乱愚民。今朝纲整肃，百度惟贞，尔其申饬教规，遵行正道。其附山本教族属贤愚不同，悉听纠察，此外不得干预。尔尤宜法祖奉道，谨德修行，身立模范，禁约该管员役，俾之一守法纪，毋致生事，庶不负朝廷优加盛典，尔其钦承之。"①从此谕中可以解读出这样几层意思：第一层意思是说，在大清定鼎中原之后，正一道这个以清静无为、顺其自然为主旨的教派也是不必废除的。由此就以一种似乎无可无不可的冷淡态度，轻描淡写地肯定了张天师及其正一道在一定程度上对于王权统治所具有的价值。这里"亦所不废"在措辞上真可谓是极为讲究，它很清楚地表明了张天师及其正一道在皇帝心目中的定位，即此时的正一道不可能如明朝那样，进入到大清统治秩序的核心体制范围内，即使作为一种清静之教，不宜废除，但也不可能像藏传佛教那样得到清廷的大力信奉，其作用充其量只是不予废除而已。可见，在皇帝的内心里，此时的正一道已然衰落，远不如以前那样风光了，以至接近于可以考虑是不是予以废除的地步，只是由于其对社会的深层文化影响，加之它清静无为、顺其自然的原旨，因而对皇权还有一定的价值可以利用，仍不宜予以废除罢了。第二层意思是说，你(张应京)祖师张道陵，博通五经，精心创立道教，其初衷就是为了治民疾病，救民利民，而不是以神怪蛊惑人心，所以你们子孙嗣教，理当承续他的这一初衷，而不应偏离。这句话里实质上隐含着一个前提，即由于张道陵祖天师之后，道教一步步演化，至明朝灭亡时，已偏离"治民疾病"、"不惑神怪"的初衷甚远，沦落得不成样子了。现在对于你们教派"亦所不废"，你们作为张道陵的子孙嗣教，就要大力推崇"治民疾病""不惑神怪"之旨意，不得偏离。可见，对于过去道教尤其是明朝道教在社会上那些惑以神怪、异端方术之类的负面效应，清朝皇帝讳莫如深。单就十余位明朝皇帝服用方士长生不老的"仙药"致死一事，就已令清朝皇帝们害怕。第三层意思就是明确张应京天师的教职地位，要求他掌理道箓，统率天师族属，并严厉地正告他，务必管束道众族属，不得使用各类异端方术，惑乱民心、愚弄民众。在清廷朝纲整肃、百废待举的情况下，严令张应京天师重申、严格教规，遵行正道，对

① 吴宗慈：《张道陵天师世家》之序文，江西省文献委员会印行，民国三十六年(1947)九月。

各教派族属予以管束。并特地告诫张应京天师，作为教首应当效法其祖师，奉行至道，谨德修行，以身作则，在信众族属中起到模范作用，并且要禁止、管束员役，使之都能够遵守法纪，不得惹是生非，不要辜负了朝廷的一番“优加盛典”。由此可见，这一谕旨，可以说是对张天师及其正一道既加以利用、又严格限约的清晰表达。从历史上来看，其实顺治皇帝对张天师及其正一道冷淡是冷淡，且告诫甚严，但谕给却甚高，给予张应京正一品印，掌理道箓，而所赐予的恩礼也与前代并没有什么落差。要知道，张天师在明代也只不过是正二品而已。顺治十三年(1653)，清世祖又亲撰《御注道德经》，并颁发全国，宣传道教思想和教义，道士度牒，也免其纳税。

三、修身养德　体道立行

张应京作为第五十二代天师，在明清之际复杂混乱的历史境遇中，尤其注重修身养德，体道立行。考究他统率族属的体道神迹和所成道业，即可呈现其坚守正道的天师形象。民间关于他的传说，除他暗示崇祯皇帝“国家绵久，万子万孙”八字玄语之事外，还有一些也能够在一定程度上反映他的神道功业。如，据民间传说，明崇祯十七年甲申(1664)三月，正值南明偏安期间，江西贵溪与福建接壤的大片地区，盗贼蜂拥而起，安仁的妖僧也趁机蛊惑人心，暗中煽动愚众烧杀掳掠，由此造成的祸乱一直绵延至上清，使得上清乡里一时人心惶惶，不得安宁。一开始，张应京天师募聚乡勇，奋起抵御，但却无法克制这些盗贼妖僧。于是他亲自登临老雷坛岭，檄召神将杀贼。俄顷，只见阴风遍扫、阴云四塞，人们遥见一神，驱动黑虎，追逐贼众，一时间，盗贼分崩离析，溃散奔逃。自此以后，乡里得以安宁。此事虽然只是民间传闻，但民众却通过这一民间艺术形式，表现出他们对于张应京天师驱妖降魔、伸张正义的一种原生态情结。

张应京天师还统率族属，法祖奉道，遵行正道，就正一道的发展而言，他尤其是在整饬教规、传扬教义方面作出了诸多努力。在某种意义上，他确实遵照清廷对他掌理道箓的要求，履行了他的教首之职，中规中矩地处理教务，因而，可以称得上“不负朝廷优加盛典”了。如，对于第四十三代张天师、“正一嗣教道含无为阐祖光范真人”张宇初所撰“道门十规”，张应京天师就着力在道门中进行了大力的推崇与传扬。张宇初天师在永乐四年，被授予正一嗣教阐祖光范大真人，奉旨编修《道藏》，撰《龙虎山志》十卷、《岘泉集》十二卷，被认为是历代天师中的佼佼者。张宇初天师用尽心力搜集所有相关资料,以及历代天师所传规矩定则,编撰而成《道门十规》,其最主要的目的就是在于激励道教信众,以期正确阐述道教宗旨,对道教未来的发展有所助益,并能成为道门后世永久的规范。这《道门十规》从道教源派、道门经箓、坐园守静、斋法行持、道法传绪、住持领袖、云水参访、立观度人、金谷田粮、宫观修葺十个方面确立起来,成为张天师及其正一道所遵循的一个相对完备的教规体系。张应京天师十分重视在道门推行这十条门规,而其内容具体整理如下:

第一条门规即“道教源派”。道教源派始自太上,即广成子。广成子生于殷商末年,周文王时,他任柱下史,周武王时则任藏室史,有《道德经》传世,其徒弟有关、文、庄、列、亢仓、柏矩等人,言论包括修齐、治平、富国、强兵、经世、出世诸术,内容极其广泛。在道教发展过程中,先后形成了祖天师张道陵、许真君、葛仙翁、茅真君等诸道教仙派。其中,祖师张道陵的正一教、许真君的净明教、葛仙翁的灵宝教、茅真君的上清教,诸教派虽然有名称上的不同,但根本上都是从太上载授《道德经》而来,因而是同根同源的。而自秦汉以来,很多道门信徒不究根源,只逐道末,这与太上当初虚无清静、无为不言的立教之本愈行愈远。所以,作为道门的第一门规,就是要以经书为根据,正本清源,行事正道,不得被邪说淫辞所迷惑而失道门祖风。此门规还明确指出:经书所谓虚无自然,道所从出,真一不二,体性湛然,圆明自足,即为道门的立教之源,而明确立教之源,则为入道之本,因而是所有修习道法之人的第一要务。

第二条门规即“道门经箓”。道门经箓太上三洞诸品经典,是由元始天尊、灵宝天尊、太上道德天尊三位天尊所传,经由诸位先贤师尊阐释演化而承袭下来的。其中,诸经之首的元始天尊说经是以度人为主;太上老君立教所传,则是以道德日用为规;而灵宝天尊说经是以定观、内观为要。大体分为两类,内而修己,包含有虚皇四十九章经、洞古大通生天清静诸经;外而济世度幽,包含有黄帝阴符经、消灾、北斗、五厨、玉枢、救苦、生神诸经,尤其是玉枢、朝天、九幽诸经,都是入道修真必须参悟的重要法典。所以,此门规要求,凡是学道之人,都当先恭敬神明,敛心着念,朝夕焚诵不辍,以消除魔障、增广道缘。并且,对于诸品经文中那些因为年代久远而难免出现的文字谬误,如有疑问,还应多方查问考证,或送至教门,予以研讨改正。

第三条门规即“坐园守静”。坐园守静可以达悟生死,超脱幻化,因而也是入道之本。坐园守静的目的,就在于绝弃俗世所欲,不执著于痴心妄想,积心善行，无有染着，不滞有无，永绝生灭，以至清修成真。一个人学道，就是为了彻悟性命，而笃行真道，就要修习性命。只有明白了性命的根基由来，才能度显济幽、修己利人，达到功行全备。而包括太上的诸多师尊，他们之所以能够修炼成道，全出自静定之功。道功克就，方能自在神通。而要坐园守静，就应该选择山水明秀、形全气固之地，寻找掩蔽风雨、止饥蔽寒之所，旁依务真朴实之人，断绝尘世间一切人事情缘，来去自由。不仅如此，还要不听不看旁门左道，不迷惑他人，毁谤本门经典，这样才不至于招致来自冥界的谴责。

第四条门规即“斋法行持”。斋法行持即是立教之本，相关经文最多，经过历代诸真人的传承，又有东华、南昌之分，但派别虽不同，其源则一，所以，其中的符箓咒诀，都相去不远。世传《三箓内文》《金书玉鉴》《立成仪》《道门定制》等诸书，已有相关的定规。所以，凡是斋法行持之士，都一定要广泛参研，彻悟其中的性命根宗，以便能够累积真功实行。尤其在行持时，必须斋戒沐浴，服装整齐明净，诚心真意。只有先炼己身，方可超度亡魂。据传，鬼神无常享，享于克诚。而诚则有神，因而，在斋戒以通神明之时，应该外绝尘务，内炼形神；在升坛朝叩之时，应该精思默存，十分专诚。这样方可通诚三界，感动天地鬼神，为斋主消愆。

第五条门规即“道法传绪”。清微始于元始天尊，神霄始于玉清真玉。本门道法由于师承不同，经过历代传绪，已多有变化，甚至真伪莫辨。不过，行持之士，以戒行为先，求教明师，致力参究，开发万法根宗，一般而言，止佩一法、一箓、一职。如果能够晨夕炼神养气，修持不怠，与神明交格，言行无慊，就不怕道法不灵验了。反之，如果一味追求利益虚名，不修香火，荒于修持，就是佩法再多，也与井巷、巫觋之徒没有什么两样；修习道法，不应该内无功行，外结是非，却又好为人师。一个真正有道法的人，必定是一念不生，致虚守静。只有臻于万缘俱寂、性天道法之境，才不会落入尘世万缘之中。即使遇到道门中人，如果他言行不庄，慢忽香火，也应谨慎行事，不得乱传道法与他，而对于那些市井为利为名之徒，更不应该轻易收之为徒，否则就将受到律法谴责，犯下不可原谅的罪过。

第六条门规即“住持领袖”。凡是名山福地、丛林宫观、靖庐治化的住持，都应该由那些德高望重、贤良方正的人来担当，而且作为住持，应该言行端庄、学问渊博，足以成为道门后进的典范。作为住持，还应该做到慈仁俭约、规矩公正，兼具品操与度量。对各方高人羽士，皆能宽和接待。素食粗衣，随缘安驻，使之身口安闲，逍遥无念。如果遇到有后辈晚生，不遵道规，不习本宗，德性轻薄，住持也应该依律裁断，处置妥当，使宫观所有人皆谨守规矩。

第七条门规即“云水参访”。此门规指出，出家学道的人，抛弃祖宗承嗣，远离父母亲情，其出世离尘的主要理由，多是为了超脱幻化、了悟生死。而学道之士，应以清静为本，出家之后，即应专志于戒行操修、磨炼身心，做到离情割爱，返璞归真。可以如同闲云野鹤一般，四处游历，修养性天。经过名山洞府时，即可前往安住，好学问道于明师，参研深究于道学，还原天真本来。出外云游参访时，不要怕忍冻受饥、风餐露宿，也不要怕路途遥远，而应当设法拜访名师大匠，只要有一言之得，就极有可能顿悟本来，使性灵完满。与同道结伴同行，应当志同道合，这样才能共达道愿，不生魔识，因此必须先要认清，方可结交同往，否则往往容易误事而后悔不及。若同行之人如同师友，相互帮助、坚心苦行，就必定能够了悟死生，功行圆满而优游自在。

第八条门规即“立观度人”。立观度人，是出家道人延续香火传承的首务。要使道家香火绵延不绝，必须以度人从道为先，只有慎选资性纯良的徒弟，方能训诲其成才。否则，滥收录弟子，遇到不守戒训、肆暴为非之徒，不仅不能使之成才，而且还会贻羞玄门，直接影响到道门兴废。选好徒弟之后，还要察审详实，听其言、观其行，方可为其登名入籍。徒弟的长幼，要依年岁来分，不得徇私，胡乱登记。徒弟须经过考试，对于道门经典都要习熟通晓。登名为徒后，即将籍名申送道司，等到度牒开通，朝廷给予正式资格之后，才成为真正的道士。成为道士之后，仍要晨夕训诫，叮嘱其遵守清规、恭敬神明、焚诵经诰。只有精通本宗科典经书、斋醮道法之后，并能将儒家性理、释家禅宗等各宗教精义一以贯通，才是真正的上士之才。对于那些无视因果报应、贪迷富贵名利、日坠祖宗基业的不良弟子，轻者予以议罚，重者依据戒条除籍逐离，以警示将来，使各方遵守。

第九条门规即“金谷田粮”。此门规强调，道观的金谷田粮，大多来自历朝皇帝给赐的田土、前代师祖辈们所置祖产、各方檀越施主的布施，是专为民众瞻仰香灯之用，应该设立专职出纳，掌管有关钱粮事项，由长幼轮次管理。钱财出入账册，应有明白的登载，不得各蓄私财，指公为私，擅自支用，必须确保观中老幼都能温饱，祭祀香灯不绝。整建宫观、各类税负等支出都要先有预备，免除后患。掌理钱财不得欺诳神明、昧公营私、亏瞒入己，有负于各方布施的信众。对管理钱财失职的人，所犯重者应立即替换，轻者按倍数罚钱入库公用。宫观的田土资产不许买卖，应服的劳动工役，宜遵照定制调派人员支应，所作所为皆有神明监察，因此，不可沾染恶习。

第十条门规即“宫观修葺”。此门规认为，凡是名山福地供奉真灵香火的道教宫观，所建皆用于福国安民，往往由于战争兵灾而荒废，各宫观资产，主持之人若居心不善，就会出现中饱私囊、毁灭神像、倾颓屋舍诸情况，因此，只要是前代真仙古迹灵坛所在的宫观，都不容废弛，必须依时修葺。如果宫观田粮不敷使用，必须众力经营，量力而行，随时修葺宫观，但绝不可假借修观的名义，外结高官权贵，劝诱商贾；或者逞强为人谋事牟利，因为不存善念之心，将会招惹是非，反而成为宫观的祸害、累赘。如果宫观田粮及信众供奉充裕，可供修造宫观，则不可将钱财据为己有，如有人犯错，必使之改过自新，方可留下；有错不改，冥顽不灵，就应报官处理，务必常常修葺，恢复原有的宏观气象，不让宫观倾废。

除《道门十规》之外，张应京天师还统领族属，对其他道教规制经典如《仙王教诫经》《正一法文天师教戒科经》《正一指教斋仪》《正一威仪经》诸经都进行了广泛的阐释与传扬。事实上，一个教派倘若其首领及其成员对本教教旨不明、道法不精、定制不清，那么，这个教派就会失去其存在的根据，更不可能长久地发展、演化、推进。张应京天师深明此理，因而，在他掌理道箓期间，包括正一道在内的道门各派，深研教理教义，以立教之本，整理教务，清明道源，纯化祖风，修习道法，天师府更是被他管理得秩序井然。在修行体道风格上，张应京天师深究道体，遵循太上清静无为之旨，不喜标新立异，不施偏激之举，宽和行事，和合圆通，对于清朝统治者，他并未有过高的名利诉求，更无失格的媚态追随。对于民间社会，他鄙弃惑众的不端作派，更无粗俗的媚俗行为。因此，他掌理道箓，可以说，于明清更替、风云交汇之中，在大清王朝与民间社会之间，为张天师及其正一道的发展与推衍，寻求到了一个相对较好的生存环境。事实上，对于张应京天师的在世功业，清廷也予以了一定程度的肯定。这从后来康熙皇帝对他及夫人的诰封就可以显示出来。清康熙四十二年（1704），皇帝圣诰封为光禄大夫，夫人为朱氏明益藩郡主，被封为一品夫人。后来，张应京天师还抵扬州琼花观而化。

现实的人总是从两个维度展现其生命存在的价值意义：一是“是其所能是”的经验预成，一是“是其所当是”的超验生成。而天师作为一个道派特殊的人物，其所有的本体存在都指向他的历史的世界和他的世界的历史。通观张应京天师的一生，可以以诗评之曰：

风云变幻识生涯，审时度势合大化。
“万子万孙”俱往矣，此中玄语掩雾纱。
檄召神将杀贼妖，灵法术数闻天下。
符瑞四十向清廷，道心一片付烟霞。
掌理道箓兴正教，严格门规耀华夏。
统率族属知进退，和光同尘归琼花。

第二章

第五十三代天师张洪任评传

第五十三代天师张洪任(1631—1667),字汉基,为张应京天师次子。清顺治八年(1651)袭爵。在各代天师中,张洪任称得上是一位德高博学、神通诸宗秘笈,深得道法精髓,积极改革与创新道教规仪,性情陶然、超脱自在、颇具神性的天师。在他承袭天师职位期间,包括正一道在内的整个道教在朝野中的地位和影响力都有一定程度的回升。清顺治十二年(1655),张洪任天师入觐,正值满清定鼎中原,顺治皇帝于南海子召见他,询及其历代宗系,他便以张天师世家称之,即问即答,侃侃而谈,其谈吐甚为清新丽雅,气质初显高道风流。一时,皇上欢喜至极,即命光禄寺设宴款待,并由礼部堂官作陪,又命工部为他寻觅佳宅,将其安顿于灵佑宫察院院内居住,简直是不亦乐乎。不仅如此,惜才的清世祖袭封他为大真人,在兴致正浓之时,竟然还想到赦免本户及上清宫各色徭役,天师府因之而甚得其益,而皇上此次召见张洪任天师的盛情,使张洪任天师及其正一道在朝野间产生颇大的反响,由此也使得张天师及正一道声誉也有所增加。张洪任生平喜好逍遥自在,且在世短促,所遗仙踪杳然,因而世人知之不多。然而,他到底是一代天师,无论如何,在历史文化的长卷之中,细细寻访起来,其道迹依然能见些许。

一、博学神通　广结道缘

张洪任天师能够深受顺治皇帝的喜爱,绝非偶然。自古知识变化气质,从本体论意义上来看,人作为存在者总是“能在”与“当在”的统一。“能在”即是经验地潜藏他存在的根据,“当在”则是超验地开显他存在的特质。张洪任继位天师16年,在世年仅40余岁,一生虽短暂,却也不乏天师的精彩。他作为天师世家子弟,除本身具足天赋潜质之外,当然主要还是在于他所接受的张天师世家后天的教养和熏陶。他的父亲张应京天师遵照顺治皇帝之谕旨,整饬教规,统率族属,对他更是教导甚严,悉心领引。张洪任自幼就十分好学,并且极具悟性,典章文史过目不忘,并且擅长贯通运思,颇能活化主张。总体而言,他平生守静清修,博学古今群书,通透诸家秘笈;出游访问,饱览自然名胜,交接高道风流;谦和虚谷,广纳真知灼见,圆融诸宗道体。正因为如此,他在不同的场合与际遇中,总是能够做到纯而达人之心、善而撼人之情,所以皇上只一见他,就格外喜欢,也算得上是在情理之中了。从张洪任天师上述生平的总体情况具体地分解来考察,其神迹仙踪即呈现出某些比较突出的特点。

张洪任天师本自性情淡泊,修习道业,注重研习诸家秘笈,民间传说其道法术数甚高。道教追求生命极限的超越,希望能够达到长生久视、羽化登仙,其教理教义强调顺修成人、逆修成仙,并且史上诸多高德名道亦多出自守静清修。因而,向来道门中人都以坚心“坐园守静”为旨要,重视以清静为本的践道逆修,以期能够达悟生死,超脱幻化,臻于道仙之境。而“坐园守静”,又多借博学古今群书、研习诸家秘笈以循道通径,历代天师因之对此更是借重。如此践道特点在张洪任天师那里也极为鲜明地显现出来。实际上,他遍览道教丰富典藏,旁及儒佛诸宗群书,发散本宗教义教理,改革道门教仪教规,因而神通正一真人道法精髓。据民间传说,张洪任天师在位期间,边疆曾发生过多起外藩妖孽为害民间之事,朝廷获悉之后,即命天师驱除妖魔,为民除害。张洪任天师便派遣自己属下法员高惟泰、杨幼芬出塞,施展道法克而治之,效果立应。当时边疆各个部落的民众都甚感张天师的神通广大,自从这件事之后,各部落民间群众更是纷纷崇信道法,经久而不衰。

张洪任天师平生闲云野鹤,四游访学,交接高道名流,饱览自然名胜,也留下了一些道迹。如,吴中第一峰的苏州穹窿山上真观,被誉为“江南第一观”,此观即与他颇有道缘。穹窿山位于姑苏城的城西20公里处,宋代杨备有诗赞道:“吴郡名山第一山,翠微心在碧霄间。林泉潇洒烟岚秀,直拟结庐终老闲。”其海拔高341.7米,山色爽朗,钟灵毓秀,峰峦起伏,峻谷深幽,而位于穹隆山的道教上真观,更是历代帝王祭祀上真观三茅真君之所,承载着穹隆山道教文化

穹窿山上真观图

（出自展辰的新浪博客作品《【江苏】吴中之巅，穹窿山里的春色》2013－03－31）

的深厚底蕴，其背靠小王山，面向苏州古城，东傍灵岩山，南与香山桃花岭、大苑邻、烂柯山、白马岭、小苑岭等诸胜毗邻，道气横生，福光普照。穹窿山上真观历史悠久，据《穹窿山志》载，茅盈、茅衷、茅固兄弟三人于西汉初元年间在此修炼，且都得道成仙，因而合称三茅真君，当时在此便修有茅君殿。三兄弟得道成仙的故事，在汉晋间也广泛流传开来。

据《神仙传》载，晋时人们已为三茅真君立庙，而民间均以他们为司命之仙，道教也将他们列位于历代祖师之中而予以信奉。三兄弟中，老大茅盈 18 岁就弃家修道成仙，老二茅衷为西河太守，老三茅固为武威太守，老二、老三听说老大茅盈已经成仙，也都弃官修道，后也成仙。因为弟兄三人居茅山，后称三茅真君。在殿中供奉的三兄弟塑像中，有趣的是，老大最显年轻，而老二、老三反而看起来更为年老，据说这就是因为老大年轻时就已成仙，而两个弟弟得道较晚的缘故。据《光福志》载，至汉平帝时，穹窿山始建上真道院，唐代穹窿山已有道观，名"上真道院"，北宋时改名为"上真观"，南宋时，又改名为"朝真观"，元末，殿宇遭火焚而毁。明初的上真观，殿宇颇多，香火极盛。

张洪任天师与穹窿山颇有渊源。在清初顺治间，他游历四方，一日，访至穹窿山，见其中道观紫气静纯、道业兴隆、福光无限，甚为其情其景所感，于是便以此奏报清廷，当时的清廷因之而格外重视如此道门福地，旋即采取了两项对穹窿山上真观运势具有决定性意义之举：

第一，赐额“上真观”。此举使得上真观在其后得以中兴，以至形成了朝野景仰、香火旺盛、官民踊至的鼎盛境况。对此，清顾诒禄曾在《铁竹道人画像》中说：“时吴中道院之盛，首推穹窿。郡城玄妙观，殿宇巍然，年久殿倾，太傅金文通公延请道渊主观复修。”比照起来，当时玄妙观因如此破落情状，已完全不及当时的穹窿山上真观那样兴盛了，上真观也成为名副其实的“江南第一观”。由于张洪任天师奏请清廷的缘故，其后上真观的发展更是顺风顺水，至清朝末年，上真观殿堂轩阁，即有房屋两千余间，按三十六房分管，有宫殿轩阁居堂四十余座，包括祖师殿、玉皇殿、三清殿、天妃宫、三元殿、三茅殿、吕祖殿、关帝殿、灵官殿、玄帝殿、雷尊殿、太乙殿、文昌殿、星宿殿、龙王殿、神虎殿、神农殿、天将殿、五土殿、送子殿、花殿、君殿、四将殿、东岳殿、蛇王殿、乐王殿、斗姆殿、火樨殿、财神殿、火神殿、都土殿、三星殿、如意轩、华仙阁、魁星阁、餐花居、七仙居、养和堂、吉禅房等。这些殿宇建筑宏伟，纵横交错，妙趣横生；堂内塑造有精巧神像，形象栩栩如生。“上真观”润合穹窿山景致，成为江南道教的胜地，甚为受人喜爱。尤其是清朝乾隆帝以一国帝王之尊，在长达 30 多年的时间内，六下江南六登上真观，这在历朝历代都实属罕见。在三茅峰的制高点有一个望湖亭，其南面远处即为太湖，是上真观眺望穹窿湖光山色的绝佳处，历代文人墨客，每每观烟波云海，总能生发诗情画意。因此，乾隆皇帝每次下江南，登临穹窿山，都要在这里领略风景，为上真观留下诸多诗趣墨宝。而上真观也依他所遗墨迹，镌刻石碑，立于望湖亭内，因为这个原因，望湖亭也被称之为“御碑亭”。如今此石碑正面即刻有乾隆帝第二次下江南（乾隆二十二年，也就是 1757 年）所作的《穹窿山望湖亭望湖》一诗：“震泽天连水，洞庭西复东。双眸望无尽，诸虑对宜空。三万六千倾，春分秋月中。五车禀精气，谁诏陆龟蒙？”而背面则是乾隆帝第三次下江南（乾隆二十七年，也就是 1762 年）所作的《穹窿山上真观》一诗：“见说古由钟，乘闲陟碧峰。上真严祀帝，四辅切其农。奚必逢茅固，无劳学赤松。具区眼底近，可以畅心胸。”左侧刻有乾隆第四次（也就是乾隆三十年，即 1765 年）上穹窿山所作的《穹窿上真观》一诗：“岳岳高居祀上真，抒诚叩必以躬亲。太湖万顷在襟中，穹窿亿仗凌星辰。不问长生崇羽士，所希大有绥农民。片鹿成吟策返銮，邓尉香雪犹西郊。”右侧刻有乾隆第五

清乾隆帝走过的御道

（出自展辰的新浪博客作品《【江苏】吴中之巅，穹窿山里的春色》2013－03－31）

次（乾隆四十五年，也就是1780年）上穹窿山所作的《穹窿上真观乙酉作韵一》诗：“古道崇椒奉玉真，萧台重仰郁罗亲。求仙那部乘六气，祈岁殷切抚五辰。偶尔小游出法地，已教久候觐尧民。鸣鞭吟兴知谁引，邓尉非遥即右邻。”四首诗皆文气四溢，意境高远脱俗，字体端庄秀雅，承载着浓郁的皇家文化情韵。可见穹窿上真观经张洪任天师游历而奏报清廷之后，实际上后来已甚为清朝统治者所看重，并且与清廷的渊源关系愈益深远了。

第二，赐穹窿山道士施道渊号“养元抱一宣教演化法师”。此举则扩大了一代名道高德施道渊的社会影响。施道渊又名施亮生（？—1678），号铁竹道人，是上真观中兴以来几百年间的一名极富传奇色彩的正一道道士。因为他善于修炼道家内功，所以人称施炼师或施大法师。施道渊是苏州横塘人，出身贫寒，他13岁即上穹窿山为道人。之后下山闯荡江湖，成为李自成部下，立即便成为大顺政权枢密院参职，后来，他结识了清顺治皇叔多尔衮和多铎，曾向他们传授养生治国之道。因为李自成部发生内讧，自相残杀，导致起义失败，施道渊深深地感到世态炎凉，遂看破红尘，复归于穹窿山，隐居于穹窿山茅君故宫，从此深居简出，修道养身。施道渊曾从王常月受戒，是全真龙门派第八代，后改宗正一，开创了穹窿山的支派，由此而声名显赫。清顺治年间，施道渊修葺殿堂，没过多少年，就使得上真观初具建筑群体规模。这其中除张洪任天师游历穹窿，奏报朝廷，使上真观得以蒙恩于清皇一说之外，尚与施道渊的奇特际遇和道法传闻颇有关联。

据传，施道渊因李自成兵败而复归穹窿山隐居清修之时，此处道观已然衰败不堪。一日，施法师照常清心修持，虔诚诵念玉皇经，正当他念道“敕命东方东华帝君，青骑神仙兵马，无鞅数众，悉令下降，覆护受持，是此经者”之时，恰巧清顺治皇叔裕亲王到苏州盘检太仓国帑银两返京，他路过穹窿山麓，便隐约听到山上剑鸣马嘶、人声鼎沸，以为是山大王在做什么怪事，很好奇，想探个究竟，遂带两个随从登至山顶探察，却只见到数间茅屋，内中有木鱼之声传出，哪里有什么人影马匹。进得屋内，仅看见一位道人正襟危坐，口中念念有词，即知此人非同一般。良久之后，皇叔认出此道人竟是当年与自己有过深交的施道渊。两人十多年不见，于是亲密无间，促膝长谈。施说到他本人已经看破红尘，而穹窿山正是适合自己清静修道的理想之地，裕亲王当下即说，既然是这样，为什么不增建殿宇，以创兴道门宏业？施道渊笑而答称，自己哪里有如此巨资用于扩建。裕亲王稍作沉思之后，对施道渊许诺说，只要施道渊筹划相当的数目，他总是可以帮助办到的。不过，裕亲王以为，道观最好还是要建在三茅峰比较妥当。施道渊也认为这样最好。不久之后，裕亲王返京，即将此事奏报当时权倾朝野的皇父摄政王多尔衮，清廷即拨帑兴建上真观诸建筑，到康熙三年春，便已建成二十六殿以及铺房、楼阁数千间。而穹窿山上真观自从施道渊在顺治年间扩建之后，历经康熙、乾隆、道光、同治几朝修整扩建，规模宏大，巍峨壮观，清顺治进士董含有诗《登穹窿谒勾曲行宫》云：“山势岧峣欲到难，玉真馆殿拥千馆。香飘下界青冥近，磬入诸天碧落寒。洞口断云朝放鹤，石根晴树暮栖鸾。金门羽客龙泥印，夜礼星辰上醮坛。”可见当时醮事香火的空前盛况。张洪任天师与施道渊交情甚笃，对施道渊的道业修为颇有助益。而施道渊不仅为修复上真观付出心血，并且还注重整理道家斋醮科仪，推进了道教音乐艺术的发展，使得江南和苏州的道教音乐独具吴地风韵特色，其功德行谊，在苏州及毗邻四周，影响深广，由此而竟成一代名道。

依照此中道门旧事，不管穹窿山上真观何其雄伟壮丽，也不管施道渊法师作为功德何其了得，不可否认的是，张洪任天师与穹窿山及施道渊的道缘，应是促成如此道业的一个重要环节。而一代天师张洪任，谦和虚谷，广纳真知灼见，圆融诸宗道体，真可谓神通秘笈，道法高深莫测，又宛如仙踪萍影，渺然幻现于幽寂的历史长河。

二、撰序经箓　规范科仪

张洪任天师任职期间，亦着力于规范正一派道士授箓科仪，力图振兴教派。这主要体现在他对于作为正一道的重要典籍《天坛玉格》的撰序接续上。按照正一派的规定，成为正一派道士，就必须要授箓。其所依据的教理即是：如果不授箓，就不能做道场，无法遣使箓中诸兵将，斩妖除邪，救济困厄，超度生灵。《三洞修道仪》称，正一派道士只有授正一法箓，才能名登天曹，得到道位神职，为人章醮。据说，有道位的道士，其斋醮的章词，方可奉达至天庭，得到神灵的护佑。授箓之后还必须熟读背诵箓文中排列的众多天仙地祇名号，这样做法事就有凭仗，可以随时召请神灵。而只有授箓之后，才算进入道阶，名箓神真的境域，成为真道。

道教正一派素来就要求授箓传度，其箓仪比较繁杂，实际上是关系到其道法传绪的一个主要方面。张金涛撰文《道教正一派授箓传度的历史沿革与现实意义》探讨教派这一传统的由来："……但细究起来，道教授箓的由来仍可追溯到祖天师张道陵及系师张鲁。"①其主要理由是认为，道书载老祖天师张道陵居鹤鸣山，"精思炼志，作道书二十四篇"，其中《正一盟威妙经》《正一科术要道法文》均在二十四篇之内。尤其后者，有"天师（道陵）稽首问太上""天师稽首称善而退"等字样，并且说老祖天师张道陵在东汉恒帝永寿二年也就是 156 年"以盟威都功诸品经箓、玉册、剑印付子衡，与夫人雍氏升仙而去，年一百二十三岁"，据此，他便得出结论说："早在张道陵创教之初，天师经箓已经形成，并有了经箓印剑法物相授。"②

不过，一般认为，可以更加明确把握的是，正一派授箓传度大约始于汉末晋初第四代天师张盛嗣位履职时期。当时他由汉中返回龙虎山，修治祖天师元坛，整理其丹灶故址，并家居于此，每年三元日都会登坛传箓四方，而从学于他

① 张金涛：《道教正一派授箓传度的历史沿革与现实意义》，龙虎山道教官方网站，2009-06-18 09:45。

② 张金涛：《道教正一派授箓传度的历史沿革与现实意义》，龙虎山道教官方网站，2009-06-18 09:45。

的人多至千余人，自从那时起，正一派即开科范以为常。两晋南北朝时期，原来的正一道分宗迭出，又经过南朝陆修静的整肃、北魏寇谦之的改革，便逐渐形成有三大法坛，即龙虎山正一宗坛、茅山上清法坛、阁皂山灵宝法坛，其各自开坛传箓，因而又称“三山符箓”。传至第十五代天师张高，龙虎山正一道符箓文化得以大显，唐玄宗亲自召见，箓牒也正式列入朝廷官方管理的范畴。而这期间，龙虎宗也逐渐由民间道教向官方道教蜕变，到南宋末期，第三十五代天师张大可嗣位履职，正一派开始走向“三山合一”，而元初，元世祖忽必烈对张大可天师极为赞赏，因而张大可天师也就“佩箓三元，蜚声八极”，1239年，朝廷又命第三十六代张宗演天师“主领江南道教”，仍赐银印，可以自给牒度人为道士。明初，第四十二代天师张正常得到明太祖朱元璋加赐，“永掌天下道教事”，而《大明玄教立成斋醮仪》由道士宋宗真、赵允中编成，该典章对授箓传度的斋仪章法作了系统规范的整理。明朝历代天师虽然掌天下道教事，但依据现有的历史资料，道士授箓制度仍限于正一派实行。道士授箓制度授箓与传戒，在斋仪格式、名称、职级等均有所不同。如正一派授箓按《三洞修道仪》列正一盟威、太上高玄、金刚洞神、太上升玄、中盟、三洞、上清大洞共七等宝箓，共八十四阶品，其中正一盟威箓有二十四阶品。据《授箓次第法信仪》载，受法职位又依次有正一法位、道德法位、洞神法位、升玄法位、洞玄法位、五符法位、河图法位、洞真法位、毕道法位共九个等级，规仪繁杂，名目繁多；后来，清乾隆中期宣布黄教为国教，而道教为汉族宗教，天师地位也由正一品一度降至五品，以后又复升为三品，正一道在官方已由重视变为冷遇。不过，慑于民众的信仰和传统的习俗，清廷仍然赐天师世袭嗣教，加恩视正三品，并且强调“永为例”，其授箓传度也扩散到更大的范围了。而清末农民起义、列强凌辱，国内政局动荡，清王朝最终崩坍，全国性授箓传度也由此而被迫中断，以致经箓散失，规仪失传。

第五十三代天师张洪任所撰序的《天坛玉格》，是正一派道士举行授箓科仪时所依据的一部重要典籍。该书称，通过“授箓”，并按《天坛玉格》而取得法名、神职的“法师”，可以代天说法，并能从事斋醮祈禳等各类法事活动。而法师自身也因此“名录天曹，乃有道位”。

从道教的相关史料来看，张洪任天师曾于清顺治十五年（1658）为《天坛玉格》作序，他对正一道派原来授箓规仪所作的改革，主要是简化完善《天坛玉格》的内容，尤其是删去了其中一些繁杂的科仪。后来，该书有多个版本传世，其中以光绪二十八年（1902）朱鹤卿抄录的本子最为齐全。授箓职牒（亦称箓

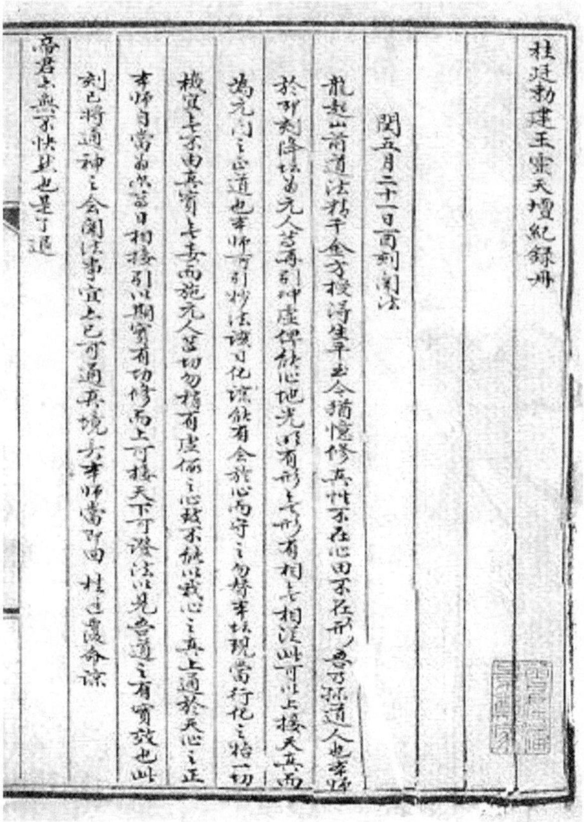

祖廷勅建玉靈天壇紀錄册

閏五月二十一日両刻闡法

天坛纪录册

牒)，是天师祖庭嗣汉天师府(万法宗坛)代天庭颁发给道士的道籍凭证，也就是“任命书”，它强调不得借此法牒学习邪教、巫蛊厌魅，否则罪戾非轻，告诫授箓者，要积功累德，勤于修炼，虔心为道。在箓牒中，天师赋予道士以执法权力和品级地位，主要是说明弟子的法名、生辰八字、所属星相、家乡住址，而生逢盛世，诚心向道，皈依玄门，要求奏受法职于天师门下，以济物利人，弘道宣化，祈求天师代为奏迁职名，予以收箓。天师祖庭则根据他所要求，申报天庭，按照《天坛玉格》的有关规定，奏定受何经箓；奏立何坛何靖何治作为活动点；串立合同符，分环部券为证(把传度合同符分为两半，一半贴职牒上给授箓人佩戴，一半在申奏天庭时焚烧)；授给印、剑、令、旗等各种法器；拨付本命天将天兵，作为护身保卫；勉励其同心同德，到指定的坛、靖永远驻扎；协助授箓者，佐理道法，凡遇行时，如谷答响，有求必应；最后传度、保举、监度大师在职牒上签名，加盖法印，才具有效用。

按照授箓规仪，箓生初授《太上三五都功经箓》，升授《太上正一盟威经箓》，加授《上清五雷经箓》，加升《上清三洞五雷经箓》，再升《上清大洞经箓》。具体地，按《天坛玉格》，箓生初授品位，规定如下：

(1)九品授《太上三五都功职箓》；

(2)八品授《太上北极伏魔神咒秘箓》；

(3)七品授《太上盟威秘箓》；

(4)六品授《太上洞渊秘箓》；

(5)五品授《高上神霄宝箓》；

(6)四品授《上清三洞五雷箓》；

(7)三品授《上清大洞宝箓》；

(8)二品授《上清玄真宝箓》；

(9)一品授《上清洞真宝箓》。

《上清天坛仙品玉格》则含有：

(1)《正太极官选进士五雷院左判官并同干雷霆都司事》；

(2)《从太极官选进士五雷院右判官并同干雷霆都司事》；

(3)《正太极典者左领兵执法真宰主雷霆都司事》；

(4)《从太极典者右领兵执法真宰主同干雷霆都司事》；

(5)《正太极左宫掌仙官上清司命签书雷霆都司事》；

(6)《从太极右宫掌仙官上清司箓签书雷霆都司事》；

(7)《正太极左宫领籍仙官掌雷霆上令事》；

(8)《从太极右宫领法仙官掌雷霆上令事》；

(9)《正太极左宫洞明上宰伏魔使知雷霆诸司府院事》；

(10)《从太极右宫洞阳上宰拷较使知雷霆诸司府院事》；

(11)《正太极官左侍仙卿五雷大使并领雷霆诸司府院事》；

(12)《从太极官右侍仙卿五雷副使同领雷霆诸司府院事》；

(13)《正太极真一仙卿神霄玉枢游奕使判南北诸司府院事》；

(14)《从太极真一仙卿神霄玉枢副奕使判南北诸司府院事》；

(15)《正太极神霄玉枢通访使同判南北雷霆诸司府院事》；

(16)《从太极神霄玉枢通真使同判南北雷霆诸司府院事》；

(17)《正从同太极右仙翁九天金阙侍中神霄玉枢采访使并判神霄玉府雷霆诸司事》。

按照《天坛玉格》，在授箓醮仪中，箓生还要坚心终生专奉“三皈九戒”，并在祖师前发“十二愿”。

“三皈”即皈依“道、经、师”三宝,“道宝”为太上无极大道元始天尊,“经宝”为三十六部尊经灵宝天尊,“师宝”为玄中大法宗师道德天尊。

“九戒”即一者克勤,爱国守法,是念真戒;二者敬让,孝敬父母,是初真戒;三者不杀,慈救众生,是持真戒;四者不淫,正身处物,是守真戒;五者不盗,推义损己,是保真戒;六者不嗔,凶怒凌人,是修真戒;七者不诈,谄贼害善,是成真戒;八者不骄,傲忽至真,是得真戒;九者不二,奉道专一,是登真戒。

“十二愿”即一愿乾坤明索;二愿气象清圆;三愿主躬康泰;四愿融洽八埏;五愿天垂甘露;六愿地发祥烟;七愿四时顺序;八愿万物生全;九愿家多孝悌;十愿国富才贤;十一愿箓生受福;十二愿正教兴行。

可见,“三皈九戒十二愿”就是正一派道士宣誓信念和决心以奉持清规戒律的一种规定方式。

中国道教正一派的授箓传度,由于清末战乱对道教教团的冲击,中断了近百年,直到1991年才逐步恢复。这一年十月,在嗣汉天师府举行了新中国成立以来首次恢复对台湾和海外正一派道士的授箓仪式。这次授箓的基本依据,便是张洪任天师所撰序的《天坛玉格》定制规仪。授箓仪式由“三大师”(传度师、保举师、监度师)主持,历时三天,在港澳台和东南亚以及国内各宫观道院引起了轰动,而正一派道士授箓仪式也得以接续。自此以后,一年一度遂成定例。嗣汉天师府作为道教正一祖庭在海内外的影响不断扩大,天师府与海外道教界也建立起稳定的良好交往关系。1995年12月“下元节”期间,在天师府又举行了“中国道教正一派首次开坛授箓传度醮典”,此次醮典是经国家宗教事务局批准,由中国道教协会领导、嗣汉天师府承办的,有来自全国各地200余名弟子参加授箓大典,授箓仪典庄严,体现了道教正一派的盛况,也标志着我国道教事业的全面复兴。2000年,龙虎山嗣汉天师府根据中国道教协会指示,专门成立了天师经箓整理小组,先后到江西、浙江、福建、江苏等地搜集到大量民间珍藏的“天师经箓”,在此基础上,依据张洪任天师撰序的《天坛玉格》,结合当代授箓的实际情况,重新整理出《太上三五都功经箓》《太上正一盟威经箓》全部经箓规仪。2009年5月,中国道教协会在鹰潭召开“授箓工作座谈会”,经初步审定,编写了《中国道教正一派授箓规仪》(普及本),以加深授箓的箓生对于经箓规仪的思想文化内涵及其功能作用的深入理解,这些经箓规仪现已发行使用。现今,由这些道派的活动及其经箓规仪,人们不得不念想起当年张洪任天师在撰序经箓、规范科仪上所造作的高道功德,一代天师真可谓是道韵犹存。

三、“三山滴血” 复兴道派

在正一道发展史上，关于第五十三代天师张洪任，值得专门一提的是，他于顺治十五年(1658)不仅为《天坛玉格》撰写了序文，而且还请托名道施道渊为“三山滴血字辈”续添字派，对“三山滴血派”的复兴起到了促进作用。

三山滴血字辈，又称三山滴血字派。该字派是道教正一派(正一道)授箓弟子取道名的依据。“三山滴血派”相传为南宋时第三十代天师张继先传给萨守坚祖师的法脉传承，萨祖即为其第一代弟子，据一些民间法脉书籍记载，当时同与萨守坚得第三十代天师法脉的还有王守信等人。后此“三山滴血派”成为正一万法宗坛、神霄派及清微派宗坛传度弟子的法脉，正一派道士皆奉此“三山滴血派”为传承依据。凡是学道弟子奏名之初，当依此派顺序取一字于法讳之中，否则非正一弟子。“三山”最初所指的是龙虎山、武当山、鹤鸣山，结合了三种门派法术，后又融合茅山、阁皂山等，广义上包含了道教雷法所传播的各大门派。这些门派在明代时期逐渐融入正一派，随着天师统领三山符箓，后众多符箓派都以此三山滴血派为宗。在道教里只有正统拜师得到过师父保举奏名，有正式的授箓传承依据，才被承认为正式的道教弟子。这也是一个法脉传承的依据，否则自称正一派、清微派、神霄派等派弟子，若无正统师承及辈谱法系，是不被承认的。而据清朝道光年间(1821—1850)长州人顾沅所编辑的《重印玄妙观志》卷十二引《梓里尊闻》云：“羽流世系，北宗三山滴血派，曰武当、曰鹤鸣、曰龙虎，玄妙观字辈三山同。凡天师门下受职者，法名取‘守道明仁道，全真复太和。至诚宣玉典，中正演金科。冲汉通玄蕴，高宏鼎大罗。武当兴愈振，福海起洪波’。又增十字：‘穹窿扬妙法，寰宇证仙都’共五十字为行次。惟方丈系施铁竹开山，遵穹窿山法派，另编字辈为：‘道守得真元，神全体自灵。三山垂救度，四海尽飞升’二十字为辈次云。”而《天坛玉格》书载：“此字派乃第三十代天师虚靖真君，授与正一派萨祖师，凡有学道者，奏名之初，当依此派循序而取一字于法讳之中可也。”由于施道渊与第五十三代天师张洪任交情甚笃，故张洪任天师请托施道渊为“三山滴血派”添续后十字，即“穹窿扬妙法，寰宇证仙都”。这一活动表明该派传至清初时，字派宗谱快用完，这样才有增添字派的动议。

由清初第五十三代天师张洪任天师所撰龙虎山《天坛玉格》序文和苏州

《重印玄妙观志》的记载可知,“三山滴血派”在清初较为活跃,当时显然也举行过授箓科仪,因而其时此派有复兴迹象。据现存北京白云观的《诸真宗派总簿》,有三个道派的宗谱与《三山滴血派》相同或类似。一派是第三十一“龙虎山正一门下天师清微派”,其宗谱为“冲汉通玄韫,高宏鼎大罗,仙源愈兴振,福海启洪波”;另有一派是第三十七“天师张真人正一派”,其宗谱为“守道明仁德,全真复太和。志诚宣玉典,忠正演金科。冲汉通玄韫,高宏鼎大罗。三山扬妙法,四海涌洪波”;还有一派是第七十“萨真君西河派”,其宗谱为“守道明仁德,全真复太和。志诚宣玉典,中正演金科。冲汉通圆满,高宗居大罗。武当兴法派,福海起洪波”,比较“三山滴血派”的宗谱,显见它们相互之间均有相同或类似之处。这种情况表明,不同的支派对宗谱也有一定的误差或改动,但整体可见,“三山滴血派”的传播范围实际上已相当广阔了。

张洪任天师乐情诗酒,怡然自得,并凿西化园池沼而养性于其中。至清康熙六年丁未(1667),他“微恙而化”,时年 43 岁,而其子出生只有八个月,尚未满周岁,遂命其弟张洪偕执掌教事,清皇诰赠张洪任天师为光禄大夫,封其妻颜氏为一品夫人。一蓑烟雨,怎隐无限生机?一抹清流,可洗亘古尘愁。淡月如水,总推转生死法轮;青灯生辉,竟映照黄卷旧轴。一切俱往沉寂,一切皆幻梦幽。而张洪任天师执守正道,却更见道在其中,道行其中。他在位 16 年之间,道法不衰。观其生平,理其功业,可以以诗评之曰:

年少飘蓬意潇潇,博学神识通曲桥。
穹窿上真道缘美,天坛玉格功德高。
撰序经箓遗文韵,三山滴血兴正道。
西化池园养真性,寓情诗酒乐陶陶。
英年早逝叹高道,岂知道高无寿夭。
人世碌碌笑俗身,仙境渺渺隐琼瑶。

第三章

第五十四代天师张继宗评传

第五十四代天师张继宗(1666—1715),字善述,清圣祖康熙皇帝赐御书“碧城”匾额,以为其号。据张继宗所著《崆峒问答》中问:“三十代天师讳继先,今真人亦继字,何也?”他解释说,母亲生他的时候,其父第五十三代天师张洪任梦见第三十代天师张继先手携芝草而来,为了表达纪念祖先的意愿,所以便用祖讳,名继宗。康熙二十年(1681)十二月二十四日,康熙皇帝封第五十四代天师张继宗为“正一嗣教大真人”。康熙四十年(1701)授光禄大夫,妻韩氏封一品夫人。但对于张天师及整个道教来说,清圣祖仍采取严格监管、不予放任的态度,“圣祖接受了宋徽宗因崇道而父子成为金人阶下囚的教训,警告道教徒只宜清静修身,不得妄求封号和胡作非为,京师庵观更不许设教聚会,男女混杂,也不准搭设高台,演剧敛钱,酬神赛会,否则定将治罪,旗人如犯邪病,需请道士医治时,须事先报知本旗都统、副都统,再由他们用印文报知户部,违者道士交刑部正法,受医者治罪。”①张继宗 14 岁袭爵,作为一代天师,他在道教史上的影响主要体现在他承袭教职的历史逸事、履行教职撰写或合参《崆峒问答》《神道通鉴》等著作以实施道教的社会教化,弘扬神道上。而清代《红楼梦》以及其他诸文学艺术作品也加重了对于天师形象模糊化、艺术化、隐喻式的借用。因此,考察张继宗天师的生平事迹和道行修为,一方面可从民间草野去寻觅,另一方面又可从其遗著、红楼梦诸艺术作品的原始文本中予以探知。

---

① 参见史仲文主编:《中国全史》(在线阅读)第 85 卷《清代宗教史》道教部分。

一、进香五岳　道气冲盈

张继宗天师出生仅仅八个月，其父张洪任就已仙逝。因为当时这种情况，张洪任即嘱托张洪偕统摄教中诸事。而张继宗天师生活与正式嗣位履职时期，正值康熙年间，清朝在中原的统治日趋稳定，已逐渐进入到历史上所称的“康乾盛世”。而被称之为“理学皇帝”的爱新觉罗·玄烨也就是康熙皇帝，对道教、佛教采取了一种兼收并蓄的态度。

康熙皇帝时，官府三令五申，不许民间聚众念经，禁止白莲、混元、焚香等宗教团体的活动，也把矛头指向了与民间宗教关系密切的道教。康熙十二年(1673)甚至还明确规定，“巫师、道士、跳神驱鬼逐邪以惑民心者处死，其延请跳神逐邪者亦治罪”；康熙十六年(1677)，诏令僧录司、道录司稽察设教聚会，严定处分①。然而，实际上，康熙皇帝在宗教事务上的态度总体来说还是比较开明的，对道教亦采取了宽松的政策，并借用道教在民间的深层影响安抚民众。这样，此期民间也因之而道风冽冽，盛传各种天师、道人奇闻逸事，多扬善抑恶，伸张正义，表达人们的喜怒哀乐之情。如，清人俞蛟《梦厂杂著》②(卷一)中即记述有康熙年间道士、天师的一些传闻。其中有一则士人陈谷遇仙的异事：

> 康熙初，有士人陈姓名谷者，于上元日偕友数人入观遨游。友遇其相识，握手与语。士人先行入后殿，见一道士从殿中出曰：“待子久矣，来何晏也？”握其臂，启小扉而入。曲径迂回。士人疑观中无此径，转身欲退，而启扉处，皆岩壁，蒙以藤萝，因大骇，不得已，复随行，闻水声潺潺，小溪澄碧，渡以石桥，两岸乔松，大皆合抱，烟雾冥濛，异花芬馥，不复知有尘世矣。遥见殿阁参差，高出林表。而朱砖碧瓦，画槛雕栏，真不啻瑶岛蓬壶，琼宫仙阙也。道人嘱立候毋动，俄顷趋出。复握陈臂，由殿左历阶而上，见一羽士，星冠鹤毛，须发如银。坐其上，熟视良久，曰：“可惜！可惜！”复命道士引之出。道人又提其臂，欲行，陈谷曰：“顷者何所闻而呼之使来，今何所见而何之使去；所谓仙人者，举止必有其道，岂与尘凡下士无端嬉戏乎？”

---

① 参见赵尔巽主编：《清史稿》卷一一五，志90，1914—1927年编纂，1928年印行。

② 参见[清]俞蛟《梦厂杂著》，北京古籍出版社，2001年版。

羽士曰:“子言甚善。吾欲语子,非片言可意,然子馁矣。西廊具有酒食,盍先饱餐而后毕其说。”时日已暮,道人秉烛引至西廊,则素食菜羹,列几上矣。道人别去,陈视室宇幽洁,几榻横陈,食顷,见帘内灯影中似有云鬟高髻者,掩映其间,启而入,见一女子坐榻上,谛视之,大惊曰:“卿何以至此?”女曰:“昨与母游白云观,入殿礼拜毕,母不知何往,有老道士邀余宿于此耳。”先是女之父宦游告归,与陈谷为邻,女家有高阁,陈之卧室可望而见也。女恒挑之以目,陈逾垣就之,朝夕往来,为女家所觉,遂闭女他所,两情隔绝,兹忽邂逅琳宫,出人意表。情不可遏,不遑问此为何地,亦不记道士顷者何语,恣情欢洽,至五鼓,梦中觉寒冽异常,起视星斗横斜,屋宇全非,则身卧旷野,去观里许,踉跄而归。探邻女,则数日内无从母出游之事,始知昨宵幽会,皆当日一念之差,以致仙人示幻,其连呼可惜者,似怜白圭之玷,所以提撕警觉者至矣,尽矣,遂补被出游,终身不返,或谓仙去云。

这则异闻说的是,民间相传,康熙年间真仙混迹于道观之中,而“人莫之识”,“或施符水,治人疾病,或人偶为不善,而犹可劝化者,常现身说法,以敬愚蒙”。而这个士人陈谷所遇之事,正是此间一种示幻警戒的道仙教化模式。

再如,还有一则记述的即是天师破除隐身术之类邪术妖法的异事:

陆丰张叟入城探亲,时当长夏,骄阳酷暑,不可耐,入路旁茂林暂憩,林隈矮屋半间,土神祠也,见一人年约三十许,肩荷雨盔,至祠前解胯,遗溺于神面。叟大惊,谓何处病狂儿谬妄若此。其人溺后囊中出瓷壶贮水,戟指画符坎祠旁,瘗之而去,舆出林椙之,清水满盂,覆以砖。叟知有异,倾水藏盂,遥尾其后,凡所经人家,必徘徊审视而后去,经里余,见一家板扇半启,即叟所探视之亲也。其人荷盔逡巡入,叟至门,见一人衣冠而出者,为叟之舅,急问荷盔入者为谁,曰未之见。叟曰:亲自某村尾至此,瞥见其入,岂老眼模糊,白昼见鬼物耶?两人携手入厅,事遇童仆数人自内出,讯之,亦无所见。叟益异必欲穷其事,与其舅更进后院,见其人所荷之雨盔倚门后,叟曰,此盔君家物乎?舅始疑之语次,舅之妾急从室中出曰,顷似有人入室而无所见,叟曰:“我能见之。”遂闯入,见其人兀立床后,叟直前擒捉,遂现形。于是举家咸集,虞其后隐。系辫发手定渥,以粪溺讯之,为闽之上杭人。同伴尚有五人,皆行斯术者。语未既而五人者至门曰:“此予等同里人不幸,为君家破其术,然为君计,若鸣诸官,则无征不信。若以私刑置之死地,则吾党人多,君家之祸将不旋踵,今愿银钱数十枚,赎之何如?"其家因与叟计,幸不遭侮辱,杀之虽快,一时之愤而后患,诚不可防,不若结之以恩,遂不受其银而纵之,此之谚所谓隐身术也。工斯术者相传皆闽之上杭人,今粤中陆丰诸地亦颇传斯术。然其家气运旺者,不能人畜猘犬者,不敢入,入则择其女之色美者,任意污之,女之母若来即同寝榻上。亦不之觉。而术未精者,往往被擒杀而脔之,焚其尸以灭踪,邻里即知之,亦不首,盍人所公恶,不啻切肤之痛也……

兴宁罗某有孙妇王氏姿首清丽,风情绰约,乡人私评,谓其色可甲一邑,王氏亦自以少艾,恐招诲淫之讥,深自韬匿,即亲串往来,不能当视其面也。一日邻人娶妻,彩舆箫鼓,备极豪华。妇启门露半面窥之,适有过客凝眸注视,妇急掩门入。是夜有人登床与亵,似梦魇而不能拒。次早堂中有箢覆地,启视则遗矢也,而室中似有人掩映其间,窃取食物。群知有异,至夜遂不敢寝,聚男女老幼居一室,彼不得逞其欲,遂掷瓦砾碎盆盎饭釜茶铛,亦入以泥沙粪秽,至数日,不敢举火饥渴,则易诸市中,如此数日,不堪其扰,遂亲赴江右求治于天师,往返两日,买符至家,时余薄宦是邑,而罗之居离署舍甚迩,令人密访,则其家连日杜门不出,亦未有叩门入者,数日后,云怪似绝,宁谧如初矣。于是询诸邑之绅者,皆云遭斯害者,四乡之间有所妻女被污,虑人耻矣,非至亲密友不告以实,若擒付有司,又虑事罕见,无律可按,或转致坐诬,多有杀之灭迹以快愤。夫妇女贞节自矢者,虽遇强暴,不能污,独遇隐身邪术,即失贞节如韩冯之妻,贾直言之妇,莫能自得,只有天师几于无法可治,其窘何可胜言。凡求天师者,与符箓之币,一焚境上,一焚城隍庙,以焚家门,焚符境上,其人即似有羁,系不能去至家门,则形必现,不能复隐矣……

这则民间异事叙说在闽之上杭、粤中陆丰诸地,淫邪之徒利用隐身术,奸淫妇女,为乱民间,而张天师破除隐身邪术、驱除妖鬼的事情。文中描写兴宁罗某一家及四乡民众如何为隐身邪徒侵害和困扰而不堪其扰,"求治于天师",而天师又如何以符箓治邪术,效果立验。作者还着重对张天师进行考察、评价说:"考天师为汉时张道陵之后。历代相承,至元明而教大显,凡祈晴祷而靡不验,而驱除妖鬼,犹所擅长。其世食厚禄,膺显爵夫,岂倖致者哉!"这在一定程度上表明了民间对于张天师及其正一道"驱除妖鬼,犹所擅长"的总体看法,也由此可见,张继宗天师所处的康熙年间,民间草野的道风之盛。又有《虞初新志》中张山来《记袁枢遇仙始末》①一则反映了张天师的社会影响:

康熙庚辰正月廿六,钱塘庠生袁枢,字惠中,梦一长髯斑白者,自称崆峒道人,邀以入山,修炼三载,可证仙籍,且戒其弗泄。既寤,即与同人言及之。次夕复入梦云:"再泄吾言,当今汝哑。"晨起,若有人促之行,至一亩田,果见所梦道人,拉之同往,倏忽已至关外。枢以亲老固辞。道人投药一丸,恍然入腹,遂不能言。遇友引归,举家惶怖。

中丞张公廉得之,知为观风所拔士,询其始末,枢具以笔对。怜其贫,捐俸十金与之。遂下有司捕获,大索十日不得。其父具呈,乞移咨江西天师府。七月十七日,方得天师移覆,外给治哑符二道,并仰浙江杭州府城隍司公文。中丞公亟传枢,亲赍公文诣庙焚之。归即先吞一符,觉遍体烦惫,骨节有声。夜梦一人,手持城隍谕单,上书"廿六日子堂传袁生员面谕"。至期,复梦其引入神署。烛光中,见神冠服危坐,曰:"已遣金甲神往请真人矣。"少顷,见道人偕金甲神至,城隍延之宾坐。道人向枢曰:"因你有厄,故罚哑一年。"城隍曰:"天师文内令其能言,若仍哑,何以复命?"道人曰:"既天师传命,不满一年,亦宜半载为期。然此后仍当慎言耳。"遂命之归。至廿八日,又吞一符,以天师符内嘱间七日再服故也。八月初一子时,梦人令其发声,即语言如常;屈指果及半载。赴戟门谢中丞,公曰:"天师来札云,为汝建坛作法,炼一金甲神来,三日有验,今信然矣。"

其事颇涉怪,为儒者所不道。然昔人谓城隍之神,与山川、社稷坛等,岁时致祀,以示国家怀柔百神之意,不必实有其人也。乃袍服酬对,与人世达官无异;又世外仙人,惝恍难信,而枢亲见之于城市中。城隍目为真人,必非妖魅可托。至天师爵秩相承,数千年来,白洙泗外,鲜与比盛。今以其移覆中丞公书观之,则封号亦不为倖致也。然非中丞公重士恤灾,委曲救拔,亦安能使天师建醮遣神若是哉?

枢语余云:"方哑时,友人母病,意中若有所叩,忽信笔书云:丁丑丁丑,二人相守,玉兔东升,大家撒手。其母至丁丑日丑时而殁,至今不知其

① 参见[清]张潮辑,王根林校点:《虞初新志》,上海古籍出版社,2012年版。

所以然也。"尤足诧异云。

张山来由此评之曰:"天师有如此法力,其世袭也固宜。"康熙十八年(1679),张继宗天师按照惯例,入京觐见康熙帝。据载,康熙十九年(1680),有人意图争夺他的张天师职位,觎夺大真人印,皇上即命张继宗天师与此人分坛祷雨,以分辨真假。张继宗天师奏皇上说,应该于某日得雨。到那一日,果然应验,结果真人获胜,夺印之人最终不得不打消念头。皇上对此赞赏不已,即命随觐法员吴士行等三人留京,三年一换,来往赐给驿马,又增二员,作为定例。康熙二十六年(1687),张继宗天师打道回府时,康熙皇帝还"谕书太上清宫额赐之",改"大上清正一万寿宫"为"太上清宫"。康熙三十三年(1694),皇上命张继宗天师进香五岳。据民间传说,张继宗天师开道汴京时,官吏因为苦旱和疾疠,请求他祈祷。真人作法,不出半个月,每天雨水充足,而病疫也随之消退了。不日之后,河水竟然冲堤越界,"日锲岸数十丈",于是吏民又赶紧惶惧地请求于真人,真人便投以铁符镇之,河岸因此而获固;经过龙阳时,当地有号称五羊的妖神作祟,于是张继宗天师焚毁了其妖祠,一时间,现出了无数的白足鳖,皆死于溪中,妖神遂绝迹;经过姑苏城时,遇有妖孽赤猴作怪,张继宗天师又凭其道法,为民除害,直取赤猴,铁锁二怪而镇之。

又有下面一则《莼乡赘笔》卷三《张真人》的清朝前期笔记,记载有张继宗天师令城隍神查报民事时的述说:

> 张真人继宗,天师五十四代孙也。自苏至松,驺从赫奕,愚民聚观,填塞衢巷。绅士寡识者,亦趋迎陪侍。其人年甫弱冠,茫无知识。每准一词,纳银十二两;书一符,偿三金。其徒皆市井无赖,共相附和,肆为奸诈,获金数千。远近被鬼祟者,闻其来,皆斋沐三日,激切祈请,叩头待命。但批发文书房登号,谩云归府行文,仰城隍神查报而已。

由于张继宗天师具有精深的道法和很高的功德修为,因而在位期间,康熙皇帝对于他及正一道显然是比较肯定且看重的,这一点可以通过此期间康熙皇帝对张继宗天师的多项恩赐得到印证。康熙三十五年(1696),皇上御赐张继宗天师乾坤玉剑;康熙四十二年(1703),皇上再恩授张继宗天师光禄大夫之位;康熙四十六年(1707),还在京师赐给张继宗天师府第,此府第位于正阳门外，共81间房屋，供张继宗天师及其法官在京时居住；尤其是在康熙五十二年(1713)，更赐予帑银，命江西巡抚佟国勷、杭州织造孙文成督修大上清宫，主要是修葺殿宇，规制未变。这些都说明，张继宗天师履职期间，道教在清廷的地位是得到了较大程度提升的。

康熙年间重修太上清宫，与《红楼梦》关系密切的江宁织造曹家、苏州织造李家，应当都参与了其事。《关于江宁织造曹家档案史料》(原故宫博物院明清档案部编)第一〇四件《内务府总管赫奕等题孙文成请兼盐差应勿庸议本》(康熙五十二年十月十四日)，记述了"本是一体"的江南三织造筹款修建龙虎山庙宇的情况。此本中内务府总管赫奕等遵旨议奏：

第一是具奏孙文成料估重修江西龙虎山庙宇所需钱粮。孙文成于六月初六日起身，十七日到达贵溪县，与巡抚佟国勷前往龙虎山，会同查看。查看的结果是：除万法宗坛真人张继宗所住房屋不修外，大上清宫、龙虎观两座庙宇估算共用银一万八千八百余两。除料估册外，还绘制庙型，恭呈御览。

第二是具奏孙文成关于重修龙虎山庙宇所需银两的筹款方案。现在重修龙虎山庙宇所需用银一万八千八百余两，需动用三处织造所收备办杂项应用之款。而当时两淮盐差李煦等即将于康熙五十三年十月内，任满十年，请求从康熙五十三年十月两淮盐差李煦任满之日起，续将康熙五十四年盐差，赏给他(孙文成)兼管一年。除江宁、苏州两地织造，照常撙节二十万两外，杭州织造亦撙节十万两，三处一年共节银三十万两，尽数纺织。至康熙五十四年夏季，将所撙节之银两分送三处，购买生丝织缎，备做康熙五十五年进送之用。而重修龙虎山庙宇，用银一万八千八百余两，亦请动用撙节款项。另外，孙文成等三处织造官员，请交江西巡抚佟国勷，由他派其属下能干官员依照估算，监视重修；所用钱粮，请由江西藩库银暂时借用。而重修竣工后，由该巡抚查明销算奏闻，按照所用银数，孙文成将康熙五十四年盐差内撙节之钱粮，送交江西藩司，补还库内。

第三是皇上依据孙文成所提方案的御批。认为孙文成所说想在两淮盐差任上一年，以撙节银两修庙，此事断不可行。孙文成年纪已老，降旨所说的是修庙之事，只需以三大织造处所余钱粮修建，如有不足，可以向李煦取用数千两，这样就完全可以完成工程。至于其略估之处，还需内务府总管议奏，钦此钦遵。

第四是内务府总管重修龙虎山庙宇的议奏。议奏结果是：巡抚佟国勷、郎中孙文成奏称，重修龙虎山庙宇，估计共用银一万八千八百余两，已将其估算细数册核对相符；龙虎山庙宇既然是特旨重修，孙文成奏请欲在两淮盐差一年任内，节银修庙之事，就不应再议了。可按照估计银数，交由巡抚佟国勷，派其属下能干官员，敬谨着实重修；查去年江宁织造余银五千一百零六两二分、售米银一万两，苏州织造余银八千七百三十八两二分，杭州织造余银七千四百三十四两二钱七分，三处共余银三万一千二百七十八两三钱一分。即按照估计工程用银数目，由此项银两内支付修建。完工时所用款项，由佟国勷详细查明销算向上具奏就可以了。

可见，当时江宁、苏州、杭州三处织造筹资重修龙虎山庙宇，内务府核准预算重修龙虎山庙宇，所花费银两实际可达三万一千余两，比孙文成所估算的一万八千八百余两显然打宽了许多。由此也说明了当时张天师对于清廷的影响能量，以及清廷对于重修龙虎山庙宇的重视程度。

二、《崆峒问答》 方向是道

张继宗天师履行教职的历史影响还在于，他通过多种形式实施正一道的社会教化。而其中最重要的就是他撰写了具有普适化、通俗化道教特点的《崆峒问答》道书，以指引信众。可以说，这在各代天师中是极具特色的。

第一，《崆峒问答》采取一问一答的道书形式，共提出了人们关注的 328 个问答，内容丰富且简明扼要。其设问的内容主要包括：祖天师的祖代、贯籍、诞生日，如何修炼成仙及夫人白日飞升诸情况；老祖之父由蜀中迁至江右的因由；江右龙虎山、山中风水、老天师炼丹处的概况；二十四仙岩及名由、闻雷打石的由来；祖印卞和玉、阳平治都功印以及所谓中卞和印、左金印、右银印及印文符号诸情况；天师令牌、天皇使者令牌；太上老君授老祖三洞正经，二十四品法箓；天师如何得龙虎山及龙虎山由来；龙虎宝章何人所藏；洞天龙虎山何为第二十九福地；对洞天、福地及水、旱、刀兵、虫蝗、疫疠五灾不染等的诠释；上清宫起于何时，天师二字何朝封起，天师二字出于何典，爵位何时封起，何朝起封大真人，真人之号出于何典诸情况；历代袭爵、原用宗派、宝箓三十三阶等情况；各法派、三十六员天将、法家四派归元说、四派何人所传，何为三山法出在真人府，三山俱出箓、三山府血脉一炁相传与三山是否同等解释；三洞正文、三洞中之四辅、三洞正文何人所说，一洞之中是否有分等；《道藏》正文多少，何谓三十六部真经，道家宜看何书，《道德经》《南华经》《文始经》《阴符经》《黄庭经》五经何人所作等问题；宫中法官如今行哪几派，何谓正一，正一法所治何事，为何大法多失传，今所有传者哪几宗，其外还有何法，闻有丰都法最灵，今有人行否等问题；祈祷三十六阶、静功祈祷、董仲舒祷雨何以不能称成一家，祈雨有哪几家，祈雪有哪几家，祈雨何用诸家法；何谓三十六雷等问题；张天师多少年纪飞升，世传真人掌上生玉印有诸，俗闻传七十二代之说何也，龙虎山果有上天梯否，可有龙虎否，圣井龙神只能致雨尚有他异否，老祖天师指甲尚存有诸，三十代天师如何也飞升，虚靖天师在日有何神异，虚靖不娶何承袭其嗣，后世还传有飞升者否等问题；历朝所赐有何宝物，玉剑玉冠何朝所赐，明朝赐金信乎，万法宗坛所供圣像何朝所赐，是何圣像，共有几尊，历代有何著作行于世等问题；符、咒、箓及箓中治炁坛靖等相关的问题；浙之分水有天师墓何也，天台山桐柏宫可是桐柏真人修炼之处，茅山服管辖否，茅山玉印是从何处得来，九老仙都印用于何事，真人有多少俸禄，何谓不受禄，牌上写“朝贺”何说，历代可有田地赐下否，五十余顷够一年费用否，六十四两银何朝奏免，山中有多少道家，有何九宫七十二观三十六院，宫中有几派，大上清有多少殿宇，何谓祖师，为何儒家以黄老之学为异端，七星皂黑旗何故，“龙王免朝、诸神免揖”何故，何故入朝不往长江而经浙江等问题；赵玄坛是何神将；马帅、殷帅、朱帅、温帅、康帅、关帅、邓辛张三帅、苟毕二帅、庞刘二帅都是何神；何谓三祖、六师，何称嗣系女师，女人也可修道乎等问题；何谓无上道，何谓法、经、师、醮、斋、科、发遣，借地扬幡何也；何谓迎三宝，何谓宿启朝、代谢、命魔，转经有何功德，何谓安镇、拜表、忏悔、祭炼，地狱可破乎，何谓剪罡风、出官，人死气散岂有因果报乎，何谓祖炁、罡炁、煞炁、生炁、金光炁、日炁、月炁、混合、帝讳、号；符、书符宜墨用朱何也；何谓卓笔、敕符、净坛、分灯、鸣金玉、启师、变神、步罡、捏诀、存想、立狱及狱有几等，何谓促捉等问题；附体之法、飞鸾之法、圆光之法如何，祈雨为何必要坐功，雷霆合契若何，何谓埋阳掩日、止风抟云、动雷、斩虹、车阳、折斗、箕毕，祷雨何用四箭符，何谓碗雷、结幡，召鹤何说，祈雨为何以鼋鳖带铁牌入溪潭，鞭龙不应何如，祈雨有几家经法，法官触弄雷神插标之说，为何月孛翻坛，为何祈雨亦用翻坛法，掌心雷今能行否，为何正一法祈雨则灵，治病不能大应等问题；痨瘵可治否，癫痫之法可治否；为何说孔氏张氏一家，为何衍圣公一年一朝，真人三年一朝，人言玉帝姓张，为何祈雨用桃椿、斗法有几家，为何大梵斗多释家咒语、三教同源，为何北斗有猪辇声，道教释教孰前孰后，老子如何化生，上古曾化生否，以后可有化身否；何谓全真派，全真有几派，何谓五祖七真，如今全真哪派最盛，何谓律宗，何谓金丹大道，何谓金液丹，如今烧炼黄白者如何，老天师当时也修全真戒律乎，天下还有邪派否，四君五子八真人何名姓，五岳图为何有两种，古本为何有潜、霍诸山、传闻一代真人出世并浮铁牌上载名讳，有否丹徒子房公庙，何典、何谓三省、雷霆金书何说、三仙何处人也等问题；何谓三清、四御、五老；九霄及九霄各司何事；四圣、天有几天、雷霆一府二院三司是何衙门，何谓三界五帝等问题；禅宗之义若何，佛称最尊何也，闻佛左侍立者有玉帝之云何也，何谓五岳四渎，四镇何说，白莲教为何教，天主教如何、天主教可奉斋否，何谓五辛三厌、供神之物有忌乎等问题；何谓斗斋、三十代天师讳继先，今真人亦继字，何也；何谓妖邪鬼怪外道邪魔及如何治之等问题；道教可婚娶、道士为何不宜婚娶、老祖天师曾化身否，为何金印非金之色，宋时洪太尉开伏魔殿之说何也，为何天下斋醮皆来府中挂号，府中法官能竹筐盛水者有无，肉身果能飞升，木石果能拔宅乎，道教起于何世，何谓教中三师，何谓八景，青宫九龙符命如何，剑有多长，何谓变神，何谓召将，何谓六天六神等问题；鸣金击玉有何定规，为何法鼓止鸣二十四、何谓禹步、简笏何用、何谓三祝、何谓拜斗、杀伐家书中何用神鸡、何谓清静无为等问题。

第二，《崆峒问答》通过普适化的问答形式，有重点地阐释道教的诸多教理教义，有利于人们正确地认知、理解道教信仰及其价值意义。总体上看，其重点主要体现在五个方面。

一是言说正一道及其他道教各派别脉流、道法术数、领袖人物及其生平、体道修为、奇闻逸事等。如，对祖天师的出身、修道、法器、居所、随员及飞升诸仙迹等就予以了重点记述。尤其是重点叙述了祖天师何以修炼成仙之事，问：当日如何修炼成仙？答：

老天师生有仙骨，得子房公家传钤记，言西蜀青城山、洛阳二酉有所藏三皇秘典，故逾淮自洛入蜀至青城尽得其秘。归洛阳于北邙山修之三年，有白虎衔符而至，遂入嵩山石室得黄帝九鼎之丹书及太清丹经，同弟子王长、赵升从鄱阳泝流入云锦山炼丹。丹成，龙虎现。访西源璧鲁洞，得制命五岳及神虎秘文。闻蜀多妖殄，欲往除之。至阳平山修行感遇太上老君。于汉安元年正月十五日亲授盟威经箓二十四品，三五斩邪雌雄宝剑，阳平治都功玉印。修之千日，乃入青城山战鬼。至则鬼神皆降，复二十四治。葛璝、涌泉、北平诸山修九正法及养神轻身之术，居本竹治授灵宝诸法，居平盖治合九华大药，道成至玉局治。太上复降，说北斗诸经三八谢罪法忏。

永寿二年会三界万神于青城黄帝坛，盟九岳四渎二十四治福庭鬼狱，定三十六靖庐，七十二福地，三百六十名山。命人处名阳，鬼处明阴。每治设祭酒男官女官以赞玄化。复游各郡，斩妖孽夺咸池，大利蜀民。功成蒙太上册封正一天师。至云台治见绝巘下桃熟，命王长、赵昇二弟子投身取之，既则，师亦飞下投王赵二弟子。起，遂以余丹及剑印授二弟子，祖曰："吾遇太上亲传至道，此文总领三五步罡，正一枢安，世世一子绍我之位，非吾宗子不传。"是日同王长、赵升，千乘万骑于蜀中云台山白日上升。时汉永寿元年九月九日也。

这一问答，对祖天师张道陵生平道迹进行了大致的勾勒，道俗皆宜。其中三皇秘典、白虎衔符、丹成龙虎、制命五岳、神虎秘文、灵宝诸法、青城战鬼、养神轻身之术等与九岳四渎、二十四治、三十六靖庐、七十二福地、三百六十名山、三八谢罪法忏、盟威经箓、法器传宗诸定规相契相合，其道法术数在神人之间，其超世在世亦是虚实结合，不得不说，此种弘道言说，是极富民间感染力的。

二是介绍道教圣地龙虎山及由来诸情况。部分转摘如下：

问：既在蜀中因何又到江右？答：江右龙虎山乃老天师炼大丹之所。后因入蜀战鬼遂居汉中。四代祖盛公携剑印经箓来居祖坛，所以遂居江右。

问：龙虎山有多大？答：龙虎山是总名，起自闽中武夷诸山，两龙夹驰，千峰万壑直走鄱计八百余里。

问：官府在山中何处？答：百山环拱形似莲花，官府居山之正中。

问：老天师炼丹何处？答：此谓龙虎正一观，离官府二十余里，两山并峙形如双龙双虎。

问：此山中风水若何？答：中国山川龙脉此曰巽山乾水，此山乃乾山巽水，谓之顾祖朝宗，风水第一，堪舆为仙圃长春。

问：仙岩有二十四岩？答：离府有二十四里，有水岩。石壁千仞，上构七层危楼，室中架搭有二十四岩，各诚仙品。

问：二十四岩有何名字？答：三山观水、仙仓仙室、药筐丹灶、机杼染具、马厩莺架、辘轳杵臼、酒瓮棋枰、仙船仙兽、茶炉泥料诸岩都是。

问：闻雷打石因何得名？答：相传释家普庵真人祖师，学雷法于三十代天师,试之掌心雷,误劈山石也。

问:上清宫起于何时?答:自老天师丹成之后将仙器藏于水者。四代天师自蜀迁来立正仙观。南唐时敕建祖天师庙。宋祥符中二十六代祖天师迁于山之阳敕赐"上清观"。至和年间始改为"上清正一宫"。大德戊申年复改"上清正一万寿宫"。自元以来此曰称"大上清宫"。康熙二十三年,蒙皇上御书"大上清宫"匾额。

三是对天师府诸印及印符、令牌、经箓、龙虎宝章、"天师"封号及出处等一一予以说明。部分转摘如下:

问:祖印是卞和玉,因何而得?答:卞和玉为秦所得。玉印其一刻为传国玉玺,其二未镌,藏于阿房宫。后因子房公随汉高祖入关得之,藏于阳平关。二代天师讳衡祖得于土中,遂镌之文曰:阳平治都功印。

问:何为阳平治都功印?答:阳平山,名"治"者,神仙修炼之所。都功乃神仙之品位也。

问:又有祖印何也?答:祖印乃汉安二年正月十五日于四川鹤鸣山蒙太上老君授阳平治都功印一颗,雌雄二剑以制伏天下鬼神。

问:祖印既有,如何又要卞和玉印?答:祖印大径二寸,乃上行之印,一应表奏用之。卞和玉印大径四寸,乃下行之印,一应文牒用之。

问:今符上哪三印?答:中卞和印、左金印、右银印。

问:金印何文?答:星文云篆为"功平五炁印"。

问:银印何文?答:亦阳平治都功印。因古时用祖印于符牒上,后人以为大亵。故嘉靖年间复赐银印代之,谓之代劳印。其祖印非国家大典斋醮不可轻用。

问:闻有镇山玉印,此何印也?答:老祖天师得太上祖印之后不敢以祖印为下行,故另镌玉印一枚为下行印。至二代天师既得卞和玉印之后即封而不用。今入觐,留此印以镇山,故名镇山印。

问:老天师有令牌否?答:老天师授太印剑,剑即令牌也。鬼神不伏,飞剑斩之,故发令之际,按剑一下,则邪鬼慑伏。后因命诸弟子代行法事,此剑不能遍付诸生,故用枣木刻剑形于上,以代用之。老天师无其他令牌也。

问:今有天皇使者令牌何也?答:宗师将天皇使者符刻而用之,取激剥之意,非祖之制也。

四是解答了符、咒、箓和道教法、经、师、醮、斋、科、发遣、三宝、宿启朝、代谢、命魔、转经、安镇、拜表、忏悔、祭炼、剪罡风、出官、祖炁、罡炁、煞炁、生炁、金光炁、日炁、月炁、混合、帝讳、号、符、卓笔、敕符、净坛、分灯、鸣金玉、启师、变神、步罡、捏诀、存想、立狱、促捉诸问题及附体之法、飞鸾之法、圆光之法、祈雨之埋阳掩日、止风抟云、动雷、斩虹、车阳、折斗、箕毕、碗雷、结幡、召鹤、翻坛法、掌心雷、三师、八景、禹步、简笏、三祝、拜斗诸问题。这些内容,部分转摘如下:

问:太上老君授老祖是何经箓?答:三洞正经,二十四品法箓。

问:如今宝箓有多少?答:三十三阶。

问:三十三阶何名?答:都功、盟威、五雷、大洞、中盟、三洞、预修、拔亡、延生、伏魔、文昌、祈嗣、保童、血湖、三官、北斗、真武、玄坛、赵侯、玄女、华盖、咒诅、九牛、二十八宿、紫微、自然、神霄诸箓。

问:法有几种?答:法有道德、先天、灵宝、清微、正一、净明、玉堂、天心等派。

问:三十六员天将何姓?答:天将颇多。世所常用止三十六员。天罡、月孛、邓、辛、张、陶、庞、刘、苟、毕、雷公、电母、风伯、雨师、王、殷、朱、康、马、赵、温、岳、何、乔、萧、谢、高、李、魏、伍、朱、周、石、丘,诸将是也。

问:法家有四派归元之说何也?答:道德、清微、正一、灵宝,四派俱归于祖元君处,故曰"归元"。

问:这四派何人所传下?答:"道德"乃太上老君传于关吏尹喜子老。"正一"老君传于老天师者。"灵宝"乃老天师传度人经法于葛仙翁者。"清微"乃金阙后圣君传于青童君者。

问:何为三山法出在真人府?答:閤皂葛仙翁派为"灵宝宗坛",西山许真君为"净明宗坛",句曲山三茅真君为"上清宗坛"。此三坛俱出老天师门下,故龙虎山为"正一玄坛"。后三山失传,坛箓尽归真人府,故"正一玄坛"改为"万法宗坛"。

问:当时三山俱出箓乎?答:龙虎山都功盟威三洞经箓,閤皂山出预修拔亡诸箓,西山出中盟斩邪诸箓,句曲茅山出大洞紫虚诸箓,因世久失传,渐有错误,故二十六代天师请敕三山符箓并听真人府所出,余山不得私传。

问:三山府血脉一炁相传即此三山否?答:此又非前文三山也,乃明永乐间,敕建武当山一应宫观皆上清宫法官管理,茅山亦立灵官皆从上清宫选授,故武当茅山俱是一脉,上清宫相传。故言三山滴血派,言至亲也。

问:何谓三师?答:教中三师经籍度。诵经之道为经师,其徒为经生。师之师为籍师。授经之师为度师。

问:何谓禹步?答:大禹治水,足病行难,步不能过,缓而趋之,名曰禹步,今修持者移用,步法多变,咒颂各异,制神召灵,为法术之根源。

问:何谓拜斗?答:斗者,宿也。祈福禄寿三星,礼南斗六星君,北斗七星君,平和天与人,谓拜斗。

问:宫中法官如今行哪几派?答:法有八派,失传者多。今之所行惟正一清微,灵宝间或用之。

问:何谓正一?答:正者不邪,一者不杂。正一之心则万法归一,故曰正一。

问:正一法所治何事?答:正一法惟祈晴祷雨,驱邪治病,济生度化耳。

问:为何大法多失传,今所有传者哪几宗?答:昔时法官能行神霄、景霄、天蓬、伏魔、挥天撞星及四圣五元紫庭诸法,今已失传。所传者惟有天罡、月孛、雷霆、三师、雷门、苟毕及火车、火犀、玄坛魁神、地司地祇、关康侯诸宗矣。

问:其外还有何法?答:洞玄刘帅、金火天丁、三景灵官、追捉徐帅、小四圣、如意潘帅、忠靖张帅、梅仙张帅、水仙娄帅、石帅、赵侯诸法尚存,其余雷法虽多,法官难习学之,故此谓微矣。

问:闻有丰都法最灵,今有人行否?答:丰都内外法最灵,法官谓其阴惨故而不全习,少或一二用之。

问:祈祷有三十六阶否?答:自天皇独辖〇雷、月孛,斗姥之下只有火雷、烟都、三茅、金乌、宝珠、五雷、社零、火龙、四溟诸法,其余太枢、邵阳、斩勘、金鸦等法俱已失传。

问:有哪家静功祈祷?答:凡祈祷法中俱有静功,不专定哪一家也。

问:闻有仲舒祷雨亦成一家否?答:董子以蜥蜴祷雨,诸家法中一也,间或用之,不能称成一家也。

问:祈雨有哪几家?答:止有火雷、炎光、五雷三家。其余祈雨诸家法中换坐功亦可。然祈晴不如火雷、炎光之备也。

问:祈雪有几家?答:祈雪只有东灵、水轮两家。

问:祈雨何用诸家法?答:天地气亢不一,有阳亢、阴亢、魃亢及山泽不通。所以历代天师立一法各有一法之用。如阳亢用水烟都法也;阴亢用火雷法也;魃亢则用月孛斩勘诸法也;山泽不通则用第一社零诸法。其宝珠、金乌、火雷之变,艾虎、四溟、邵阳诸家各有所用也。错用水火如医家之方药不对症,何能应也。

问:何谓三十六雷?答:三十六雷有数说,白玉蟾真人论之甚详。但五雷箓乃大禹王所谓颁行,内载三十六雷与白师尊论之不同,乃玉清洞真、护国判星、搜神镇星、阳焰炎光以至阳明、阴灵、九阴及召请诸名,共三十六雷也。

问:符有多少?答:三洞正符,清微灵宝计有千数。今正一诸符亦有二百与道。

问:符上(图)字何义?答:此草书"敕"字也。

问:符上有书(图),有书(图)字,是何分别?答:符各有体,亦犹汉字之四体也。(图),此隶体也;(图)者,草体也,分别符体而用之也。

问:符上有三点何也?答:此三台也。天官星家以三合为三阶。今符上用之以取泰阶平之意也。

问:三台末笔扫上何也?答:此留人门也。乾为天门,宜开以通神灵,巽为地户,宜闭以除污秽;坤为人门,宜留以保长生;艮为鬼户,宜塞以绝邪气。

问:咒中称太上老君急急如律令何也?答:太上老君乃万道万法之宗祖,故必称之,以役使鬼神尊奉也;律令者言天律帝令也。或言雷边之鬼为律令未免穿凿也。

问:何为箓?答:箓本记录之录,当时记载修行之法柄者也。

问:受箓有何好处?答:一箓有一箓之妙理,言其大略,皆有云篆天章,佩之可以却灾扫祸。微言妙诀,修之可以入道登仙。

问:平生造孽即可除之耶?答:天道祸淫不加悔罪之人。人于受箓之初能洗心革面而忏悔。受箓之后能依法修持,如此则何罪不除,何福不臻者也。

问:受都功箓有何好处?答:都功乃人造之初阶,有太上老君告曰,祭酒正经言道之妙，有炼五脏为四灵，又有四十四位都功君者俱可保命护身，故世之受箓者必从此始焉。

问：盟威箓有何好处？答：太上老君亲授付于老祖天师者二十四宗，各有妙用。言其大略，以神炼炁，以气炼神，炼化阴官，以作却邪保命也。

问：大洞箓有何妙用？答：大洞箓有三十九经二十八品箓，言身有三十九穴乃神炁之门。有舌根而始，逐穴修炼，能令三十九穴自然生神，遏截死户，乃得长生。

问：中盟威箓有何妙处？中盟威箓只有八篇，乃保制劫运之文。内有三皇五帝正文、五岳八景灵图，可以封山禁水，济度厄难。

问：三洞箓有何妙处？答：三洞箓乃三十六部真经，三十二天帝论虚无妙道，克证上品金仙。

问：五雷箓有何妙处？答：五雷箓乃行雷者受纳。有十方盟正太乙，六部召雷功曹，可以召致三十六雷部雷神，能兴雷致雨。

问：预修黄箓有何功德？答：黄箓乃夫妇预修，有九真妙戒，十宫金书，可以消现生之愆过，种后世之福田，因此黄箓为庶民预修之最大。

问：文昌箓有何妙处？答：紫阳三洞秘文乃功名之梯级，有聪明神咒生炁宝图，可以招致雄文秀气、心开茅塞、笔写文澜，有二十四种应梦祥征，其验如神。

问：祈嗣箓有何妙处？答：金桥度化解六害神符，可以驱除天狗凶星，克生贵子。

问：何谓血湖箓？答：妇人产育，血色污秽，故有赦血湖正经秘箓，受之者干爱河而枯欲海，血湖无陷溺之虞，孝子报亲莫不重于此者。

问：何谓拔亡箓？答：人于生前不信罪福因果，自必恣睢暴戾，心纵意作，罪孽深重。殁受苦恼，理必然也。故孝子顺孙宜为祖祢追荐，修来世以报罔极。

问：三官箓何如？答：三元乃考校之司。人之罪福由自作，授箓者然，自罪灭福生。

问：真武箓若何？答：真武箓乃报恩教主殳为天大将军，受之者报恩福生，济物护身。

问：北帝伏魔箓何如？答：丰都北帝主世人夺纪寿算，受之者以遏绝死户，保身家安。

问:何谓赵侯箓?答:此箓可制一百二十家土部,受之者修方动土一无干犯而即禁忌。

问:九牛箓是何箓也?答:此箓能制山神煞,受之者开山点穴,神煞回避。

问:北斗延生箓若何?答:凡人本命俱系北斗七元降其真灵,自得延生益寿,世人皆宜受之。

问:三洞箓用三色书,何也?答:洞真太素,故粉书;洞元属水,用墨书;洞神属火,故用朱书。

问:箓上所书是何神像?答:箓中官将威仪,护卫受箓之人也。

问:受箓应供奉焚化否?答:修道行法之士应供奉。若世之居家信士不能虔洁,应焚化。然而,供奉经也,焚化权也。

问:箓有治炁坛靖何也?答:天下有二十四炁,即历之冬至、小寒等是也。道家谓之都、贡、察、平、长五炁等也。都领神、都监神、监贡、领贡、监察等炁。炁者,乃阴阳二炁,各分右左,共成二十四炁。修炼者能明此五炁,然后按时焚修。治者,理也,即治事之谓仙品职之衙门也。天有二十八宿,降炁于治,发生万物俱在蜀中,修炼者能知何治、涵何炁,即可调和六炁矣。

问:治为涵蓄天炁,化生万物之地,理应天下俱有,为何独在蜀中耶?答:地脉以昆仑为首,分三派而入中国,山川包裹,以四川为胸膈,故二十二治并在蜀中,而阳平治在川陕之交,总二十二治之门户;北邙治在河南开封之北,当天下之中,受天下之正炁,如人之五脏居于胸腹,脉则行四肢也。

问:二十四治何名?答:二十四治分上中下,各八治。阳平、鹿堂、鹤鸣、漓沅、葛璜、庚除、秦中、真多、昌利、隶上、涌泉、稠粳、北平、本竹、蒙秦、平盖、云台、浕口、后城、公慕、平冈、主薄、玉局、北邙山,凡二十四治。

问:治中有何仙迹?答:老祖天师战鬼,夺回各治。山南为阳,建福庭治,选高士居之,命其吐纳阴阳,调和修炁。山北为阴,有岩穴,为鬼狱。收天下之邪以禁之。每一治以盟威箓镇之。

问:盟威二十四箓何名?答:童子、一将军、十将军、百二十将军、左右百鬼箓、混沌元命赤箓、九天兵符、都章毕印箓、九州社令、河图保命星罡、五斗八卦护身箓、九宫捍厄、九凤破秽、辟邪斩鬼、长生保命等。

问:何谓靖?答:靖者乃治中之静室,修炼者于此朝真炼气,修炼者勿可无靖。

问:何谓坛?答:祀天处曰坛,乃拜表奏文,发号施令之地。坛无定址,临事而建以重其事。

问:箓中有某帝某岳何说?答:盈天地间不过五行,在天为五帝,在地为五岳。人之禀命不离五行,故某命所生即为某帝某岳所化育,一切修持悉求庇护也。

问:又有某炁某先生何也?答:此亦从本命八字所定,如甲乙九炁,丙丁三炁,庚辛七炁,壬癸五炁,戊己一炁。又得某命即从某炁化生也。至于某先生乃元命真人,亦从本命中来,凡法之飞神拜表,召将呼神莫不赖此真人也。

问:受箓必要受职否?答:箓即修炼之书。炼必当通达天真,召致百神。若无天职,功曹如何奉行?故受箓先当受职耳。

问:天上职有几阶?答:正一品格有两阶,天枢院、驱邪院。乃文武二途,为南北两院,神霄总制,雷霆玉府兼理二院,是谓四司。

问:其外另有别职否?答:其外有清微、灵宝、净明、混元、斗尊之职,此系习一法者受一派之职也。别职之多,不一而足。

问:又有九华内职是何职?答:九华即九霄之职。虽清华而无所主司,如世之庶吉士也。

问:今川中治俱还在否?答:川中靖治历唐以来并皆倾废,宋时三十代天师入川修整十一治,迄今所存恐无几也矣。

问:治倾退还有别庙否?答:川中之治皆被妖邪踞者,老祖天师复夺还民,民感其德,被废之处重又立庙。立祖天师号清河府君。

问:坛有多少?答:坛无定处,因祀建坛。然曾有三十坛所,乃灵应通真、三界集真、三界会真各有十坛是也。

问:靖有多少?答:修炼者不可无靖,曰有六十靖,乃通天、致正、复性、澄真、通真、会元等靖是也。

问:浙之分水有天师墓,何也?答:桐柏真人讳大顺,即祖天师之父,浙之分水有其墓也。

问:天台山桐柏宫可是?答:天台山桐柏宫是桐柏真人修炼之处。

问:茅山服管辖否?答:茅山上清宗坛是老祖天师四代法裔大茅真君之道场,岂有不服管之理。

问:茅山玉印是从何处得来?答:茅山玉印乃第二代祖天师于阳平关所得卞和玉印二颗,大者作阳平治都功印,次者刊九老仙都之印,后传葛仙翁,翁传于许真君,君传于大茅君,君留镇上清宫宗坛即是印也。

问:九老仙都印用于何事?答:九老乃五行四余,在人为九脏,在天为九霄,在元始元都为九老,是太上三清化身也,故九老仙都印乃太上老君印云尔,行令用之。

问:何谓无上道?答:清静无为之道,能主宰天地,化育万物,无为而无不为,谓之道。今以道一之。

问:何谓法?答:法者,道之妙用也。除邪辅正谓之法。

问:何谓经?答:教人正心遵行谓之经。

问:何谓师?答:示人规范诸成谓之师。

问:何谓醮?答:醮,祭也。有献而无酹者谓之醮。

问:何谓斋?答:正心洁身奉诸尊谓之斋。

问:何谓科?答:科者等也。法有几等谓之科。

问:斋科有几等?答:有金箓、玉箓、黄箓、正一、清微、灵宝、玉宸等科。

问:何谓发遣?答:发者,法遣奏也;遣者,派官将吏也。发遣官将以斋上文也。

问:借地扬幡何也?答:借地结界坛以辟不祥,扬幡集天神招灵炁之光而生三景,鸣金振玉。

问:何谓迎三宝?答:道经师,三清,都称三宝,迎者致其格也。

问:何谓朝?答:朝者,昭格也,亦为昭对天帝也。

问:宿启朝,何也?答:来日正朝,宿夜预启,告虔祈也。

问:何谓代谢?答:代斋主以忏谢,真诚所至,礼所至。

问:何谓命魔?答:大罗玉京有三界,大魔遏人行持,故出九色圆像,使其慑服,乃可行持其法也。

问:转经有何功德?答:转经则三界十方人非人等一切鬼神悉皆闻经悟道,是为功德最大。

问:何谓安镇?答:灵宝赤书真文玉篆安镇五方,可以招真招灵,制服恶道。

问:何谓拜表?答:以已知情悃白于天,即表白。

问:何谓忏悔?答:忏者,不敢复而自隐;悔者,不敢再蹈乎前非。

问：何谓祭炼？答：有想为祭，无想为炼。是我灵敏觉彼幽暗为之祭。

问：地狱可破乎？答：清净为福庭，执著为地狱。破其执著则地狱破矣。

问：何谓剪罡风？答：一诚有感，三境非遥，剪断罡风，飞神谒帝。

问：何谓出官？答：炼炁成真，化为官将用之，飞章齐奏，上达天庭。

问：地狱之说果有诸？答：有阳必有阴，阴阳一理。阳有阳官以判是非，阴有鬼神以判善恶，理然也。

问：人死气散，岂有因果报乎？答：人能明了心性，虽则四大奔飞而一灵之真常在，明自无恶趣果报，今世之人平生作孽，一旦无常则知识交缠，沉沦恶趣，种种孽根，一一果报。报应之说信有之也。

问：何谓祖炁？答：玄牝之门，为天地根。元牝之炁，为祖炁。

问：何谓罡炁？答：天有斗柄斗杓，星前谓之罡，罡上正炁可能绕将灭邪。

问：何谓煞炁？答：煞炁大凡几种，斗罡、大煞、酆都、太元。究其本不离乎阴金肃煞之炁。

问：何谓生炁？答：青阳之炁发生万物，可以生人，治病诸妙用。

问：何谓金光炁？答：唯体光明，心神虚白，是为金光正炁。

问：何谓日炁、月炁？答：太阳九芒赤炁属火，太阴十芒白炁属水。

问：何谓混合？答：以人合神，以炁合炁。

问：何谓帝讳？答：天帝敕一敕为一讳，加于符中，令神吏道行。

问：何谓号？答：号即号令。一事一令，神将均信而行之。

问：何谓符？答：符者合也，彼之相孚之信券，人神合一之秘文，合天地之正炁，谓阴阳契合之具也。

问：书符宜墨用朱，何也？答：朱墨并宜。但朱属阳，墨属阴，各有取用。仿科举，表慎重则用朱书。

问：何谓卓笔？答曰：卓者，远也。卓笔，书空也。诸念不生，一诚默感，故先用性一书太极，卓笔三下以象三才，然后可以化生万象。

问：何谓敕符？答：书符已毕，天将寄灵吾意嘱之，始能奉道行事。

问：何谓净坛？答：凡居浊境，秽气混凝，故必令天一清尘氛，五龙荡秽污，然后可以迎迓天尊。

问：何谓分灯？答：元始天尊黍米一粒之光，朗照四方，开明三境，光耀诸天。

问:何谓鸣金玉? 答:玉山上京,空洞之音,阴阳递奏,金玉交鸣,是为会集神祇,调和二炁。

问:何谓启师? 答:诸阶科皆师真传,所以奉行之前,必先启告,然后依科奉行。

问:何谓变神? 答:变神有二说,凡胎肉质未敢呼召天神,当变为元命真人,始可策役。一者奉行大法役使万神,恐己德薄,必清上帝威光,变成圣像,乃可指挥奉道。

问:何谓步罡? 答:古时真人修炼阳神,一切表奏便可飞神谒帝敷奏,后世宗师惟出于阴神上奏,假方丈之地,作九重之天,足蹑罡,神飞碧落天。修仙炼真,降魔制邪,学道之人大用也。

问:何谓捏诀? 答:宇宙在乎手。天地虽大,然在于干支,一掌虽小却备天地之体用,故寻捏诀可以通真制邪,役将治事。接驾、盘陀、相杻、锁、拷、炮、杨枝、青灵、铳、集神、象、枷、金桥、毫光、单剑、穿山过海、帅诸诀为常用。

问:存想在一身之中,岂能动天地之大乎? 答:人身一小天地,经云,万化生乎身,以吾神合天地之神,以吾炁合天地之炁,神炁相感,天地虽大,吾身何以动之,故人为三才之一,与天地参合,其信不谬矣。

问:何谓立狱? 答:狱者,禁也,古时画地为牢,故而下开井堑,上点明灯,像天牢贯索,所以禁囚邪鬼也。

问:狱有几等? 答:有黑狱、火狱、水狱、刀砧狱、神霄狱、天一北狱、酆都狱、九泉苦恼狱、宝春宫狱等。

问:何谓促捉? 答:促者,促地脉也;捉者,捉鬼神也。天地为大,一念可使,鬼神何以逃遁,其形毕现。

问:附体之法如何? 答:古时谓之哉附,摄捉邪鬼,附入生身,用法拷勘之问。亦有天降入人身,通传幽意。犹恐邪猖,故必秘号分明,始为真将。

问:飞鸾之法如何? 答:天降不欲附体,则附于桃乩,以通情意,如世上扶乩之举也。

问:圆光之法如何? 答:正一谓之圆光。昔时宗师,性光虚白,炼化金光,吐于坛上,命将入光,显现威灵,以通幽事,是人可见也。今之只凭幼童混看,此非正法也。

问:祈雨必要坐功,何也?答:以一己之微而欲动天地之机,若无静功,何能感应。此必洞明真阴真阳,包裹功夫,始得激剥雷霆,兴致雨淋。

问:雷霆合契若何?答:雷神有出没之时,阴阳有升降之位,能以身中造化,合天地之枢机,自得雨旸应祷矣。

问:何谓埋阳掩日?答:阳炁亢魃,焦炎太甚,用法埋之,则太阳日沉,掩之则自蔽。

问:何谓止风抟云?答:炎风时扇,云炁涣散,当用先天云篆以定之,天罡炁以冲之,则风转云旋,雨可望矣。

问:何谓动雷?答:天炁下降,地炁上升,阴阳包裹,发将为发,必用先天真炁,激疏阴阳,动其机窍,则雷发声。

问:何谓斩虹?答:阴阳不密,淫气成虹,最能刷雨,故必剪之。

问:何谓车阳?答:太阳闪烁,必有甘露,用法车动以起风雨。

问:何谓折斗?答:北斗为都水司,一星昏蒙即主风雨,故用大梵秘号,逐星掩之。

问:何谓箕毕?答:箕宿生风,毕宿生雨,能动箕毕,风雨自至。

问:祷雨何用四箭符?答:风暴雨狂,乃天地之煞气,故必起煞,雷雨始行,四箭者,金虎、黑虎、朱雀、使剑也。四煞冲日,雷电必兴。箭者,实为真炁,如箭之炁,一箭能透九重铁鼓。

问:闻有碗雷,何也?答:阴阳包裹,未发声,借两碗之磨荡,起秘号于空中,雨即应声矣。

问:结幡何也?答:结幡乃神明之信念。功圆事完,结幡而去。雷神最巧,故多龙凤狮虎之形。

问:召鹤何说?答:召鹤亦微坛中信验。一诚感格,鹤驭自临,况有符法之召乎?

问:祈雨为何以鼋鳖带铗牌入溪潭?答:铗牌易沉,以此鞭龙。懒龙搁雨,符檄无灵,必宜遣将驱之,不得不起,即行雨矣。

问:鞭龙不应,何如?答:若潭无真龙,鞭之亦无益。

问:祈雨有几家经法?答:大梵之斗天令法,月孛之卖花法,大雷三剪翅法,狗头符法,烟都之斩蛇法,射太阳法,三茅之翻江倒海法,拽北斗法,俱系极法。法官亦不敢行,内恐多阙路耳。

问:法官触弄雷神,闻有插标之说,有诸?答:古法书载有插标、拔标之说。然世亦罕有。雷神虽猛，上帝慈悯，谅无妨也。

问：月孛翻坛何也？答：因天下邪巫能摄人生魂禁入邪坛，故用月孛之法，或在九州之内，或在四海之外，翻去邪坛则生魂出矣。

问：祈雨亦用翻坛法，何也？答：不致恐有邪魔歪道抛罡弄诀，阻截雨路，故亦用翻坛法，以破其邪术也。

问：闻有掌心雷今能行否？答：掌心雷久失其传，然前古之宗师能内结金丹，把握天地，故能运风雷于掌上，震霹雳于空中，有是说也。

问：正一法祈雨则灵，治病不能大应，何也？答：诚之所感，祷雨则雨，法无不应，敬不能诚，将何以动天地，而必以祈祷之灵哉！

问：痨瘵可治否？答：传尸痨瘵有紫庭法可能治之，或酒色过度不知自爱，法力将何所施者。

问：癫痫之法可以治否？答：大凡病症邪神侵附者则符法易治。如或本人之精神耗尽，更或本人心志颠迷，外入风寒，内伤情欲，虽法中有天医官将，可以攻治本，然终难愈也。

五是阐释了道教各宗派、佛教禅宗、天主教等诸教及其关系。部分转摘如下：

问：山中有多少道家？答：原有九宫七十二观三十六院。

问：有何九宫七十二观三十六院？答：大上清宫以及神德、元成、仙源、正源、紫霄、崇禧、崇文、东岳等宫。鄗山龙虎观以及正懿、仁静、云锦、灵宝、祈正、迎正、金仙、浴仙、慈寿、仙源、留云、冲玄、天谷、明圣、逍遥、玉清、正应、寿春、慈庆、玄都、南山、繁禧、蓬华、瑞应、乾元、冲和、慈清、北正、南极诸观。东真、西真、精思、华阳、洞元、元隐、东隐、崇栋、内十华、外十华、崇元、东玉、华西、玉华、中和、仙隐、三华、紫微、西楼真、清富、迎和、洞观、混成、养素、嵩深、凤楼、明远、深秀、太素、崇禧、内繁禧、外繁禧、崇清、佑圣、正庆、达观等院。

问：九宫还在否？答：只有上清、东岳两宫，其余俱废。

问：三十六院存有几院？答：止有精思、东隐、三华、紫微、西真、崇清、混成、达观、崇禧、繁禧、崇清、明远、富迎十三院。

问：宫中有几派？答：有紫微、虚靖、灵阳三派。

问:大上清有多少殿宇?答:鼓楼、下马亭、棂星门、钟楼、阙门、正殿、宝阁、左右围廊、靖通庵、鹤归亭等处。

问:何谓祖师?答:以黄帝为祖,老子为师,故曰黄老之学。

问:儒家以黄老之学为异端,何也?答:天下无二道,圣人无二心。黄帝老子非圣者之学乎?

问:七星皂黑旗何故?答:皂者,元(玄)也。天有三色,七星者北斗也,天之枢垣。因本教掌鬼神造化之枢,故用之。

问:禅宗之义若何?答:释家之多宝如来,道家老君亲授。释家自西域由达摩传入东土,后达摩递相受授,分支亦多,亦有以静坐默念为修,渐盛。

问:佛称最尊,何也?答:按《翊圣保德真君传》称,古云佛者,西方得道之圣人也,于玉帝如世之九御奉天子,不闻最尊之说也。

问:闻佛左侍立者有玉帝之云,何也?答:"佛侧所立乃梵天帝释,非玉帝也。"

问:老子如何化生?答:老子于商朝十八年主阳甲十四年分神于元始玉女,怀孕八十一年至武丁庚辰生于楚之苦县,剖左胁而出,指李树为姓,名耳,有三孔,故字聃,号伯阳父。

问:上古曾化生否?答:伏羲时化为化子,神农时为大成子,黄帝时为广成子,少昊时为随应子,颛顼时为赤精子,帝喾时为录图子,尧时为务成子,舜时为尹寿子,禹时为真行子,汤时为阳测子。此为十子化身也。

问:以后可有化身否?答:汉文帝为河上公,唐玄宗为元(玄)水金阙后圣君,说太平君,传青童君为洞玄法祖。老子无时不化身,但世人不知耳。

第三,《崆峒问答》在一定程度上体现了张继宗天师本人的体道修行、宗信观念与价值取向等。如,在体道修行上,他强调道士体道修行应当参悟群书,并从自己的体悟出发,提出了道士必须研读修习的重要经典书籍。

问:《道藏》正文有多少?答:古之有五千四百余函,一万八千余卷。历代失散,今止存四百八十三函,五千五百零三卷。五十代天师张国祥续添入一十五函,今有四百九十八函,五千四百八十余卷。

问:何谓三十六部真经?答:三十六部真经有三说。一说玉清妙经、正一经、太上仙经、妙林仙经、开化经、仙人经、黄林先生经、太上正经、道教经、炼精经、至黄老集公经、小节品经等三十六部,其卷数甚多,世所未见,乃天上之经也。一说洞真十二部、洞玄经十二部、洞神经十二部共三十六部,今《道藏》之经也。一说三洞箓中所载《三十六部真经》,其卷数甚少,相传乃是葛稚川于嵩山石室降,魏真君所授。另一说为:天真修天经、洞天习地经、世间行人经,三经各有十二部,交会相通总说为三十六部。

问:道家宜看何书?答:《道德经》《南华经》《文始经》《阴符经》《黄庭经》最为经典。

问:此五经何人所作?答:《道德经》太上老君作,《南华经》庄子所作,《文始经》关令尹喜所作,《阴符经》轩辕黄帝所作,《黄庭经》金阙圣君所作。

问:此外尚有何书?答:此外如《列子》《文中子》《鹖冠子》《淮南子》《鬼谷子》《谭子》《大道经》《抱朴子》《胎息》《艾虎》诸经暨《参同契》《悟真篇》诸书亦不可不知。

他自己在体道修行时,研习道家经典书籍达到了广博精深的程度。在宗信观念上,张继宗天师比较注重对三教关系的梳理,他在认同三教同源观念的同时,更从本教立场上对之进行了阐发:"三教同源,道祖元始王即佛之毗卢遮那圣主;道之先天斗姥,即佛之摩利支天。道姥乃元始阴神,故为道家法主耳。"

问:道教释教,孰前孰后?答:道教始于黄帝之时,老子生于殷商武丁庚辰二月十五日,文王时为柱下史,武王时佐守藏史,至周昭王二十三年(一说二十五年七月十二日)出函谷关,为令尹子著《道德经》,即入西域。佛释迦乃昭王二十四年生,住世四十九年,至汉明帝时中国始行其佛教,道佛二教先后可见也。

联系佛道之争的历史背景,再从这段对于道教佛教谁先诞生的言说文本分析,不难看出,张继宗天师实际上仍是立足于维护道教地位的本位立场来论证三教同源关系的。从生存论意义上看,他还阐发了清静无为的价值取向。何谓清静无为?他认为,道常无为无不为,不为妄为。清静无为非无求,生则大为,大为赖清静,清静为贵;他在把握"道常无为"的客观规律时,深刻地领悟到其旨要即在“不为妄为”,在言说“清静无为”的生存价值取向时,体现了“生则大为”的气度,强调了“清静”即是人生在世赖以“大为”的生存方式,因而尤其突出“清静为贵”的理念。

总体而言,张继宗天师的《崆峒问答》是对道教教理教义系统化、理论化、普适化的范本;是对正一道某种程度的神性化和虚实结合的透亮;是对道教道法术数、道源脉流、内外关系诸方面的梳理;也是对道教信众体道修行的规范化和价值导引,而其中最能凝聚他的宗教信念的一句话,就是他最后的点睛之笔:“待汝一脚踏破混沌窍,方向是道也。”因此,可以说,《崆峒问答》是研究道教特别是正一道极为难得的道门教理教义文本。

三、神仙通鉴　红楼梦影

关于张继宗天师另一个具有重要影响的史事,就是他参与并撰序了《历代神道通鉴》一书。《历代神道通鉴》初刻于康熙三十九年庚辰年(1700),共三集二十二卷,编著者是“龙虎山张大真人、包山黄掌纶先生同订”。由徐道撰写卷一至卷十七,程毓奇续卷十八至卷二十二,是一部以通俗小说为载体的中国神仙大全,又名《三教同源录》。在卷首有龙虎主人张继宗(第五十四代天师)康熙庚辰(三十九年)的序。《历代神仙通鉴》由浅显文言文写成,内容丰富,历史上的各种神迹传说与人间重大历史事件尽收其中,是一部卷帙浩繁的巨著,其号称“三教同源”,全书兼统道、释、儒三教,共分为“仙真衍派”“佛祖传灯”“圣贤贯脉”三集,在一定程度上反映了明清之际三教归一的社会思潮。不过,书中不仅重在兼合道、释、儒的内容,而且也杂糅有与基督教、伊斯兰教等教派相关的内容,因此“三教同源”之“三”,实际上并非实数之“三”,其更应是泛指它的统合教派之“多”。

张继宗天师作为“三家合参”的主要人物,参与并撰序了《历代神仙通鉴》及后记。据此序记载,庚辰之岁张继宗在杭州居住时,为这本由徐道编撰的书写序。由其序可知,他对《历代神仙通鉴》的主要作者徐道进行了肯定性的评价,认为他“以恻怛好生为心,行轩岐之术以济世”,所以不愧为“医中之仙”,是“仙家之史”中的一位仙道人物。《历代神仙通鉴》中,由于作者道教本位的立场,“仙真衍派”“佛祖传灯”“圣贤贯脉”三集内容及其安排并非平等关系。释迦牟尼和孔子的诞生放在“仙真衍派”的第五卷(分别在第一节和第八节),而

《历代神仙通鉴》

没有放在“佛祖传灯”和“圣贤贯脉”二集之中，这就很明显地将佛、儒视为了仙道的衍化物，而不是看成是与仙道鼎立的教派。尤其是强调所谓老子化胡之说，称佛祖是由老子投胎转生，出家后到东土泰岱的梁山，拜见金蝉子燃灯，语下彻悟，而得真道；又称孔子为老子与五岳议请广野水精道君，应运托生于鲁国的孔氏，以作为万世文教的宗主。张继宗天师也非常注重这种三教同源、三教归一的观念，他在其序中说：“窃惟域中有四大，而道乃囊括之。道之用在德，其次曰功曰能而已。为圣为贤为仙为佛，皆从此中锻炼而成。”可见，他的根本立场也还是在道教。

值得注意的是，《历代神仙通鉴》还兼合基督教与伊斯兰教等教派，通过“神仙鉴像”、术语整合等多种方式，把了解到的各种相关的神异事迹，也糅入其神仙体系之中，虽然不是如对待佛教、儒教那样，将其统统说成是道教神仙的转世托生，但它在一定程度上确实反映了在当时的历史语境之下，中国人对于外来文化一种兼容并蓄的心理态度和行为模式。

清代诸文学艺术作品也加重了对于正一道教形象模糊化、艺术化、隐喻式的借用，这在很多地方反映出来，其中以《红楼梦》最为典型。张继宗天师作为清朝统领江南道教的领袖人物，参与并撰序了《历代神仙通鉴》及其后记，而这样一部中国神仙大全中的某些道教文化元素，在《红楼梦》中即有诸多的投影。《红楼梦》一书最早的书名就是《石头记》，另有人称之为《情僧录》《风月宝鉴》和《金陵十二钗》等，此书被人们公认为道气很重的中国古典文学艺术作品。

张继宗天师撰序《历代神仙通鉴》中的道教神仙形象，在《红楼梦》隐约显现。如，《历代神仙通鉴》描述赤松子形象时说："神龙为帝，见一异人，形容古怪，言语颠狂，上披草衣，下系皮裙，蓬头跣足，指甲长如利爪，遍身黄毛覆盖，手执柳枝，狂歌乱舞，口称：'予居黄石山，树多赤松，故名。'"《红楼梦》第一百二十回，有出家后的宝玉"光着头，赤着脚，身上披着一领大红猩猩毡的斗篷，向贾政倒身下拜"等情节，而这个形象与《历代神仙通鉴》道教神仙赤松子形异而神似。

《红楼梦》最初命名为《石头记》，其中就有与张继宗天师所撰序《历代神仙通鉴》相通的道教文化蕴含。红学家一般都认为，《红楼梦》亦即《石头记》，是与作者身世传说有关的小说，作者曹雪芹出生于江宁织造曹家，而曹家参与筹资重修龙虎山庙宇，其家世与道教尤其是正一道天师府有着深层的背景与渊源。而这种背景与渊源关系，可以从书中那块通灵宝玉说起。《红楼梦》开篇即称，女娲氏炼石补天，在大荒山无稽崖的青埂峰下，"只单单的剩了一块未用，便弃在此山。谁知此石自经煅炼之后，灵性已通，因见众石俱得补天，独自己无材不堪入选，遂自怨自叹，日夜悲号惭愧。"这里所写的灵性"石头"，为作者自寓，从中可见《历代神仙通鉴》中的"黄石公"亦即赤松子的影子。而在书中，其道化意境的展开与主人公身世的铺垫，更令人感觉到一股道气扑面而来：

一日，正当嗟悼之际，俄见一僧一道远远而来，生得骨格不凡，丰神迥别，说说笑笑来至峰下，坐于石边高谈快论……此石听了，不觉打动凡心，也想要到人间去享一享这荣华富贵，但自恨粗蠢，不得已，便口吐人言，向那僧道说道："大师，弟子蠢物，不能见礼了。适闻二位谈那人世间荣耀繁华，心切慕之。弟子质虽粗蠢，性却稍通，况见二师仙形道体，定非凡品，必有补天济世之材，利物济人之德。如蒙发一点慈心，携带弟子得入红尘，在那富贵场中、温柔乡里受享几年，自当永佩洪恩，万劫不忘也。”

作者在书中甚至还写到他的前身之事，即一个与石头有关的故事，《红楼梦》第一〇三回通灵玉失而复得说：“离别来十九载，面色如旧，必是修炼有成，未肯将前身说破。”这个未肯说破的“前身”即黄石公。传说，黄石公是秦汉时人，为秦末汉初的四大隐士之一，最终于黄石山学仙修道，以松脂茯苓为食，五百年后得道成仙，被道教纳入神谱。据《史记·留侯世家》载，张良因谋刺秦始皇未果，于是亡命藏匿于东海下邳，在下邳桥上遇到黄石公。黄石公三试张良后，授给他一部《太公兵法》，临别时还留下话说：“十三年后，在济北谷城山下，黄石公即我矣。”张良后来以黄石公所授兵书，“运筹帷幄之中，决胜千里之外”，助汉高祖刘邦夺得天下。张良在13年之后，于济北谷城山下找到了一块巨大的黄石，便取而祠之。又按照张继宗天师所著的《崆峒问答》，张良乃是“老祖天师八世祖”，由此可见，作者自寓、贾宝玉身上所佩的通灵宝玉前身与张天师及天师府有着极深的渊源关系。

《红楼梦》也渗透着其他一些与张天师及其正一道相关的道教元素。从青埂峰抄传小说下来的人恰好是道人，结尾贾宝玉跟着一僧一道出家，皇帝封他为“文妙真人”，因而他最终还是归皈于道教。该书表现了汉人道教的返先天思想，在开头两章中，真（甄）、假（贾）对白更是深隐道意。各式各样的真假道人，在《红楼梦》中均有描写。除宁国府与贾敬交往的那些道士、水月庵里的道姑外，作者还描写了王一贴和马道婆等人。而许多学者都认为，其中，《红楼梦》中张道士的原型应是龙虎山正一真人。在第二十九回“清虚观打醮”中，作者描写张道士：

贾珍知道这张道士虽然是当日荣国府国公的替身，曾经先皇御口亲呼为“大幻仙人”，如今现掌“道录司”印，又是当今封为“终了真人”，现今王公藩镇都称他为“神仙”，所以不敢轻慢。二则他又常往两个府里去，凡夫人小姐都是见的。

“大幻仙人”的封号从何而来？《红楼梦》第一回讲某年某月一僧一道同意让青

埂峰的顽石下凡后，“便念咒书符，大展幻术，将一块大石登时变成一块鲜明莹洁的美玉，且又缩成扇坠大小的可佩可拿”。这里的“大展幻术”也许就是“大幻仙人”的出处。“终了真人”的封号又从何而来？在第一回结尾处，当饱经磨难的甄士隐“拄了拐杖挣挫到街前散散心时，忽见那边来了一个跛足道人，疯癫落脱，麻屣鹑衣，口内念着几句言词，道是：‘世人都晓神仙好，惟有功名忘不了！’”由此《好了歌》也就让人很自然地联系到“终了真人”的出处。明清两代能够获得皇帝赐封“真人”封号的道士只有天师府的掌门人，所以小说中的张真人其实就是龙虎山正一真人。

张道士和贾家等“王公藩镇”关系密切，由于是荣国公的替身，他“常往两个府里去，凡夫人小姐都是见的”。当贾母带着家人到清虚观（据考在北京旧鼓楼大街，离乾隆十三年收归公有的地安门外“正一真人公馆”相去不远，看似在京城，实暗指龙虎山）打醮时，张道士与贾家人格外亲热。见到宝玉，“忙抱住问了好”，而宝玉、凤姐等人也一个劲地叫“张爷爷好”，他和贾母两个说话，称“哥儿”“国公爷”，还记挂宝玉的亲事，非要给这公子哥提亲。张道士还给巧姐端来“寄名符”，又“欲抱过大姐儿来”。书中甚至这样描写张道士给巧姐端来“寄名符”：

> 只见凤姐儿笑道：“张爷爷，我们丫头的寄名符儿你也不换去。前儿亏你还有那么大脸，打发人和我要鹅黄缎子去！要不给你，又恐怕你那老脸上过不去。”张道士呵呵大笑道：“你瞧，我眼花了，也没看见奶奶在这里，也没道多谢。符早已有了，前日原要送去的，不指望娘娘来作好事，就混忘了，还在佛前镇着。待我取来。”说着跑到大殿上去，一时拿了一个茶盘，搭着大红蟒缎经袱子，托出符来。

张道士和贾家关系密切的原因，表面上是因为贾家好道，贾敬是贾府中地位最高的男性，书中谈到他时说：“如今一味好道，只爱烧丹炼汞，余者一概不在心上”，“只在都中城外和道士们胡羼”；贾政、贾宝玉也好道，书中谈到父子俩时，说他们两人一个“斋戒”去了，一个“庙里还原”去了；而主人公贾宝玉更是从小就不爱读四书五经，却对《庄子因》《参同契》《元命苞》《五灯会元》之类的书相当感兴趣。张道士和贾家关系密切的深层原因，还要追溯到《红楼梦》争议作者朱元育的身世与背景。朱元育真名叫朱由梿，出生于明朝的益王府（在今江西省抚州市南城县），六世祖是明宪宗朱见深，据史料反映，益王府诸藩王都好道。益王府的益端王朱佑槟（1479—1539）是明宪宗第六子，号“涵素道人”，是好道之人。朱元育的祖父益宣王朱翊鈏（1537—1603），号“潢南道人”，爱好书法、音乐，主编过《盛明十二家诗选》。朱元育的父亲益敬王朱常迁（1559—1615），号“仙源道人”，音乐造诣颇深，著有《东馆缶音》，还是围棋高手，曾为《会弈通玄谱》作序。朱元育本人为延宁郡王，号“云阳道人”，他在《参同契阐幽》序中说，“元育髫年慕道，最初拜北宗张碧虚师指示玄关，便于此书得个入门而尚未窥其堂奥。从此足穷五岳，遍参诸方，鲜有豁我积疑者。最后入终南深处，幸遇灵宝老人点开心易，表里洞然，方知一粟可藏世界，微尘堪转，是真实语。”而张道士和贾家深层关系的直接渊源就是：明末崇祯九年（1636）袭爵的第五十二代天师张应京娶了益王府郡主朱氏为妻，后朱氏被康熙皇帝封为一品夫人，张应京天师便成为明遗王室的乘龙快婿，而且，益王府所在南城，与龙虎山“嗣汉天师府”也很近，不过80公里的距离而已，往来自然就有可能甚密。

第五十四代天师张继宗本人在《红楼梦》中亦有模糊的影像。由于《红楼梦》的创作处于明清三教合一这种社会思潮的大背景之下，因而书中许多描述往往三教术语交杂混合，而《红楼梦》第五十三回描写贾府上下祭祀宗祠时，其庚辰本中有提写“衍圣公孔继宗书”的匾额和对联，这个衍圣公孔继宗，有红学者猜测，根据《红楼梦》“假做真时真亦假”的创作模式，实际上就是将第五十四代张继宗真人改成为“衍圣公孔继宗”。让“衍圣公孔继宗”题写贾家宗祠的匾额和对联，是想表明贾家门第非凡，在中国历史上，可称之为“世家”的只有山东孔府和龙虎山天师府两大家族，将孔、张结合起来，整合出一个“孔继宗”，看似闲笔，实质上既反映了当时三教合一的社会思潮，更隐寓、暗示了贾家与天师府有着特殊关系。

第五十四代天师张继宗于康熙五十四年乙未冬（1715）入觐，后至扬州琼花观，豁然道：“此先祖蝉蜕处也，余亦从此逝也。”遂化于观内，享寿48岁，在位35年。大化之道以超验的价值而生发飞升，在神人鬼怪之间，生存的意义世界便因之而绵延敞亮、流溢展扩，世间的一切也由此而梦幻生动、寂静澄明。通观张继宗天师一生，可以以诗评之：

幼小丧父坎坷多,十四袭爵负重托。
分坛祈雨通神明,乾坤玉剑降妖魔。
进香五岳显真道,铁锁二怪消灾祸。
崆峒问答施教化,神仙通鉴扬仙波。
红楼梦映幻影空,好了歌解道情惑。
浮生来去四十八,琼花观里叹叶落。

第四章

第五十五代天师张锡麟评传

第五十五代天师张锡麟(1699—1727),字仁祉,号龙虎主人。他"性敦厚,喜读书,遵从庭训",常常偕同诸弟"朝夕笃学"。清康熙五十四年(1715)袭爵,皇上召见他于畅春园,赐予庭宴,恩命有加。雍正五年(1727),张锡麟天师携法员娄近垣,例应入觐,至杭州因病而羽化,时年仅29岁,履职12年。清世宗也就是雍正皇帝,依照前朝旧例,袭封他为大真人,授光禄大夫。张锡麟天师虽在世时间不长,但他的正一道天师履职生涯,其情形就清代道教而言,应该说是比较奇特的。因为此期当朝的雍正皇帝崇信道术,加之天师属下法员娄近垣又是一代高道,后来不仅演绎出一些清史逸闻,而且正一道以至整个道教也由于这个特殊的机缘,受到了特别的重视,得到了一定程度的发展,直到雍正皇帝驾崩之后,乾隆抑道,这样的发展态势才得到了较大程度的逆转。

一、例应入觐　礼斗祈雨

总体上看,清代道教尽管遭受到官方一定程度的抑制,但在民间的影响却是根深蒂固的。据康熙六年统计,全国道士当时就达到了21286人。张锡麟天师所处的时期,正是由康熙与雍正两代清朝皇帝交替时期,随着清政权统治的日益稳定和清朝国力的日趋上升,道教亦呈现出不断衍扩的发展态势。雍正皇帝虽笃信禅宗,但对道教方术亦十分感兴趣,认为"道教炼气凝神,与儒家存心养气之旨不悖"。而民间由是也道风甚浓。如,清代著名的《聊斋志异》作者蒲松龄(1640—1715)正是此间人,从其《聊斋志异》的作品中,即可多角度体察到道教在民间的影响。

蒲松龄字留仙,别号柳泉居士,一字剑臣,自称异史氏,世称聊斋先生,现山东省淄博市淄川区洪山镇蒲家庄人。他出生于一个逐渐败落的中小地主兼商人家庭,19 岁应童子试,接连考取县、府、道三个第一,可以说是名震一时。然而,自此以后,他总是时运不济,屡试不第,直至 71 岁时,才成岁贡生。由于生计所迫,他在本县西铺村毕际友家做塾师近 40 年,直至 1709 年才归家,1715 年即病逝。就是这个蒲松龄,创作出著名的文言文短篇小说集《聊斋志异》。

在这部短篇小说中,与道教最为密切的莫过于《崂山道士》了。这篇短篇小说,以讥讽而又优美的笔调,描写了一个俗世之人学习道术的故事:有个姓王、排行第七的书生,出生官宦之家,从小即羡慕道术。听说崂山仙道多,就前去寻访。他登上环境非常幽静的一座山顶,看见一所道观,有个道士坐在蒲团上,两眼奕奕有神,满头白发披肩。王生即施礼与他交谈,觉得道士讲道玄妙,便恳求道士收他为徒。道士说他恐怕娇气懒惰惯了,不能吃苦。王生答说,自己能够吃苦。道士的徒弟很多,傍晚都聚拢来,王生一一行礼见过之后,便留在道观里了。次日凌晨,道士交给王生一把斧头,让他随众道徒砍柴去,王生恭恭敬敬地答应了。一个月后,他的手脚都磨出了厚茧,再也忍受不了这样的苦累,便暗生回家念头。一天傍晚,回到观里,他看见两个客人与师傅共坐饮酒。天已晚了,还未点蜡烛,师傅就剪了一张像镜子形状的纸,贴在墙上。一会儿,那纸即成一轮明月,光芒四射,照亮室内。众弟子都在周边奔走侍候。一个客人说:"良宵美景,其乐无穷,不能不共同享受。"于是,就从桌上拿起酒壶,把酒分赏给众弟子,并嘱咐可尽情畅饮。七八个人,一壶酒怎够喝?于是,各人拿上杯碗,争先抢喝,唯恐壶里酒干了。然而,众人往来不断地倒,壶中之酒竟一点不少。王生心里非常纳闷。过了一会儿,客人又说:"承蒙赐给月光照明,但这样饮酒还是有些寂寞,为什么不叫嫦娥来呢?"于是,就把筷子向月亮中扔去。只见一个美女从月光里飘然而出,起初不到一尺,一落地上,便和常人一样了。她扭动纤细的腰肢、秀美的颈项,翩翩跳起"霓裳舞",并且唱道:"神仙啊,你回到人间,为何却把我幽禁在广寒宫里!"那歌声清脆悠扬,宛如吹奏箫管。唱完歌后,飘然而起,跳到桌上,众人惊奇观望间,她已还原为筷子了。师父与两位客人开怀大笑。又一位客人说:"今晚最高兴了,然而我已快喝醉了,二位陪伴我到月宫里喝杯饯行酒,好吗?"于是三人移动席位,渐入月宫,众弟子仰望三个人坐在月宫中饮酒，胡须眉毛，一清二楚，就像镜中之影。一会儿，月光渐暗，弟子点上蜡烛，只见道士独自坐在那里，客人已不知去向，桌上菜肴果核还残存着。那墙上月亮，也只不过是一张纸罢了。道士问众弟子："喝够了吗？"大家回答说够了。道士说："喝够了就早去睡觉，不要耽误了明天打柴。"众弟子答应着退去。王生心里惊喜羡慕，回家的念头也随即打消了。

又过了一个月，王生实在忍受不了苦累，道士还是一个法术也不传，他心里憋不住，就向道士辞行，意思是说，远道来拜仙师学习，即使学不到长生不老的法术，哪怕学点小法术，也可安慰求教之心。如今过了两三个月，不过打柴、睡觉，自己在家中从没吃过这种苦。道士笑着说："我本来就说你不能吃苦，现在果然如此。明早就送你回去。"王生说："弟子在这里劳作多日，请师父稍微教我一点小法术，也算我没白跑一趟啊！"道士问："你想学点什么法术？"王生说："平常我见师父穿墙走壁，只要能学到这个法术，我就知足了。"道士笑着答应了，便传给了他穿墙走壁的秘诀，他穿墙就像空虚无物了。王生拜谢了师父。道士说："回去后要洁持自爱，否则法术就不灵验了。"王生回到家里，夸耀遇到了仙道，可以穿墙走壁，他的妻子不信，他便仿效起那天学习的一举一动，离墙数尺，奔跑着冲去，结果头撞到坚硬的墙上，猛然跌倒在地。妻子扶起他来一看，额头上鼓起了鸡蛋一样大的包。妻子讥笑他，王生又惭愧又气愤，直骂老道士没安好心。

这个出生官宦之家的书生在崂山学习道术的故事，既生动地反映了道教在民间人群中的一种仙幻形象，寄托了人们对真道、正道的倾心羡慕，又表达了对于那些俗不可耐之人学习道术的不屑之意，无情地嘲笑了他们虚妄功利的学道行为。由于民间道风甚浓，因而张天师大都以一种正义的艺术形象更加深入到了民间社会的深层文化结构之中。张锡麟天师在各代天师中，应算是在世时间极为短促的一个，其履职的功业，比较有影响的事件，一件是雍正五年（1727）按例入觐，奉崇信道术的雍正皇帝之命所作的一场礼斗祈雨法事；另一件则是他通过一系列履职活动，推出了一代高道娄近垣。

关于张锡麟天师如何奉雍正之命，礼斗祈雨，就不得不涉及雍正皇帝本人。清世宗爱新觉罗·胤禛（1678—1735）是清朝的第五位皇帝，也是清廷入关后的第三位皇帝，清圣祖康熙的第四个儿子，母亲为孝恭仁皇后，即德妃乌雅氏。他1722年至1735年期间在位，年号雍正，庙号清世宗，谥号"敬天昌运建中表正文武英明宽仁信毅睿圣大孝至诚宪"皇帝，葬于清西陵之清泰陵。雍正的父

雍正皇帝读书图

亲康熙为政宽松，且为典型的长寿帝王，执政末期由于老年统治能力出现退化，且受立储之争所困扰，因而雍正皇帝即位之初，清廷实际上已浮现出官僚组织腐败膨胀、农民生活状况严重恶化的危机。也是清朝运势所然，雍正皇帝即位时，已是四十余岁，正是到了他统治能力、人格修养的成熟阶段，因而能够在对国家态势精准分析判断的基础上，以铁腕的统治进行改革。他平定了罗卜藏丹津叛乱，设置军机处，加强皇权，把力行整顿与合理妥协结合起来，实行“改土归流”“打击贪腐”等一系列改革政策，可以说，雍正皇帝在位的一朝改革，使清廷得以建立起一整套持续有效的统治体制，对康乾盛世的链接和连续起到了关键性的作用。

雍正皇帝崇信道、佛，这一点即使在他的一些诗歌里也可得到印证。如，他曾于雍正九年八月十六日作有《雍正十二月行乐图诗》，全诗分写十二个月，咏至最后两月时，其诗便道意全出了：“寻山老道韵颇如，笔致萧严待客诂。既在人间蛰守久，转承意兴竟全无。”（十一月）雍正笔下蛰守人间的老道，尽显萧严的道韵，其境苍古、其心清静、其情淡然、其人从容，历经长久的养练，和以冬日的萧瑟，恰如物我两忘，又见归真自然。也许此般老道人格，正是这个清代皇帝乐所归处吧！“格物于今又一开，千门万户雪相埋。题词见冷心情下，已素婴孩何必猜。”（十二月）诗人在这冰天雪地的寒冬腊月，千门万户雪埋之下，以其已素婴孩之道心，体道格物而情境迥然洞开，如雪般洁净的冰心，冷然、纯然，无可言状，全都呈现在题词之中了。道家修养，素来向往回返婴孩状态，雍正题词，其崇道之心、修养之意，在此便显见了。

张锡麟天师于雍正五年（1727）按例入觐，当时正值久旱，雍正皇上即命他礼斗求雨，以解灾厄。关于天师祈雨之事，其实可从多方面予以体悟，不能以世俗之心对其臆测或妄加评判地一概否定之。一般地，其价值意义主要应体现在：一是它可以在人们面临自然灾害之时，发挥出一种心理调适、援助的精神作用。在旧时普遍的认知水准和自然适应能力之下，人们面对这种大旱的自然灾害，既不可能通过人工降雨之类的方式进行减灾消灾，又不甘心束手无策而坐以待毙，于是普遍地渴求通过某些特定的祈求仪式，以期能够摆脱灾害带来的内心焦虑与不安，从而获得更为坚忍的生存信念。而张天师礼斗求雨、呼风唤雨的宗教仪式，正可以对处于灾害之中的人们予以心理调适与精神安抚，在一定程度上减轻人们内心日益积累起来的这种普遍性的焦虑与不安，因此，它实际上是具有精神心理救济功能的。人们在救灾解厄之时，如果只是一味地注重实施物质救济，却容易忽略受灾之人精神心理层面的调适、援助，那显然是不够的。而张天师设坛祈雨所给予人们的恰恰是过去救灾解厄的一种精神心理的调控模式。单就注重精神与心理调控这一点来看，它确实是值得今人反思与借鉴的。二是有助于保持社会人群的情绪稳态，维护安定的社会生存环境。在自然灾害面前，人们面对未来，恐慌与不安的情绪不断加重，极易产生各类负向的臆想、谣言，反过来在社会群体中又会形成更为强大的散发、传感效应，以致造成动荡不安的社会困局。而张天师施展礼斗求雨的道教祈雨法术，长期以来颇有点"品牌"特色，通过这种特殊宗教救灾解厄模式，可以将良好的希望和信念传输给那些处于自然灾害之中的人们，使之通过信仰统绪，保持一种稳定、安全的良好心态，这也就可以较为有效地维护整个社会群体良好的生存环境。三是作为一种特殊的情感沟通方式，可以强化和加固良好的官民关系。在自然灾害之下，国家上层基于国计民生，在无法控制的自然灾害面前，通过某些特定的渠道，表达对于未来的忧虑，表现民生关怀的良好心愿，而不是只顾自己快乐，对百姓疾苦漠然置之，这将可以赢得民众的拥护，形成更为良好、稳定的官民关系。一般地，共同面对自然灾害，国家上层总是容易成为老百姓生存的企盼与依赖，而老百姓也总容易成为国家上层的拥趸。张锡麟天师奉雍正皇帝之命，携法员娄近垣设坛作法，礼斗祈雨，而这场作法，据传开始时并不顺利，法术用尽，持续多天之后，终至大雨。事实上，这场礼斗祈雨不管人们如何看待，但最终结果还是朝野皆喜，它在一定程度上为雍正皇帝的政治统治赢得了民心的资本，在某种程度上可以说，这对于改变晚年康熙统治的颓势从而持续康乾盛世，是发挥了一定的作用的。

二、雍正好道　近垣灵通

第五十五代天师张锡麟履职，另一件具有社会影响的事情，就是他推出属下法员娄近垣，使之崭露头角，终成一代名道。清代正一派道士娄近垣，字朗斋，号上清外史，又号三臣，是松江娄县（今上海松江县境内）人。娄近垣自幼好道，先后于仁济观师事杨纯一，又因“慕龙虎之胜”，遂入龙虎山，师从上清宫提点周大经学道，习正一法箓，精通五雷阵法及诸家符秘，《敕赐重建大真人府第碑记》称娄近垣“冲龄味道，眇爱云松，至性精虔，博综符箓”。其道法极为高妙。他于雍正五年（1727）随张锡麟天师入京，晋谒雍正皇帝，奉命礼斗祈雨，其言谈举止，甚为灵通，很受好道的雍正皇帝器重，雍正皇帝表以“秉性忠实，居心诚敬”。雍正八年（1730），清世宗身患疾病，召白云观道士贾士芳为其驱邪捉鬼。而贾士芳受命后在诵读经咒时，触怒了至尊皇帝，结果落得个身首异处的可悲下场。雍正九年（1731），雍正皇帝再召娄近垣入宫治病，娄近垣设坛礼斗，以符水道法为皇帝治病，效果甚验，皇帝病愈后大喜过望，封娄近垣为四品龙虎山提点、钦安殿住持，并封娄近垣为妙正真人，娄近垣由此身价百倍。后来，雍正皇帝又拨官银修葺龙虎山宫观，谕修大光明殿，赐其居住，命娄近垣为大光明殿开山住持，统领法官四十八员，并使天师府得以置买香火田数千亩。诰授娄近垣晋秩三品，荣及祖、父、家人。乾隆继位后，再封他为通议大夫，食三品禄，带管道录司印务，住持北京东岳庙，娄近垣可谓是备员两朝，屡受恩赐，身价甚高，声望甚重。而且在清代正一道士中，娄近垣独以诸多著述留传后世，其文字通达最有学问，有人甚至称其为“清代正一道士之冠”。《松泾小志》卷六中说他“年八十九，卒于京师之妙缘观。事闻，赐银百两治丧”。《松江府志》卷六十三《方外传》也说他：“四十一年（1776）正月，辟谷数日，端坐而化，时年八十有九，赐金治丧，命葬龙虎山”。

娄近垣数次朝觐，与雍正皇帝往来甚密，雍正八年（1730）十二月初四日，雍正皇帝还赐娄近垣御笔对联一副：“灵函自秘金坛录，仙牒常翻石室书”，盛赞其好学博识，智慧灵通；雍正九年（1731）正月二十九日，雍正皇帝又赐娄近垣御笔匾额：“清吟恬淡”，对联一副：“种花春扫雪，看箓夜焚香”，称誉他田园守静的仙道生涯；并有诗一首：“春暖黄莺织柳边，水晶帘影露珠圆，绮霞低映晓晴天。藻行万条牵翠带，飞红满地贴琼田，蕙田飘荡散轻烟。”其诗意象绝美，道法自然，同年二月初四日，雍正皇帝又在钦安殿面赐娄近垣御笔匾额："澡雪心神"，并特地谕旨：这匾于你江西龙虎山提点司那里去挂，"钦此"。三月初四日，雍正皇帝更赐娄近垣御笔对联一副："赏心正是花时候，远俗常怀鹤性情"，赞赏娄近垣闲云野鹤、超凡脱俗的真情真性，还御制六言诗御书一副曰："淡淡五叶十叶，高下一枝两枝，寒影多情绰约，春风著意扶持。"雍正十年(1732)，雍正皇帝在《封娄近垣上谕》中称赞法官娄近垣道法精通，行止端方，说自己开示提撕禅宗妙旨，而近垣豁然觉悟，竟能直透重关，对于三教一源之理，更是能够贯彻，确实是近代玄门中罕见之人。不独如此，乾隆二年(1737)四月初八，帝赐娄近垣御书对联一副："千章树影屏间绿，百道泉声云外清"，御制诗并御书一副："采采芦花已白头，摇风寂寞亚汀洲，朝来积雪看新覆，不见寻常鸥鹭游。"《龙虎山志》卷十三，有《艺文·诗四》，所附《知非赠言录·序》，后列有诗二十四首，大多都是当朝王公大臣所作，此诗录于其中，由此可见，娄近垣在当时的上层社会影响力是极大的。而雍正、乾隆两朝，龙虎山宫观庙宇修缮诸事，也多是娄近垣操办筹划。

娄近垣在科仪方面的贡献主要体现在：一是编写了《太极灵宝祭炼科仪》《梵音斗科》《先天奏斗玄科》等科仪书。二是整理出版了《黄箓科仪》。这是一部重要的科仪法事集，其承前启后，将前代科范仪式删繁就简，编成了当时切实可行的科仪文书，共十二卷，内容为发奏、宿启、建坛、拜表、早朝、晚朝、午朝、解坛、设醮等科仪、总圣位科、通用文检、步虚散花、符秘手诀、坛图印式、乐谱赞文，各种清代常行的法事，基本上都汇于此编。现今龙虎山、上海、苏州等很多地方的宫观仍是沿用此科。此书主要在教内流行，有学者将其与龙门高道王常月所编《龙门心法》并称。娄近垣在道教音乐方面的贡献主要在于：许多珍贵的道乐曲牌，通过他的精心整理，才得以完整地保存下来。如，《黄箓科仪》卷十二附有《对玉环》《川拔调》《清江引》《金字经》《隔凡》(即《中走马》)《十八指》《园林好》《浪淘沙》《扑灯蛾》《桂枝香》《一封书》《环山水》《梅梢月》《步步高》《效丈》《碧桃花》《玉娇枝》；他所编另一部科仪书《梵音斗科》亦附有《隔凡》《桂枝香》《青鸾舞》《金字经》四首曲牌，而《太极灵宝祭炼玄科》后面也附有几首；娄近垣的著述主要有《龙虎山志》十六卷，《御选妙正真人语录》《南华经注》《黄箓科仪》《重修龙虎山志》《先天奏告玄科》等。

娄近垣以元代残本《龙虎山志》为基础，重修十六卷本《龙虎山志》。原元翰林院侍讲学士元明善编、明工部左侍郎张钺所校、第五十代张国祥、第五十一代天师张显庸所修、建武后学王三级续校的《龙虎山志》，共有三卷，因为“岁月浸久”，“挂漏颇多，冗杂无次”，他整脉清绪，修增至十六卷，其内容包括：恩赉、山水、宫府、院观、古迹、天师世家、人物、爵秩、田赋、艺文十大类，其中，艺文又分为纶言、语录、碑文、诗、记、书、序、表、赋、铭、赞、跋十二种，颇为丰富，是了解龙虎山地区的一手材料。娄近垣一生所作的诗稿，名为《妙正真人语录》，其中一些篇目被雍正帝的《御选语录》所收录，所以又称《御选妙正真人语录》。能以文字进录《御选语录》，显见娄近垣名气之高。

在民间也有许多关于娄近垣道士的传说故事。如，《子不语》①中就有《娄真人错捉妖》一则：

松江御史张忠震，甲辰进士。书房卧炕中，每夜鼠斗，作闹不止。主人厌其烦，烧爆竹逐之，不去；打以火枪，亦若不知。张疑炕中有物，毁之，毫无所见。书室后为使女卧房，夜见方巾黑袍者来与求欢。女不允，旋即昏迷，不省人事。主人知之，以张真人玉印符放入被套覆其胸。是夕，鬼不至，次日又来作闹，剥女下衣，污秽其符。

张公怒，延娄真人设坛作法。三日后，擒一物如狸，封入瓮中，合家皆以为可安。是夜，其怪大笑而来曰：“我兄弟们不知进退，竟被道士哄去，可恨！谅不敢来拿我。”淫纵愈甚。主人再谋之娄，娄曰：“我法只可行一次，第二次便不灵。”张无奈何，每晚将此女送入城隍庙中，怪乃去。一回家，则又至矣。

越半年，主人深夜与客弈棋，天大雪，偶推窗漱口，见窗外一物，大如驴，脸黑眼黄，蹲伏阶下。张吐水正浇其背，急跳出窗外逐之，怪忽不见。次早，女告主人曰：“昨夜怪来，自言被主人看见，天机已露，请从今日去矣。”自此怪果绝。

另又有一则《娄罗二道人》，传有娄真人异闻：

娄真人者，松江之枫乡人。幼孤，从中表某养大。与其婢私，中表怒逐之。娄盗其橐金五百，逃入江西龙虎山。方过桥，有道人白发，曳杖立，笑

① ［清］袁枚编，申孟，甘林校：《子不语》，上海古籍出版社，2012 年版。

曰:“汝来乎?汝想做天师法官乎?须知法官例有使费,非千金不可,五百金何济?”娄大骇曰:“吾实带此数,金少奈何?”道人曰:“吾已为汝预备矣。”命侍者担囊示之,果五百金。娄跪谢称仙。道人曰:“吾非仙,吾乃天师府法官也,姓陈名章,缘尽当去,为待子故未行。有三锦囊,汝佩之,他日有急难大事,可开视之。”言毕,趺坐桥下而化。娄入府见天师,天师曰:“陈法官望汝久矣,汝来陈法官死,岂非数耶!”

天师入京朝贺,法官从行。雍正十年,天师入朝,携法官同往,娄不能与。夜梦陈法官踉跄而来,涕泣请曰:“道教将灭,非娄某不能救。须与偕入京师,万不可误!”天师愈奇娄,乃与之俱。时京师久旱,诸道士祈请无效,世宗召天师谕曰:“十日不雨,汝道教可废矣。”天师惶恐伏地,窃念陈法师梦中语,遽奏请娄某升坛。娄开锦囊,如法作咒,身未上而黑云起,须臾雨沾足。世宗悦,命留京师。

十一年,诛妖人贾士芳。贾在民间为祟,召娄使治。娄以五雷正法治之,拜北斗四十九日,妖灭。是年地震,娄先期奏明。皆锦囊所载三事也。今娄尚存,锦囊空而术亦尽矣。娄所服丸药,号“一二三”。当归一两,熟地二两,枸杞三两。

又有罗真人者,冬夏一衲,佯狂于市。儿童随之而行,取生米麦求其吹,吹之即熟。晚间店家燃烛无火,亦求罗吹,吹之即炽。京师九门,一日九见其形。忽遁去无迹,疑死矣。

京师富家多烧暖炕,炕深丈许,过三年必扫煤灰。有年姓妇者扫坑,炕中闻鼾声,大惊召众观之,罗真人也。崛然起曰:“借汝家坑熟卧三年,竟为尔辈扫出。”众请送入庙,曰:“吾不入庙。”请供奉之,曰:“吾不受供。”“然则何归?”曰:“可送我至前门外蜜蜂窝。”即舁往蜂窝。窝洞甚狭,在土山之凹,蜂数百万,嘈嘈飞鸣。罗解上下衣,赤身入,群蜂围之,穿眼入口,出入于七窍中,罗怡然不动。

人馈之食,或食或不食,每食,必罄其所馈。或与斗米饭、鸡卵三百,一啖而尽,亦无饱色。语呶呶如鴃枭,不甚可解。某贵人馈生姜四十斤,啖之,片时俱尽。居窝数年,一日脱去,不知所往。

道教在乾隆时失势,整个社会都相当排斥炼气修真说,娄近垣虽以符箓法术致贵,但显然接受了贾士芳被杀的教训,深得和光同尘的道家精髓,在与朝廷权贵结交过程中，适应时宜，不仅不奢谈道教的炼气修真之法，对道教法术及炼养之事，亦甚为低调。《啸亭杂录》卷九《娄真人》称他虽为道门中人，但并不喜欢言说炼气修真之法，以为这些都是妖妄之事，只不过是借以谋生，真仙怎么肯入红尘度世？卷中记载一段趣事，就是恭亲王曾请问他养生术，娄对曰："王今锦衣玉食，即真神仙中人"，又就席中烤猪发挥说："今日食烤猪，即绝好养生术，又奚必外求哉！"如此机智幽默之语，深令恭亲王信服。

娄近垣修道思想上承南宗祖师张伯端丹道理论，融通禅宗思想，注重阐发丹道，体现了道教丹道理论对三教之理的融合，其核心理念即"无心""无性"。他在《性地颂》中说："心本无可明，性本无可见。"佛教"空观"、儒家心学与道教传统道论道体相通，皆以"无名、无体、无住"为本，"融空有合真妄"，"泯照而觉圆"，"觉"而至"无心"，这样就能做到"万物皆备于我，而未尝有心于万物"。儒、释、道三教圣人深谙个中道理，并能达于此境。得道成仙不在于终日冥思苦想、寂心枯坐、逃离俗世、不问世务，圣凡、贤愚、生灭等一切差别，皆因心故。他尤其重视张伯端所谓"见物便见心，无物心不现""睹境能无心，始见菩提面"，认为通过这四句话，可知佛道仙道的一贯之理，是以"见性明心"开导后学，只有做到心不逐物，澄澈湛然，泯灭一切差别、界限，金丹自然可成，以至与道合一。其思想重点即主张"三教一源"，以为"至道之体本无定位"，"心心皆佛心，处处有道体"，"众生仙佛，同一大圆镜"，这与酷爱参悟，并以禅师自居的雍正皇帝甚为相合，因而他的诗文能被雍正皇帝作为禅语收录到《御选语录》中。正是由于将三教融为一体，迎合了清世宗关于儒、释、道三教同源的见解，娄近垣所受的宠幸，终其一生而不衰。在雍正朝，他成为唯一的入录《御选语录》的道士；在乾隆朝，他又被授为通议大夫，并以九十高龄而寿终。娄近垣深知符箓法术绝不能脱离炼气修真，对炼养及内丹颇有研究，其《阐真篇》就是极其深奥的内丹成道理论。他以为，通过"水燥火湿，阳静阴腾，一来一往，互为出入"，"化母孕其灵胎，真君宰其坚骨"，即可成丹录，养谷神，辟有壶中天地。

在第五十四代张锡麟天师之后，第五十五代天师张遇隆天师官品被降，清代道教更加失势，而此期妙正真人娄近垣无疑成为支撑正一道乃至整个道教的重要人物，他主持、运作龙虎山宫观修建、斋醮法术诸事，其品级甚至比张天师还高，因而，要了解张锡麟、张遇隆两代天师，甚至清代以后整个道教的发展史，必然绕不开娄近垣这位高道。

三、遗疏托幼　复归寰宇

第五十五代天师张锡麟于雍正五年(1727)按照惯例朝贺,当时法员娄近垣与之随行,在途中患病,当行至浙江钱塘县(也有人说是到杭州),病势加剧,便嘱咐娄近垣说:“吾无以报国家厚恩,子忠诚笃实,其体予志,以善事天子。”意思是说,自己是没办法完成皇上交托的重任了,你娄近垣忠诚笃实,要立行我的志意,以便能够好好地完成天子的大事啊！过了一日之后,他就去世了。他留下遗疏,请奏皇上,称为臣之子张遇隆年幼,恳请让次弟张庆麟署理天师府事务。而这事经娄近垣的努力,最后得到皇上谕书的赐允。关于这件事,娄近垣在他所作的《重修〈龙虎山志〉自序》中也说:“鄙以五十五代教主遗命,待值京师,备员法事。”雍正八年(1730),皇上命娄近垣设坛礼斗,颇有效应,于是发帑修建大上清宫,这样,第五十五代天师张锡麟的次弟张庆麟被封为了署理大真人,协助修建上清宫。雍正九年(1731)三月,三弟张昭麟以州同引见,皇上命其署理大真人印务,将京师的张天师府第迁至地安门外,同时,特赐帑银,对龙虎山上清宫进行了一次规模很大的维修和扩建。这一次修建太上清宫,雍正皇帝赐帑银十万两,并遣大银台宫、翰林学士占留保、原直隶臬司浦文焯等督工。颁给关防(印)一颗,又命天师府署理大真人素堂公(即张昭麟)协同监修。众力具举,至雍正十年(1732)八月告竣。

过往生命的存在,总是能在特定的环境下,以特定的方式,直达现实人生命存在的精髓。死亡使一个个生命消逝,一如恒河流沙,其神奇之处就在于:它总是以偶然性的命运改造着人的有限的生命,使之体现出一种自为和为他的状态。张锡麟天师在位时间虽短,但他的影响通过此期特殊的人与特殊的事而得到了独特的体现。通观其一生,可以以诗评之:

“龙虎主人”咏春秋,二十九载一世游。
忠勤诚笃道家事,朝夕博学终未休。
天师本府出高道,礼斗有应志犹酬。
善事天子兴教派,太上清宫喜重修。
畅春园中觐龙颜,更得世宗恩如旧。
遗疏身后托幼子,复归寰宇自悠悠。

第五章

第五十六代天师张遇隆评传

第五十六代天师张遇隆(1727—1764),字辅天,号灵谷,为仁祉即张锡麟之子。"生而歧嶷,英俊轶伦。钦差刘公以神童目之。"经常在府中与弟子究理法秘,阐明道典及先儒书册,而精勤不懈。清乾隆七年(1742),奉旨随叔父张昭麟袭爵入觐,乾隆皇帝在圆明园召见他,赐书"教演宗传"牌匾,赐山庄避暑诗集一部,花缎二段,还有朝服、袍套、笔墨等物。各个亲王也都对他有所赐予。清乾隆十六年(1751),乾隆皇帝圣驾南巡,又召见他,并赐有荷包等物。清乾隆十七年(1752),因受左都御史梅瑴成弹劾,他作为张天师的官职即由正三品降为正五品,然而他对此并不介意,在这之后即"优游山中,悉新任化,陶然以终"。清乾隆三十六年(1771),张遇隆天师被追授为通议大夫。他是受人弹劾而被连降官品二级的,而这一事件对道教在清代的发展有着深刻的影响。关于张遇隆天师,有三个方面必得述说:一是他任职前后道教的历史走势;二是他在署理真人、妙正真人等人的辅佐下运转天师府的情况;三是他受左都御史梅瑴成弹劾之事及其影响。

一、朝中势薄　草野积厚

清朝到乾隆间,道教从总体上呈现出朝中势薄、草野积厚的状态。其官方正统的社会地位日益降低,民间草野的道风反而日益沉积,各地民风民俗中,道气颇浓。从清廷来看,王公贵族对道教的崇信之风趋于衰落。许多达官贵人多是把道教诸事作为消遣而非信仰处之。当时的最高统治者乾隆皇帝对道教采取的就是这种玩味的态度，而不是像其父王雍正皇帝那样对道、佛笃信不已，虔诚以待。

贬抑道教的乾隆皇帝

清高宗爱新觉罗·弘历（1711—1799），年号乾隆，是清朝第六位皇帝，也是清朝定都北京之后的第四位皇帝。其乾隆的寓意即“天道昌隆”。他年寿长，25岁登基，在位60年，退位之后还当了三年太上皇，实际上，他掌握清朝最高权力，长达六十三年零四个月之久，应该说是中国历史上执政时间最长、年寿甚高的皇帝。乾隆帝在位期间，平定了大小和卓叛乱，巩固了多民族国家的发展，他影响最大的历史活动就是六次下江南，可谓是文治武功兼修。清朝当时的文化、经济、手工业都达到了极盛，而乾隆帝则为清朝发展到康乾盛世的局面作出了重要的贡献，是一代有为之君。庙号清高宗，谥号“法天隆运至诚先觉体元立极敷文奋武钦明孝慈神圣纯”皇帝。

乾隆仿效其皇祖父六下江南，不过，康熙皇帝六下江南，其目的一是探访民情；二是加强清朝政权与江南地主士绅的联系；三是为了河工。康熙皇帝自己说：“南巡之事，莫大于河工。”然而，和康熙皇帝相比，乾隆皇帝六下江南，游乐的成分却大大增加了。康熙皇帝六次南巡，轻车简从，而乾隆帝则是前呼后拥，大批后妃、王公亲贵、文武官员相随。在这期间，他曾召见过张遇隆天师，并赐予荷包等物。

客观公允地说，乾隆皇帝对包括正一道在内的道、佛诸教，既有同情式的理解，又有调侃式的把玩。这从他的一些御制诗中即可以看得出来。例如，他有一首诗曰：“颓波日下岂能回，二氏于今自可哀，何必辟邪犹泥古，留资画景与诗才。”由此诗可知，在他的眼里，道教也好，佛教也好，这些为人们崇信的教派，都呈现出颓废的衰势，这是一种无可挽回的衰势，确实值得这些教派自我哀怜。既然如此,那么又何必为了辟邪偏要执泥于古呢?他以为,对于道教、佛教最好的处置方式,就是将其“留资画景与诗才”了。这种认知心理和态度,使得他对道教的扶持大为削弱,这也正是导致清廷对张天师及其正一道贬抑的心理根因。另外,乾隆皇帝本人对雍正皇帝身边的一些道士也颇生反感。雍正皇帝十三年八月二十三日驾崩,乾隆皇帝登位,八月二十五日,即迫不及待地下令驱逐雍正皇帝请在宫中炼丹的道士张太虚、王定乾,其理由是“市井无赖之徒,最好造谣出事”。乾隆皇帝还特别强调,雍正喜好“炉火修炼”的事是有的,但只是作为游戏,并没有食用丹药,并警告宫内太监、宫女不许乱传“闲话”,让皇太后“心烦”。但后来雍正之死,亦有人仍怀疑与食用丹药有关。因此,乾隆皇帝贬抑道教,也即成定势。乾隆四年(1739),诏禁正一真人及龙虎山法官往各地开坛传度,若自行考选道士、受箓传徒,将论罪处置。《续文献通考》卷八十九载称:“嗣后真人差法员往各省开坛传度,一概永行禁止。如有法员潜往各省考选道士受箓传徒者,一经发觉,将法员治罪,该真人一并论处。”乾隆皇帝对道教的这种认知心理态度及其处置方式,使道教基本上失去了官方的市场,也自然逼迫道教不得不更偏重于向民间草野暗自流传了。

在此期的民间社会中,张天师驱邪捉鬼的道仙形象通过一些趣闻逸事极为深厚地累积起来,形成了中国道教的一个典型文化象征符号。清朝著名的钱泳在其笔记体作品《履园丛话》①中,就非常多地塑造了张天师在民间草野中或隐或显的道仙形象。例如,该丛话第十六卷有多篇小文,就都是描述康乾时代的怪趣之事的。其中一则记道:

> 石妖华子旦者,吾邑人,居严家池北。暑月,每偕友乘凉于学宫前石阑上。一夕,月色甚明,黄昏人静,欲吃烟,思觅火不得,独步入学宫,见小门半启,有女郎露半身,绝色也,见华凝之,与之火,良久掩扉入。华心荡,归卧书馆,思之不置,忽闻叩门声,启视之,即所见女郎也。自言是学官家人女,见君留情,故脱身至此,幸无漏泄。华喜甚,遂同枕席,缱绻甚笃,至天明而去。自是无夕不至,家人或窥见之,亲友亦知其事者,咸谓学官家人并无此女,恐为妖所魅。华以诘女,女曰:“吾实仙也,与子有缘,幸勿疑。”尝偕华诣其所居,幽房曲径,异人间。又挟华遍游天下诸名胜,悉记其联额,

① [清]钱泳:《履园丛话》(清代史料笔记),中华书局,1979年。

笔之书。然华体日羸困不能支，心亦疑为妖，而远之无计。一友教以银朱涂其额，如其言，女不觉也。试踪迹于学宫，见碑趺石龟首有朱焉，乃具呈于官。集众碎其首，中有小圆石，坚如铁，斧不能伤，火不能焚也，乃举而投诸湖，绝迹者旬余。一夕，女复至，衣袂皆湿，曰："吾固无恙，但来路稍远，今住此不复返矣。"自是常居其家，日中亦不避，女工精绝，华妻怒甚，及见之，反转怒为喜，不知其所以然。至明年春二月，惠山神诞，赛会甚盛，且闻张真人将过境，华匍匐行至南郭，惫甚，憩驿前石上。

见一道人，丰神特异，谓华曰："子访真人，无为也。"华曰："子能治妖乎?"

道人曰："易耳。"华遂跪求，道人出二符，曰："一粘于房门，一粘于卧榻。吾今有事，期中秋为子除之。"华曰："吾惫甚，不能归，奈何?"道人偕至道旁酒肆中，取酒一杯，书符其中，令华饮之。华故能饮，持杯觉重甚，饮不能尽。

道人取杯尽之，曰："子缘浅，可惜也!"道人径去。而华觉足有力，归如诫粘符。女至门，不能入，越窗而进，至卧榻，不能上，惟抱床足痛哭而已，历数往日恩情曰："奈何遽绝我?"华寂不为动。自后，女虽居其家，不能近矣。至中秋夕，华方夜饮，耳中忽闻呼华子旦名，知道人至，寻声至后园，见道人背剑系葫芦立月下，出一符，令华偕其妻缚妖出，妖曰："吾至此，复何言！但祈置我于暗处。"乃出，掷于墙边。见道人仗剑指妖，有气一条如白练，绕剑而上，插于葫芦中，遂不见。后张真人过锡山，索其符观之，曰："此吕祖亲笔篆也。"

此类道仙治妖整怪之说，文笔洗练，意境鲜明，又加之以男女之事，因而颇能吸引民间群众而为他们所津津乐道。在文中，张真人、道人、剑、葫芦、灵符等构成了一组艺术符号意象，通过具体的怪异故事情节，鲜明地展现在人们面前。而诸多此类奇闻逸事，在当时的民间社会逐渐地累积起来，形成了深厚的正一道文化底蕴。又如，另一则小文记道：

湖广人朱方旦，鳏居好道。偶于收旧店买得铜佛一尊，衣冠如内官状，朱虔奉之，朝夕礼拜者三年。忽有一道人化缘，其形宛如佛像，朱心异之，延之坐，因问："此佛何名?"道人曰："此斗姥宫尊者。"谈论投机，道人问朱曾娶否,曰:"未也。"道人曰:"某有一女,年已及笄,愿与君结丝萝,可乎?"朱大喜,请同行。俄至一处,门庭清雅,竹石潇洒,迥非凡境。少顷,有女出见,芳姿艳雅,奕奕动人。道人曰:"老夫将倚以终身,君无辞焉。"朱曰:"诺。"

遂涓吉合卺,伉俪情笃。日用薪水,不求而自不乏。居无何,女曰:"此间荒野,不足栖迟。闻京师为天下大都会,与君居之,始可稍伸骥足。"道人力阻不从,叹曰:"此数也。"遂别而行。朱与女既入都,赁居大厦,广收生徒,传法修道,出其门者以千百计。时京师久旱,天师祈雨无有效也。女怂朱出,教以法咒,暗中助力。朱甫登坛,而黑云起于东南,须臾,甘霖大沛。有司上闻,圣祖因召见,赏赐甚厚,俨然与天师抗衡。天师不得已,心妒之,乃佯与之亲昵,以探其为何如人,而女不知也。如是者一年,女忽谓朱曰:"妾有一衣,恳天师用印,谅无不允。"朱如命,遂求之。天师心疑,与法官商,此衣必有他故,不可骤印,姑以火炙之,竟化一狐皮。女已早知,遂向朱大哭曰:"妾与君缘尽矣!妾非人,乃狐也。将衣求印,原冀升天,讵意被其一火,原形已露,骨肉仅存,死期将至,即君亦祸不旋踵矣!"彼此大恸,遂不见。其日天师已奏进,下旨将朱方旦正法。

从这则逸趣可解读出如下蕴含:一是反映了当时三教合一在民间社会已成实际的流转状态。道人也好,佛像也好,在民间各种传说中都相当糅合混杂;二是以"伉俪情笃"描述了狐仙的美好生活,以及向善的行为和追求;三是张天师在民间作为一种驱邪捉鬼除妖的象征符号,在这里得到了负向的表达,狐仙因祈雨灵验而使天师心生妒忌,最终落得被天师奏进,夫妻遭劫的悲惨结局。

张遇隆天师在这样一个道教生存发展的时代背景下,无论是从具体的生活行动,还是从观念体系的建构上,都无法延缓张天师及其正一道发展在朝中的颓势,受到来自官方多方面的挤兑。而张天师在民间草野的流转,也聚合着正反两个方面的社会影响能量,处于自然衍扩的文化生态之中,因而在张遇隆天师那里,更是无法着意控制的了。好在有著名的高道、妙正真人娄近垣的有力支撑,加之其两位叔父署理真人张庆麟、张昭麟的悉心打理,嗣汉天师府才得以维系。

二、叔父署理　法官支撑

张遇隆天师直到清乾隆七年壬戌(1742),才奉旨随叔父张昭麟袭爵入觐,其履行天师之职前后,天师府的运转呈现出一种很奇特的局面。

一是天师府的署理设有署理真人,即张遇隆天师的两位叔父张庆麟、张昭麟,这是其他天师时代所没有的。因为张锡麟去世时,张遇隆天师尚年幼,无力担当天师府诸教事。署理真人是张遇隆天师父亲张锡麟去世前遗疏,由娄近垣奏进而获旨设立的,实际上是代替、辅助天师行使其教首之职。张庆麟于雍正五年(1727)任第五十六代署理真人,张昭麟代替张庆麟于雍正九年(1731)任署理真人,他们主要是在管理天师府一应事务中发挥一定的作用,如龙虎山宫观翻修扩建的监修工作等。雍正九年(1731),天师府署理大真人素堂公也就是张昭麟,协同监修龙虎山宫观,除将原殿丰葺修一新外,又新建斗姆宫及其配殿,至雍正十年(1732)八月告竣。现残存的清光绪十六年修《留侯天师世家宗谱》详细记载了其工程的建置和布局,摘录如下:

宫门南临横街,街北建坊,坊北东西幡杆二。中瓮巨石为路,东西缭以朱垣。又北为门,环砖为阙,以通往来。阙上建楼,重担丹楹,周以朱栏。檐际悬圣祖仁皇帝御书太上清宫额。南望云林、琵琶诸峰。熛锐炎上,形家谓水制火,故奉真武于楼中。楼东西祀灵官、元坛。阙下东偏小屋司香灯及门之启闭者居焉。进阙左右缭以朱垣,垣之内外乔木森列,逶迤三折而北至下马亭。西向过亭折北曰棂星门。凿石为之,中设朱栅。龙虎门在棂星北,望阙朝贺之地也。门外苍松二株,豫章二株,皆高数百尺。门内东西向,祀雷部六帅。门之南,东西碑亭各一,碑勒:"明时修宫敕谕。"亭四向,十字脊顶,置宝瓶。钟鼓二楼又在两碑亭南北门之旁。东西角门各一。门之北为甬道,又北为台阶,白石阶三重,上周石栏。北为玉皇殿,旧之寥阳殿也。凡殿皆以所祀神像更名。玉皇殿北为后土殿,旧之真风殿也。又北为三清阁,旧之玉皇阁也。阁下祀九宸,东西列三十六雷神。龙虎门以北,东西周廊共四十四间。玉皇殿之东西配殿曰三官、曰三省,旧之元坛、文昌殿也。后士殿之东西配殿曰五岳、曰四渎,旧之三官、四圣殿也。三清阁旁东曰文昌殿,又东曰天皇殿,旧之雷祖殿也。阁西曰关圣殿,又西曰紫微殿，旧之高真殿也。四殿俱南向。以上皆彤壁朱扉，金铺铜沓冒。正殿重檐丹楹，藻井间以金碧，饰以云龙。三清阁覆碧琉璃瓦，此因宫之旧增修者也。

玉皇殿东南为新建碑亭，覆黄琉璃瓦，重担丹楹，四面琐窗，藻井金饰。雕石为基，内供世宗宪皇帝御制碑文。龙虎殿前，从西侧门向北循墙行则新建之斗姆宫在焉。殿七间，正南向，覆以琉璃瓦，重檐不恩，中祀斗姆像，东西列从神四。南为穿堂七间，复碧琉璃瓦，以黄琉璃瓦饰。檐端蒙以果恩，磨砖瓮地。凿中道为云龙形，瞻礼者由左右拾级而上，东西为短垣，上为朱牖穿堂。南为前殿五间，碧瓦果思，一如穿堂。前祀真武，旁列从神四。后祀王灵官铜像，又南为朱门三，金辅铜沓冒。前檐悬世宗宪皇帝卸书斗姆宫额。门旁东西角门二，前东西配殿各三间，东祀太岁，西祀送子。正殿东西修焚房各五间，房南东西亭各一。凡殿俱朱牖、丹楹、彤壁，藻井间画云龙。门外照墙以碧琉璃为盘龙形饰中央、四角。龙虎门自东侧门向北而入为提点司，门房一座，堂三间，后堂三间，后库房七间，前后东西厢房八间，又斋堂三间，南向。厨房二间居其侧。前门屋一所，四周围墙，为醮坛斋食之所。由提点司过西、向北而上为虚靖祠。正南向，门屋五间，正祠三间祀虚靖公像。中有石刻祖天师像。四方墨摹者即此。东西庑阁三间。从祠过东则炼丹处也。即宋御赐书名靖通庵，以前为茅园复，后易以八角台阁，朱牖丹楹，窗疏洞达，松篁藤树，周遮掩映，今砌以石甃，荏近修也。其前则为鹤归亭，雏素幽敞。亭西竖靖通庵歌墨刻。

在龙虎门东为道院八所。曰三华、东隐、仙隐、崇元、太素、十华、郁和、清和。

在龙虎门西为道院十六所。曰崇禧、崇清、繁禧、达观、明远、洞观、栖真、混成、紫中、清富、凤栖、高深、精思、真庆、玉华、迎华。参差环向，如星罗棋布。每院门屋一所，正厅三间，左右丹房共四间，后楼房三间，左右耳房各一。周遭缭以短垣，各分院址，共二十四院。以宫中之法官居焉。

通过以上太上清宫建置和布局的记载，可知当时修建工程之大，以及正一教署理真人监管权责之重。上清宫自清雍正九年修建以后，基本没有再修。当然，正一教内部围绕署理真人之位，也曾发生过争夺，这是雍正时期张遇隆天师尚未主职时形成的权位之争，这在张庆麟、张昭麟二人就任署理真人的幕后，都是有一些史迹可寻的。但无论如何,署理真人对天师府的管理,还是起到了一定的作用。

二是当时的天师府实际上是以由龙虎山法官、高道娄近垣为中心运转的。此期在龙虎山,被皇上封为妙正真人的娄近垣,比署理真人包括张遇隆天师本人的影响能量更大,研究雍正朝甚至整个清朝的正一教,都绕不开娄近垣。这一方面是由于娄近垣本人的才智、能量和人格魅力确实超过常人,且有反映自己道教思想和理论的著作面世,是清代正一教中最有学问之人,因而为朝野所信服和倾心尊崇;另一方面则是由于娄近垣为人极为机警,道法高明,且口才更是奇好,能够广交好友,更在清廷上层具有极大的影响力。他通过礼斗祈雨、治病把药、诗文交流等各种方式,与清廷各层官员进行了广泛的交往。龙虎山天师府与清廷关系的缔结,实际上都是在他的努力下展开和维系的。娄近垣的驱邪(或治病)方式,按他自己的说法,是以斋醮礼斗为主,辅以符水药物治疗,但后来人们的看法多半与他自己的看法相反,都疑心他其实是以药物治疗为主,配以斋醮礼斗,是医学手段与心理学手段的叠加,所以他为雍正皇帝治病,能够做到甚为应验,因此,最初雍正皇帝封娄近垣为四品龙虎山提点、钦安殿住持,不久便又加封他为"妙正真人"。他也由此成为真正的"真人",声誉、地位和影响,都远远地超过了张庆麟、张昭麟两位龙虎山当家的"署理真人"。尤其是乾隆时代,面对一个只是玩味道教的皇帝,如果没有娄近垣的话,张天师及其天师府与清廷的关系就极可能是难以维系的。

三、御史弹劾 天师降级

关于第五十六代天师张遇隆,还有一事必得一述,那就是他受左都御史梅瑴成弹劾降职至正五品之事。乾隆时代,由于儒、佛、道三教长期相互诋毁,加之乾隆皇帝对佛道玩味式态度的导引,因而,朝廷中反对张天师的大有人在,张天师的地位也日趋下降。清朝对道教的贬抑打击,大致以乾隆初年间为甚。清代对道教的扶持大为削弱,例如,乾隆朝大臣梅瑴成在朝中促成的举措,就在贬抑正一道的过程中起到了重要作用,并对清代中后期的道教发展产生了深远影响。据郑庆华在《清代乾隆初年道教史事两则考订》中所考,应是在乾隆七年,第五十六代正一天师遣人到礼部投职名,欲随班祝皇寿,鸿胪卿梅瑴成上疏说不可以这样,帝敕礼部定议,规定嗣后正一真人一律不许入朝臣班行。此事郑庆华有中国第一历史档案馆朱批奏折为据：

前据正一真人张遇隆遣人臣寺，投递职名，欲随班恭祝万寿。臣寺未知应否随班，应列何品，无案可稽。行查礼部覆称，正一真人应列左都御史下、侍郎前。臣思真人乃道家之流，滥厕班联，不合典礼，似宜厘正。臣请为我皇上陈之。查正一真人袭自明初，当是时有张正常者，世习符箓，元时赐号天师，明太祖曰，天有师乎，改授正一嗣教真人，秩视二品，俾管领道教，后遂承袭。隆庆初，内外臣工俱言张氏所为多不法，无益于世，有害于民，其世袭不合典制，宜革。遂改为上清观提点，秩五品。厥后夤缘用事，太监复故号。事具《明史》，斑斑可考。迨至本朝，相沿已久，祈禳驱邪，时有小验，仍而不革可也，假以礼貌可也。而乃竟入班行，俨然与七卿并列，冠压群僚，殊于观瞻有碍。或言张氏之袭，乃假以冠服，以便约束黄冠，亦如僧人之僧录僧纲，虽有品级，安得与臣工伍。且张氏奉张道陵为鼻祖，若能分形练气，白日飞升。即如其言，究何裨于世教。使张道陵而在今日，国家容而礼之，不过如法王佛子，优以赏赉，遣其还山，毋令惑众而已，亦断不使并列冠裳，以渎朝会。而况其后世之末流哉。臣蒙圣恩，承乞鸿胪，礼仪是掌。恳求圣明敕部定议，嗣后正一真人不必令人班行，俾与太常寺乐员一同厘正，不惟朝仪整肃，且令数百年相沿之旧习，俱更定于今日，天下万世莫不仰头圣人之制度文为，实超越寻常万万也。①

对此，乾隆御笔朱批：此奏是该部议奏。不久，礼部尚书三泰等奉命议题，并上题本请旨。档案载称：

梅瑴成奏称等因具奏前来。查本年七月内承袭五十六代真人张遇隆来京谢恩，臣部带领引见。复恭逢朝贺万寿圣节，据鸿胪寺咨查真人班次，臣部检查档案，康熙十九年真人张继宗承袭，曾经入覲，由臣部带领引见。其朝贺班次，无案可稽。随查前明会典，载真人秩视二品，又《江西通志》

① 转引自郑庆华《清代乾隆初年道教史事两则考订》，《宗教学研究》2009 年第 3 期。朱批奏折，鸿胪寺卿梅瑴成奏为道流滥厕班联观瞻有碍恳请敕部定议以肃朝仪事，乾隆七年九月初四日，原档藏于中国第一历史档案馆。档号：04－01－14－008－08；缩微号：04－01－14－001－2049。

详载，汉时张道陵入龙虎山修炼，历唐宋元明，代嗣其教，所纪世系封爵甚详。传至张继宗，仰荷圣明仁皇帝赐以御书碧城匾额，后遇覃恩诰授光禄大夫。又经吏部查覆，乾隆二年六月，内题请给与署理真人张昭麟一品封典在案。今张遇隆蒙皇上洪恩，准袭正一嗣教大真人，宴犒赏赉，不替其先世之旧，是以臣部酌议，在都御史下侍郎前，咨覆在案。臣等窃思修炼之家本系方外之教，我皇上以尧舜周孔之道治天下，百官朝会，真人自可不必列班。但奏称真人乃假以冠服，不过如僧录僧纲，虽有品级，安得与臣工伍，又援引《明史》，谓其无益于世，有害于民，不宜滥厕班联，并列冠裳，以渎朝会，观瞻有碍等语，查真人传袭几二千年，迹其先世；禳灾诊除妖邪，唐汉以来，皆崇尚之，必非尽惑于异教也。殷人神道设教，周礼方相掌于傩，义各有取。我朝会典籍开载真人承袭条内，定有庆贺来朝之例。盖以其炼气分形，虽属无裨于世，而驱除祈祷，实亦有济于民，似不得抑之过甚，致羽流末品不列冠裳者比。臣等伏请嗣后真人承袭谢恩，仍照例臣部带领引见，并遵三年来朝之例入觐天颜，照例延宴，宴毕还山，倘在京适值百官朝贺之期，免其列班之礼，则朝会班联不烦厘正，而真人钦奉恩纶，益感沐皇上优渥面隆施矣。臣等未敢擅便，谨题请旨。（乾隆七年十月初九日题，本月十一日奉旨，依议。原档藏于中国第一历史档案馆全宗：内阁，文种：礼科史书，案卷号：324）

从鸿胪卿梅榖成之疏与礼部议奏可以看出，乾隆初年，朝中抑道之势极盛，以致如梅榖成等人，言辞间对张天师及正一道表现出一种显见的极端鄙薄情绪。关于鸿胪寺梅榖成其权位若何？《清史稿》卷一百十五、志九十载称：

鸿胪寺管理寺事大臣各一人。满洲礼部尚书兼。卿，初制，满员从三品，汉员正四品。顺治十六年并定正四品。少卿，从五品。俱满、汉各一人。其属：鸣赞，从九品。满洲十有四人，汉二人；学习，满洲四人。序班，从九品。汉四人；学习，八人。主簿，从八品。满、汉各一人。笔帖式，满洲四人。

卿掌朝会、宾飨赞相礼仪，有违式，论劾如法。少卿佐之。……序班掌百官班次。主簿职掌同太仆寺。

可见梅瑴成在礼部尚书品级只为正四品，但他有权“卿掌朝会、宾飨赞相礼仪，有违式，论劾如法”。所以自然在弹劾张天师过程中说话分量极重，可以提请清廷高层动议，可以直接奏动皇上。事实上梅瑴成这个打压张天师的上疏，就是直接向皇上奏进，皇上朱批确定基本意向，再由礼部议后定论，然后请旨通过的。在梅瑴成所疏中，认为正一真人张遇隆遣人投递职名，以随班恭祝皇上万寿，是极为不当的，其说法直指：“真人乃道家之流，滥厕班联，不合典礼。”且遍查依据，称“隆庆初，内外臣工俱言张氏所为多不法，无益于世，有害于民，其世袭不合典制，宜革。遂改为上清观提点，秩五品”。因此，如果把张遇隆列为班行，与七卿并列，即会“冠压群僚，殊于观瞻有碍”。意思是说，这样甚至会有渎朝会。好在礼部议定从大局出发，语气与结果倒是都有所缓和，称张天师“虽属无裨于世，而驱除祈祷，实亦有济于民，似不得抑之过甚”，“仍照例臣部带领引见，并遵三年来朝之例入觐天颜，照例延宴，宴毕还山”。而谈到张天师随列朝班之事，语气也较为委婉，不是说其为“滥厕班联，不合典礼”，而是说“免其列班之礼”。当然，张天师及其正一道，以至整个道教的败落之势，从中已可看得清清楚楚了。至乾隆十二年(1747)正一嗣教真人降为正五品，停止朝觐、筵宴。乾隆十七年(1752)，张遇隆天师因其过失而受弹劾，改正一真人为正五品，不许授例请封，由此导致其爵位也一下由清初的一品级而降至正五品。乾隆五十四年甚至规定真人只能每五年进京朝觐一次。总体来看，第五十六代天师张遇隆时期，道教在朝中的势力和地位处于明显的颓败阶段。

无论多么千奇百怪的思想，都与生活行动紧密相连，在这个意义上看，思想永远都不会单独存在。正是因为思想的全部内容都是为了获得生活体验，所以思想才能为人们引路，有限的生命存在也因之能够实现各种思想符号具体、生动、鲜活的表达。张天师正是以其独特的通灵方式，力图融入生命之流中，感思和敞亮天地之间那些有限的生命存在的。通观张遇隆天师一生，可以以诗评之：

生而岐嶷俊轶伦，惊哉刘公称神童。
阐明道典究法秘，遍览群书精而勤。
承袭入觐受皇恩，御史弹劾降官品。
玄门衰象此中见，历尽劫数自天真。
千山万水道情深，驱邪祈祷不误民。
悠游山中新任化，通议大夫陶然终。

第六章

第五十七代天师张存义评传

第五十七代天师张存义(1752—1779),字方言,号宜亭。有人称他"资质聪敏,卓尔不凡"。乾隆三十一年(1766),15岁的张存义袭爵入觐,因祈雨立应,乾隆皇帝以法官(道官)"品秩较崇",又恢复正一真人至正三品,换给爵印,并"永为例",乾隆还赐"真灵符弟"匾额,内绣老子像。张存义天师患偏枯病,病愈书法经。乾隆三十四年(1769)又奉旨随带法官照例朝觐,乾隆命其祈雪,立应,并得赐予。乾隆三十五年(1770)张存义天师恭祝万寿,适逢母艰,"蒙恩体恤,免其庆贺"。乾隆四十一年(1776),恭奉世宗皇太后大礼,恭送梓宫,被恩赏银一千两,即赴齐云山进香。28岁羽化,因无子嗣,于是遗疏请以嫡堂叔张起隆承袭,在天师职位13年。历代张天师中,张存义天师处于道教急速衰微的阶段,正一道的维系与发展可谓日益艰难。为了争得张天师及其正一道在朝中的有利生存发展位置,应该说,他还是作出了自己应有的努力的,其结果至少是使天师品秩恢复至正三品,且使之成为定例。关于张存义天师,可从三个主要方面予以评述:一是他在清廷是如何争取天师职位的官品晋级的;二是他对天师府的全面修建;三是他的道法及其悲命之殇。

一、祈雨立应　晋正三品

第五十七代天师张存义为什么能够在抑道的乾隆帝统治期间,使张天师的生存发展位置有所逆转,从而在清廷中回争到恢复正三品的品秩?这件事看似是一个偶然的道教史事，实质上还是有其偶然中的必然因素的。

一方面，如果把这个史事放置于道教尤其是正一道发展的大环境中去考量，这样一个结果在某种程度上来说，应该是理所当然的。

清代道教的衰微，自道教界的精神领袖级人物、第五十六代天师张遇隆受梅毂成等人弹劾因而降级品秩之后，在官方的层面更见严重，这就迫使它更趋向于向民间深层沉积，并且这一取向也日益明显。在其向民间深层沉积的过程中，许多清代文化士人通过各种渠道发挥了极大的作用。他们或冷嘲热讽，人妖倒比；或借题发挥，伸张正义；或想入非非，肆意猎奇，不断推动着这一过程的急速演进。例如，清人程趾祥《此中人语》中就有许多道教故事，其中卷四所载张邋遢，便反映了一种清朝民间草野深层的道教存在模样：

> 有张邋遢者，江宁人，孑然一身，家亦赤贫，与乞丐无异。终岁不洗浴、不更衣，人因以邋遢名之，张亦不辞也。居无屋舍，夜卧石桥上，寒暑不惧。
>
> 一夕，蒙眬未睡，恍惚有人问曰："明日有何神明过也，有劳长者洒扫？"张方骇异间，俄一人答曰："明日有八洞神仙绕道，故预备相迎耳。"盖夜游神与土地相问答也。
>
> 张窃记之，至天晓，凝神静候。日将午，见一群人冉冉而来，细视之，其数恰八。中有一女，虽莲钩窄窄而步履如飞，殆所谓仙姑也。末一丐，形容跛陋，衣破若鹑衣，然皮肉尽露。张暗思此必李铁拐无疑矣。遽前持其袖曰："仙度我，仙度我！"丐笑曰："谁其仙哉！"说毕，望前直行。张不之放。丐不得已，即于身上取疮疤一握付张，曰："持此去，随心所欲矣。"张接之，异香扑鼻，神气一清，遂拜谢。转瞬间，八人已不知所往。
>
> 时天气甚酷，鱼肆中鲜鱼逾时多死，遂倾弃道旁。张拾之，盛以水，以疮疤少许入之，鱼俱活。张喜极，肩挑出卖，得数百文。次日赁一屋，尽收死鱼，仍如前法，竟利市百倍。市中人无不惊讶，未审是何幻术也。
>
> 一日，张闭户活其鱼。众由门隙偷窥，见张笑容可掬，以死鱼入缸中，须臾取出，皆活跳。众骇极，破门而入。张大笑，以疮疤尽掩入口，腾空而去。

人们总是向往着超越现实、出离自我，因而也就总是试图寻求一些梦幻与现实间奇异法术的结点，以达到随心所欲的自由状态。在这个虚拟的故事里，张邋遢凭八洞神仙李铁拐“疮疤”一握，“持此去，随心所欲矣”，能使死鱼复活，能除俗身腾空而去，正是超越现实、出离自我这一民众潜在虚幻心理的生动反映，而从中可以看出，连接人们这种梦幻与现实的正是道仙法术。可见在清代，道教作为一种文化，其道仙、道士、道术以及神符法器等，都已在民间沃土上更加根深蒂固了。而张天师的形象，又是道教文化在民间最为典型的代表符号，其影响在此期更为充分地表现出来。又如，袁枚《子不语》就有多则与张天师有关的民间异闻。《鄱阳湖黑鱼精》写道：

鄱阳湖有黑鱼精作祟。有许客舟过，忽黑风一阵，水立数丈，上有鱼口，如臼大，向天吐浪，许客死焉。其子某誓杀鱼以报父仇。贸易数年，资颇丰，诣龙虎山，具盛礼请于天师。时天师老矣，谓许曰：“凡除怪斩妖，全仗纯气真煞。我老病且将死，不能为汝用，然感汝孝心，我虽死，嘱吾子代治之。”已而，天师果死。

小天师传位一年，许又往请。小天师曰：“诚然，父有遗命，我不敢忘。然此妖者，黑鱼也，据鄱阳湖五百年，神通甚大；我虽有符咒法术，亦必须有根气仙官助我，方能成事。”箧中出小铜镜，付许曰：“汝持此照人，凡一人而有三影者，速来告我。”许如其言，遍照江西，皆一人一影。密搜月余，忽照乡村杨家童子有三影，告天师。天师遣人至乡，厚赠其父母，诡言慕神童名，请到府中试其所学。童故贫家，欣然而来。

天师供养数日，随携许及童子同往鄱阳湖，建坛诵咒。一日，衣童子衮袍，剑缚背上，出其不意，直投湖中，众人大骇。其父母号哭，向天师索命。天师笑曰：“无妨也。”俄而霹雳一声，童子手提大黑鱼头，立高浪之上。天师遣人抱至舟中，衣不沾湿。湖中水，十里内皆成血色。

童子归，人争问所见。童子曰：“我酣睡片时，并无所苦，但见金甲将军提鱼头放我手中，抱我立水上而已，其他我不知。”自此，鄱阳湖无黑鱼之患。或云：童子者，即总漕杨清恪公也。

此则奇闻，整个故事情节简明，然而却极为生动，而其中，两代张天师为民降妖除魔的正义形象，真可谓活灵活现。这类故事在民间的传播，有其自身多种优势元素：一是有张天师这一充满神性的能量符号。这一能量符号尽管在民间表现得虚虚实实，但却成为一个降妖除魔、驱邪捉鬼的原生性文化艺术品牌。

二是有隐隐约约接近常人的一些细节。比如普通人基于生生死死的复仇心理、基于物质财富的贫富因素、基于孝道的处事行为等,甚至有名有姓地点出现实中的人事,“或云:童子者,即总漕杨清恪公也”,好像就是真的一样。这就有意识地拉近了所述之事与常人的距离,使之游离于天人之间,创造出近于生活又高于生活的实际效果,由此即把张天师的形象深植于民间土壤之中。三是有惊世骇俗的降妖除魔创意。镜照三影,以寻根气童子仙官相助;投童于湖,助金甲将军斩魔除妖,异闻虽短,却出人意料,引人入胜。他又有《归安鱼怪》一则写道:

俗传:张天师不过归安县。云前朝归安知县某,到任半年,与妻同宿,夜半闻撞门声,知县起视之。少顷,登床谓妻曰:“风扫门耳,无他异也。”其妻认为己夫,仍与同卧,而时觉其体有腥气,疑而未言。然自此归安大治,狱讼之事,判若神明。

数年后,张天师过归安,知县不敢迎谒。天师曰:“此县有妖气。”令人召知县妻,问曰:“尔记某年月日夜有撞门之事乎?”曰:“有之。”曰:“现在之夫,非尔夫也,乃黑鱼精也。尔之前夫已于撞门时为其所食矣。”妻大骇,即求天师报仇。

天师登坛作法,得大黑鱼,长数丈,俯伏坛下。天师曰:“尔罪当斩,姑念作令时颇有善政,特免汝死。”乃取大瓮囚鱼,符封其口,埋之大堂,以土筑公案镇之。鱼乞哀,天师曰:“待我再过此则释汝。”天师自此不复过归安云。

这种类型的相关张天师的传说,则似以另类的眼光来看待张天师的降妖除魔作为。对于归安鱼怪之类,其力图在善与恶之间进行某种程度上的模糊与调和,而不是善恶分明、非此即彼的对待。实际上,在现实的人性之中,这种善恶难以分界的情形确实颇多。许多贪官就正如归安鱼怪的这种两重人格,他们并非一黑到底,所以其性格行为之中常常映射出极为复杂的一面。但无论如何,在民间人群的心理深层,人们大多仍以为张天师降妖除魔是立足于一个正道的立场,正因如此,张天师在民间理所当然地是极得推崇的。袁枚还有《狐仙冒充观音三年》一则写道:

杭州周生，从张天师过保定旅店，见美妇人跪阶下，若有所祈。生问天师，天师曰："此狐也，向我求人间香火耳。"生曰："盍许之？"天师曰："彼修炼有年，颇得灵气，若与香火，恐恣威福，为人间祟。"生爱其美，代为祈请。天师曰："难却君情，但令受香火三年，毋得过期可也。"命法官批黄纸付之去。

三年后，生下第出都，过苏州，闻上方山某庵观音极其灵异，将往祷焉。至山下，同祷者教以步行，曰："此山观音甚灵，凡肩舆上山者，中道必仆。"生不信，肩舆上山。未数十步，杠果折，生坠地，幸无所伤，遂下舆步行。入庙，见香烛极盛，所谓观音者坐锦幔中，勿许人见。生问僧，僧曰："塑像太美，恐见者辄生邪念故也。"生必欲启视。果极妖冶，不类他处观音。谛视之，颇似曾相识者。良久恍然，是旅店中妇人。生大怒，指而数之曰："汝昔求我说情，故得此香火。汝乃不感我恩而坏我舆，何太没良心也？且天师只许汝受香火三年，今已过期，恋此不去，岂竟忘前约乎？"语未毕，像忽扑地碎，僧大骇，亦无可奈何。俟生去，纠金为之重塑，而灵响从此寂然。

此类与张天师相关的传说，则映射出一个明确的信息，即在清朝民间草野之中，三教之信仰已然交融杂合，观音既是道教神仙，又被奉为佛教偶像。人们崇信何方神圣，供奉何者香火，亦多有机缘巧合，因而在妖鬼神仙凡人之间，虚构演绎出诸多内容复杂、情性纠结的异事异闻。张天师在这样的传说中，既显示出道仙神性的无限能量与高妙法术，又表现了契合凡情人性、出世入俗的复杂一面，由此使得其既能近人，又可远俗，于是天师形象在民间草野中也就愈益有血有肉、活灵活现了。

以张天师为代表、因官方薄势而走向衰微的道教，通过上述各种文化元素的渗透，不断延植于民间沃土之中，而在民间沃土的滋养之下，又得以返本还原，聚积底气，由此也就必然会触底反弹，形成与清代官方高层博弈的形势。尽管乾隆皇帝等人对道教甚存贬抑之意，且清廷又以黄教为重，然而，黄教与被清人视为汉族教派的道教相比，无论从文化理论根基还是从民间生态条件上，都是不可同日而语的，所以乾隆皇帝及其追随者们若过分贬抑道教，还是不得不掂量一下轻重、考虑一下整个国家的民情民意以及各种利害关系的。在第五十六代天师张遇隆那里，经过乾隆皇帝打压之后，后续的安抚与平衡既是清廷政治统治一张一弛的稳定手段，也是其为自身主流文化的演进预留一定伸张空间、保持一种社会教化张力的重要统治策略。恰好在乾隆三十一年(1766),15岁的张存义袭爵入觐,祈雨立应,并有恢复天师职位的诉求,因而乾隆皇帝也就此借势而重新对张天师予以了定规。在乾隆皇帝看来,这样做可以尽显其皇帝的威严,也可以达到如上所述的统治者自我调适的目的。而在张天师及其正一道那里,因之便拥有了一个比较好的官方认同结果,自然更是皆大欢喜了。

另一方面,第五十七代天师张存义自身不懈的努力,则应是他能于清廷回争到恢复正三品品秩这个史事得以成就的内因。

古训有"事在人为","谋事在人,成事在天。"一种想法,一个愿望,如果不去努力谋划与践履,那是不可能实现的,可以说,这是一般意义上达成其事的定律。张存义天师嗣教以后,并没有一味甘心于道教遭受贬抑的现实,而是力图动员多方力量,调动各种道教资源,亲力亲为,寻求一切机会,以提升道教在朝野的地位,巩固正一道教派的根基。张存义天师在清廷中回争到恢复正三品的品秩,直接的原因就是由于当时京城久旱,而他"祈雨立应",能够乘觐见皇上之机,奏请恢复故封。此举与乾隆皇帝稳固统治、玩味诸教的心理相互迎合,正因为各个方面都拿捏得恰到好处,此事也就成了。据载,当时张存义天师在京恳请皇上就官品之事复议,乾隆皇帝最后定下了一个折中的方案。据《留侯天师世家宗谱》中载,他于乾隆三十一年(1766)八月敕谕:"……念其自元以来承袭已久,世守道教,即遇有过愆亦应抵其人以罪耳,不应议其世袭也。然旧例一品未免太优,遽降五品又未免过于贬损,且其法官娄近垣现系四品,而伊品秩转卑,亦觉未妥,今正一真人既来朝进京,着加恩视正三品秩,永为例。"从此谕中,分明可解读出这样几层意思:一是乾隆皇帝特意表示了对于天师世家名位声誉的重视。此谕强调嗣汉天师府具有"承袭已久,世守道教"的世教底蕴,即使有一些人与事上的过愆,也应在认同这个世教的前提之下就事论事,不能因此而议及整个天师府的世袭之例。二是乾隆皇帝特意表现了自己似乎对张天师的定位相当慎重而公允的态度。此谕对张天师品秩的定位进行了左右前后的权衡,认为按照从前朝即沿袭下来的旧例,恢复正一品之位,未免使之太过褒扬了,陡然降至正五品,又未免太过贬损了,这是上下的权衡。再说,当时天师府的属员法官娄近垣早已被封为正四品,尽管娄近垣声望甚高,但到底是天师府属下法员,作为正一道教首及统管全国道教事务的张天师,职位却只有正五品,比娄近垣低去了一级,天师品秩反转卑微,的确是颇为不协调的。这是左右的权衡。言下之意,即是显示,对张天师还是要有一个平衡协调、恰如其分的定位。三是玩味式地说明了给张天师晋级为正三品的现实因由。这层意思是,晋不晋级,其实是无可无不可的事情。如果没有特别的要求,不给晋级也未尝不可,如果有特别的恳请,给予晋级也是可值得考虑的。现在既然天师来了,提出了晋级的要求(暗暗隐含有天师“祈雨立应”,赢得了我皇上一个好心情的运气),就“着加恩视正三品秩”吧!并且,对张天师的妻妾,也一律改封为淑人。四是对张天师来说非常重要的一层意思,即所赐予的“正三品秩”是“永为例”的。以后天师的品秩,将不再是一个问题。一个“永”字,意思是说:张天师再有晋级的要求,是不予考虑的,以后朝中再有降低天师品级的动议,也将是不允许的。考虑到正一道走衰的现实状况,其实张天师能得正三品秩,不管此头衔为空为实,已是相当难得的了,因为毕竟争回了两个品级的晋升,也为道教在朝中争得了几分颜面。更值得道门庆幸的是,这之后清朝后辈的皇帝们,也都想贬抑张天师,却因为乾隆皇帝这个“永为例”,而不敢再开先例。这样,不经意间,这个贬抑道教的先皇的“永为例”,反倒是成为张天师保住其品秩的“护身符”。由此可见,张存义天师此次京城之行,对于后面正一道以至整个道教的维系,功业其实可谓非常之大矣。

二、整修府邸　艰难维系

第五十七代天师张存义经过多番努力,在清廷为张天师争得了一个正三品秩,而后,他又在乾隆三十四年庚寅(1769)进京入觐乾隆皇帝,乾隆皇帝命其祈雪,他设坛作法,祈雪立应,乾隆皇帝甚感其神,于是赐其珊瑚碧玉道冠顾绣法衣,还于上元日赐宴看灯。尽管如此,张天师争得的这个正三品秩,对于他来说,实际上乃是个象征性的空头衔,因为其根本就没有获得朝廷俸禄。天师看似仍有三品通议大夫这个头衔,在朝中地位下降的态势却未真正回转。世守道教,也就更见衰微了。难能可贵的是,张存义天师在艰难维系正一道发展过程中,仍能励精图治,整修天师府邸,须知,自从乾隆皇帝以后,清朝后来的皇帝就再也没有给张天师赏赐多少银两,更没有专门拨款修建过什么天师府宫观了。

早在清康熙十三年(1674),上清发生暴乱,天师府遭受兵火,大堂、穿堂、赞教厅东西厢房、耳房俱毁,私第后堂的东西厢及后堂敕书阁,私第之东的家庙,家庙后的后殿,书院厢庑亦俱毁,唯存后堂五间。大门、仪门毁后重建,但简陋不如过去。万法宗坛毁后重建,而真武殿东西庑俱不存,元坛殿虽存而圮,两庑仅存其一。尽管在张存义天师履职时期，教派日渐衰落，但他仍然在自己身患偏枯重病的状况之下，创其正一道业，克己无悔。在他短暂的有生之年，对天师府进行了全面的修建，使之面貌焕然一新，而且又于真武殿址，建绣像宝阁，供奉御赐宫绣老君像。这确实为天师府增光添色不少，因而颇值后人尊重。如今，天师府中，第五十七代天师张存义整修的宫观仍旧，面对那些雄宏古朴而庄严肃整的宫观神殿，仰望那“真灵符弟”匾额及其内绣的老子圣像，透过历史的重重迷雾，感思他那充满昌盛正教的神圣使命感的偏枯之躯，络绎而至的人们，对这位在世苦短、卓尔不群的英才天师，都不禁肃然起敬。

三、五雷法显　悲命殇逝

第五十五代天师张存义精通五雷正法，曾经就此法专门传授过著名的道士张资理。据《道外藏书》记载，张资理字一枝，号友桐，吴邑篁村人，出身于书香门第，从小聪敏，博闻强识，对道教有着浓厚兴趣。11 岁即在朝真观出家，师从当时苏州颇有名气的沈坚苍法师，学习道教经忏法事。他嗜学不倦，很快便成为同辈中的佼佼者。入朝真观之后，熟读道教经典《道德经》，理解太上精旨。遍求苏州地区流传的符箓秘典，并予以贯通，擅长符箓法术，道法高深，举行斋醮法事、祈禳历来灵验，为本地香客传颂，名声日益增长，并为雍正皇帝所闻。雍正十二年(1734)，清世宗钦点张资理进京，入住正大光明殿，拜高道惠澹峰为师，担任御前值季法官，同时学习雷法符箓。御前值季法官这个位置，其职责就是每逢干旱或雨涝的时候，都要根据皇帝的意思举行法事活动，祈求下雨或晴朗。张资理遇雨旸祈祷，举行法事每每有应，深合皇上旨意，因此经常受到皇帝赏赐。他任职 16 年，于乾隆十四年(1749)后即回到苏州。奉娄近垣真人之命，前往江西龙虎山上清宫任迎华院事，而此时，天师府正是第五十七代天师张存义履职，张存义天师看重张资理的道学与人品，专门把自己精通的五雷正法传授与他。后张资理请假由龙虎山回到苏州，并在苏州郡绅士的恭请下，任元妙观方丈。张资理多次举行斋醮法事而有灵验，其中，他奉各宪命协调李宣仁、李殿扬在苏州祈雨有验，后大中臣闵公敦请设坛祈雨，张资理为主坛，也祈雨有验，颇解苏州百姓的燃眉之急。1780 年春天，乾隆皇帝南巡来到苏州，专门到玄妙观烧香，张资理率同道众迎驾，对于乾隆皇帝提出的问题，张资理都能够一一奏对，深得乾隆皇帝赏识，特命赏赐白金五百两。在乾隆皇帝贬抑道教的大背景下，张资理还能获取如此丰厚的赏赐，这就显得尤为难得了。而张存义天师与张资理有着相授五雷正法的这层关系，从一定程度上还是能够显示出张存义正一道法的高深的。

张存义天师身患偏枯，据载，此病曾经为同善堂药铺也就是杨九牧药酒店的药酒治愈，张存义天师后赠此店“人世天医”匾额一块。其后，慕名而至同善堂药铺的病人越来越多，遂使之成为名店。但是不是真有其事，则有待进一步考究。不过，不管此病是否治愈，张存义天师到底还是于28岁即化，可见，即使其诊治有一定成效，也是没有根绝的，以致一代天师悲命殇逝。

袁牧《子不语》有一则《陆夫人》，其中记叙有关于张存义天师之化的传说：

> 某方伯夫人陆氏，尚书裘文达公之干女也。文达公薨后，夫人病，梦有大轿在屋瓦上行来，前立青衣者呼曰：“裘大人命来相请。”夫人登轿，冉冉在云中行。
>
> 至一大庙，正殿巍峨，旁有小屋甚洁，文达公科头，衣茧䌷袍，二童侍，几上卷案甚多，谓夫人曰：“知汝病之所由来耶！此前生孽也。”夫人跽而请曰：“干爷有力能为女儿解免否？”文达公曰：“此处西厢房有一妇人，现卧床上，汝往扶之。能扶起，则病可治，否则，我亦不能救汝。”命小童引夫人往西厢房，果有描金床施大红绫帐，被褥甚华，中卧赤身女尸，两目瞪视，无一言。夫人扶之，手力尽矣，卒不起。
>
> 归告文达公，公曰：“汝孽难消，可还家托张天师打醮以解禳之。但天师近日心粗，禄亦将尽，某月日替苏州顾懋德家作斋文，错字甚多，上帝颇怒，奈何！”夫人惊醒，适天师在京，遂以此言告之。天师检顾家斋表，稿中果有误字，法官所写也，心为惊悸。
>
> 未几，夫人亡，天师亦亡。天师名存义。顾懋德者，辛未进士，官礼部郎中。

按此文所说，天师之化，与其“近日心粗，禄亦将尽”有关，因他属下法官为人作斋文，“错字甚多”，因而“上帝颇怒”，所以不能为人打醮解禳，以致自己也禄尽身亡了。这一说法当然具有离奇的民间文学色彩，但说明民间对张存义天师的悲病之命也是多有猜想的。

人们多数时候只是面对生活的表面，注意到的总是自我褪色了的幻影。张存义天师启示人们，内心要求与想象力可以被体验为时间的丰富性，而精神自我就是在这种丰富性中绵延的，其表现为一种充满活力的样态。一个人唯有汇入那具有丰富性的时间之流中，让精神自我的纯粹持续与深度生命的均匀呼吸联系在一起，才有可能感通意义世界的真灵。通观第五十七代天师张存义一生，可以以诗评之：

资质聪敏岂非凡，祈雨立应见艰难。
嬴回品秩正三品，发心向道多感伤。
“真灵符弟”拒衰势，妙书法经何以堪。
珊瑚碧玉千两银，风风雨雨看天颜。
齐云进香倡正道，奈何卿命如逝川。
法显五雷感天地，悲病之殇映真善。

第七章

第五十八代天师张起隆评传

第五十八代天师张起隆(1745—1799),字绍武,号锦崖,又号体山,张锡麟继子。据张元旭《补天师世家》载称,天师喜欢云游四方,能文能武,体魄魁梧。四方知名之士,乐与之游。他九岁即入大学,乾隆三十六年(1771)游京,乾隆三十九年(1774)便考入四库全书馆誊录,"议叙一等",后以县丞分发河南,历署开封府经厅、粮储道库大使、布政使司都事。乾隆四十四年(1779)堂侄第五十七代张存义真人遗疏,恳请承袭祖爵。乾隆四十五年(1780),江西巡抚郝题,咨调回江,奉旨承袭。恭遇皇上七旬万寿,八月抵京,赴热河庆祝,进如意等物,蒙恩赏收《北斗延生真经》及普洱茶食物等,并让他在万树园看放烟火。乾隆四十七年(1782)入觐,被皇上召见于乾清宫,蒙温旨,命于次年元旦大高殿拜进庆贺表文,礼成,赐老子绣像及藏香。乾隆四十七年(1782)又于乾隆皇帝六下江南接驾。清仁宗嘉庆三年戊午(1798)到庆期后,行至苏州,告病回归故里,即卒于山,在位 19 年。关于张起隆天师,有如下方面需要予以探讨:一是张起隆天师奉旨袭教及其履职期间正一道在民间发展的样态;二是张起隆天师与乾隆皇帝的第六次南巡史事;三是张起隆天师与道教教理教义的民间化发展诸情况。

一、奉旨袭教　偶像入庙

第五十八代天师张起隆是一位性情闲悠、文武双全、喜好游历的高士,他沉静聪慧,交接极为广泛,九岁即入大学,且能考入四库全书馆誊录,议叙一等,实属罕见。袭职之前,即以县丞分发河南,历任开封府经厅、粮储道库大使、布政使司都事诸职,可见他年轻有为,其能力之强、才学之高,确实令人羡慕。没有料想到的是,由于历史的机缘,嗣汉天师府正一道第五十七代天师张存义年仅28岁即羽化,而张存义天师因自身无嗣,遂依张天师承袭惯例,于羽化之前遗疏恳请其堂叔张起隆承袭祖爵。于是张起隆便于乾隆四十五年(1780),由江西巡抚咨调回江,奉旨承袭。当然,他这种情况,在张天师世代承袭中,也并非特例,据正一道教派的史实,第三十一代天师张时修承袭时也是叔承侄职。而尤其值得反思的是,在张起隆天师履职期间,道教在民间草野的发展已成何种模样,而他又是以何种姿态对待。

张起隆天师自1779年至1798年嗣位履职,在任共计19年,而此期正值长寿的乾隆皇帝统治后期,经历嘉庆皇帝的时间仅有三年。在乾隆皇帝这种对待道教严控实管的模式之下,道教不得不偏于朝向民间社会发展,由此呈现出一些日渐明晰的草野特征,民间信仰体系也得到了不断的丰富,特别值得注意的是,正一道张天师与城隍庙千丝万缕的关联,从清朝中期以后,更是结成稳态的民间基层信仰架构。

城隍,原意"城"指土筑的高墙,"隍"指无水的护城壕。城隍前身是水庸神,起源于古代的祭祀,即水(隍)庸(城)的祭祀,为《周宫》八神之一。古人造城,为了城内百姓的安保,修高大城墙、城楼、城门以及壕城、护城河。而在他们的意识里,凡与人们的生活、生产、生命安全密切相关的事物,都有神在,所以城、隍便被古人神化为城市的保护神,而道教则把它纳入自己的神仙谱系,封为剪除凶恶、管领阴间的亡魂、保国护邦之神,城隍属于自然神,因而古代凡有城池,即建有城隍庙。

三国吴赤乌二年(239)所建的芜湖城隍庙,是所见最早的城隍庙。宋代以后,城隍开始人格化,人们大多将往昔的英雄或名臣奉为城隍神,如苏州祀战国时春申君黄歇、上海祀秦裕伯、北京祀文天祥等,后唐清泰元年(934),城隍被封为王爵,至宋代,祭祀城隍即被列入国家祀典,所以城隍庙普及各府、州和县,成为官民交杂、教政互动、地方精英主持的基层信仰体系。北宋欧阳修有祭城隍文曰:"雨惟神有灵,可与雨语,吏竭其力,神佑以灵,各供其职,无愧斯民。"由此可见当时城隍信仰已是官民非常普遍的信仰了。到元代文宗天历年间,官方开始在城隍庙立寝殿，以专门供奉城隍爷及城隍夫人。相传朱元璋称帝之前，因宿身城隍庙而幸免大难，称帝之后，于明洪武元年（1368）即下旨封都城隍为监察司显佑王，职位正一品；封各府城隍为监察司民城隍威灵公，职位正二品；又封州城隍为监察司民城隍显佑侯，职位正三品；封县城隍为监察司民城隍显佑伯，职位正四品。由此各州、府、县纷纷修建城隍庙，而京都城隍庙由皇帝亲自敕建，皇宫拨付银两，庙内住持由朝廷直接任命，各府、州、县效仿，明洪武三年（1370），朝廷还颁布了专门祭祀城隍的典章制度，明太祖册封京都、府、州、县四级城隍，各地最高官员需定期主祭。

清代城隍的地位更崇高，新官到任前需到城隍庙斋宿，上任日更需祭礼城隍。城隍职能随时代变迁，已由起初有求必应的神明，转变为地位超然的国家和地方守护神，守护城池或国家；还是主管生人亡灵、奖善罚恶、生死祸福和增进幸福利益等司命神。各地城隍的现职甚至由当地的老百姓自行选出，由"聪明正直"的人出任。

城隍庙虽然不是道教的专属用地，以城隍庙为中心交流互动的是形形色色的社会群体，包括道士、地方官、衙役、香会、里社和地方精英等，然而道士却将城隍庙视作自己管理基层社会的中枢转轴。历来道教将城隍视作中层，对下统摄地方上的土地公，向上服从于东岳大帝以及更高一级的天庭至尊玉皇大帝。每逢城隍出会和各种节庆，特别是在大型醮祭，附近里社和村庄都要出人出钱，还要有香会参入，通过舍身赎罪、布施和其他活动，为城隍庙增添生气。城隍庙促动了尘世中道士们的流动，同样也反映了民间所信奉诸神间的流动。

就张天师与城隍庙的关系来看，张天师可任命其中现实的神职人员，也可以加封诸神。在民间有种说法，即所有的城隍和土地公都是张天师任命的。天师加封江南的城隍的记载，可在清代不少地方志中找到证据，其中有些地方就提到有"天师府敕谕"。一些尚存的此类文献中，还有天师以玉皇大帝名义颁发的册封谕旨，上面盖有天师府印，城隍庙会保存这样的敕谕，而且还可能会刻成石碑。邵伯城隍庙位于邵伯镇镇北，原为搜盐所，明季搜盐所移于仪征，镇人捐资以遗址建庙祭祀城隍，于明洪武三年建成。历史上的邵伯城隍庙，殿宇巍峨，气势宏伟。有山门殿，四值曹公殿，殿内供奉四大功曹的神像，殿旁有厢房五间；有审事厅，两侧七八间执事用房；正殿整体布局合理、结构严谨，供奉城隍爷神像，廊柱上有楹联写道："作事奸邪任尔焚香无益，居心正直见吾不拜何坊。"据说这位城隍菩萨，也就是第五十八代天师、正一大真人张起隆。他身穿绣花红袍，腰系玉带，头戴钩金彩冠，脚蹬乌靴，金脸且有五绺胡须，神态极为儒雅。乾隆五十五年(1790)，张真人府奉敕封"灵通伯"。敕文有云："明洪武初封县城隍伯爵，后止。称城隍之神。羽士管时庵言，镇中城隍庙旧为搜盐所。明季所官移于仪征里。人以遗址建庙，祀城隍。乾隆五十五年张真人府奉敕封灵通伯。敕文有云：天命无私，惟至诚在而可格，细言亦纳，遂民欲之所从。凡在福世之条，不惜分茅之宠。受兹殊贶永辅升平。"①此敕文即末署袭封五十八代正一嗣教大真人张起隆。城隍爷坐像前，还置设香案，殿内东西两边塑有文、武判官像。城隍庙下设两行宫，分为南济孤坛、北济孤坛。每年清明日、孟秋望(七月十五日)、孟冬朔(十月初一)，镇上人以筶请于神，祀城隍神，城隍坐轿出巡，或南巡，或北巡，或坐坛(不出坛)。邵伯城隍庙是江都唯一的一座城隍庙，也是全国唯一由镇设的城隍庙，而城隍庙内的城隍爷忠于职守，守护一方百姓，其中还有许多灵验传说。如，相传清咸丰辛亥年秋天，正值邵伯湖水暴涨，大堤决口，湖水涌向镇中，镇人惊慌不已，都以为要成为鱼腹中之物。忽然上游有蒲包数以百计，集而成束，自来堵塞决口，使镇人平安。镇西人于前一天晚上，看见运堤南北灯球往来，不知何事。而灯笼上则隐约可见"灵通伯"字样。翌日，镇西人述前晚所见，才知道是城隍显灵。又传，清兵攻陷扬州后，邵伯镇上的人迁移避难，远离他乡，镇中人所剩无几。忽然义井巷起火，火势渐猛，遂无救者。只有一个没有走的人目睹"灵通伯"灯驰来，不一会工夫，大火就熄灭了。

江南地区的城隍庙与张天师制度有着紧密的结合。一些道士家族通过大型的江南城隍庙的发展，定期源源不断地输送年轻机敏的道士到龙虎山听差，而数年之后，其中一些道士得以进入大光明殿，而此殿位于紫禁城正北，龙虎山就是从这里选送专为皇帝及宫廷服务的精英道士的。由此可见，通过这种机制，道教实现了民间社会、龙虎山与朝廷之间人才充分有效的流动。张天师作为最高权威，还利用城隍主持神判仪式(主持这类仪式的，大多数都是地方上的人，包括庙宇里的道士、衙役和香会成员等)，致使"表文""敕令"之类的公文得以流转，并能借此出售流动中的仪式化文书。而城隍庙里的"神判"，却可以

① 参见徐从法、张学开编：《邵伯镇志》，《甘棠小志》卷四，江苏人民出版社，1996年版，第5a—5b页。

超越地域，借助整个道教系统链接，直达张天师。

清代中期后，演绎张天师与城隍庙封神、神判诸关系的民间传说、笔记体小说等，所见也极为丰富。如，著名学者俞樾（1821—1906）就有一条笔记即《右台仙馆笔记》第271则，反映了张天师与地方官、城隍神判的一个案例：

冯梦香孝廉之弟则诚，于同治壬申年读书慈溪县城中。一日，忽传江西张真人府有使者至城隍庙，乃往观之。果见一使者背负黄袱，中有文书，取出于神前焚之，以真人府封条封庙门三日。于是一县喧传，不知何事。数日后，县中一吏言之曰："此为辽东某县事也。"辽东某县有夫妇偕行于路者，妇急欲溺，不得已，溺于路侧。其夜夫妇皆卧矣，有扣户者，夫启视之，久而不返。妇亦起，出视其夫，则腰断矣。人疑妇实杀之，闻于官，妇极口称冤。官细诘是日曾至何处，曾作何事，妇悉以告。因至所溺处掘地数丈，得一棺，启视之，面如生。官疑焉，牒问真人府。真人府覆言："此鬼为元朝浙江慈溪县人，以行贾至辽东而死。其鬼强悍，妇溺适当其棺，触鬼之怒，是夜杀其夫者，果此鬼也。鬼本慈溪人，宜移文慈溪城隍治之。"故使人赍二文至慈溪，一焚城隍庙，限三日断此狱，故封庙门三日；一投慈溪县，故县吏得知其详。

由此事可见，这类神判之事大多是道士所办，地方官其实是不太可能真的行牒于真人府中的。有时，张天师本人或他的法官并非亲临某座城隍庙，祈告者请一道天师的驱魔符箓，即可代表其到来。当事人可以写信或者亲自拜访龙虎山，或者恰逢张天师巡行经过时迎驾，请他帮助降妖伏怪。张天师则一般会给求助者一个护身符，由他们带往其所在地方的城隍庙。再如，袁牧在《子不语》卷十也记有张天师与城隍神判的《羞疾》一则：

湖州沈秀才，少年入泮，才思颇美。年三十余，忽得羞疾：每食，必举手搔其面曰："羞，羞。"如厕，必举手搔其臀曰："羞，羞。"见客亦然。家人以为癫，不甚经意。后渐尪羸，医治无效。有时清楚，问其故，曰："疾发时，有黑衣女子捉我手如此，迟则鞭扑交下，故不得不然。"家人以为妖，适张真人过杭州，乃具牒焉。张批："仰归安县城隍查报。"后十余日，天师遣法官来曰:“昨据城隍详称:沈秀才前世为双林镇叶生妻,黑衣女子者,其小姑也。叶饶于财,小姑许配李氏,家贫,叶生爱妹,延李郎在家读书,须李入泮,方议婚期。一日者,小姑步月,见李郎方夜读,私遣婢送茶与郎。婢以告嫂,嫂次日向人前手戏小姑面曰:‘羞,羞。’小姑忿,遂自缢,诉城隍神,求报仇索命。神批其牒云:‘闺门处女,步月送茶,本涉嫌疑,何得以戏谑微词索人性命?不准。’小姑不肯已,又诉东岳。东岳批云:‘城隍批词甚明,汝须自省。但沈某前身既为长嫂,理宜含容,况姑娘小过,亦可暗中规戒,何得人前恶谑?今若勾取对质,势必伤其性命,罪不至此。姑准汝自行报仇,俾他烦恼可也。’所查沈某冤业事,须至牒者。”天师曰:“此业尚小,可延高僧替小姑超度,俾其早投人身,便可了案。”如其言,沈病遂痊。

此即典型的城隍查报阴事、天师主持的神断神判,而这其中张天师的权威形象是十分肯定的。在民间道教神判仪式所显现的司法程序中,张天师总是作为高高在上的权威发挥着查证、审定、判决的作用。而地方城隍、道士等多是调查、取证、报告等辅助作用。一般地,这种神判,能就地裁决,就都尽可能就地裁决,但如无法治之,则会通过公书往来或符箓传递,搬出龙虎山天师府等更高的权威来,例如,清代慵讷居士《咫闻录》卷二即有《治狐》一则可以印证:

时有邑令钱名维乔,字竹初者,收其呈,而斋戒三日,亲诣城隍行香,焚牒。月余,天师府中行来一文,启视之,即某家控狐作祟事。文内乃城隍牒,附有朱符二道,铁牌符一面。钱邑令即传某翁来,示以文,给予符与铁牌,命贴符于前后门,埋铁牌于病妇之房。夜即安寝,人亦复元,而狐不知何往也。咸讶事之奇。后翁到江西,拜谒天师,问之,曰:“此狐势大,非郡邑城隍所能制也,故城隍牒之于余。”又问城隍之文从何来,曰:“府之后园,有一池,文来则浮水面,早晚必往池觇之。有文则查是何妖,应何法制,则发符以治之。若查非妖,乃真有病,则不发符,仅移城隍,不移群邑也。”

实际上,求助于上层权威的这种可能性,使“神断”多了一种选择,也就是说上层权威可以提供某种中立的、全局的判断。有些个案,其中的审判就是城隍庙向上移送龙虎山定决的,例如,《续子不语》卷三有《心经诛狐》一则可证:

黄昏后，妹苏曰："城隍庙审事，回来备说。先在庙门外见城隍神接大士上殿正坐，城隍在下侧首旁坐，我跪大士侧边，胡三哥跪丹墀下。大士向城隍说了此话，城隍就向胡三曰：'孽畜，何得扰害生人？'胡三答曰：'我原在新官桥里住，因桥拆造，借居罗家空楼。此系女鬼，他来跟我觅食的。'城隍即令判官查我父母及吾兄之籍，又查罗宅之籍。查毕，叱曰：'他是生人，如何说是女鬼！'喝令掌嘴。掌毕，复抽签掷地，将胡三哥重打三十板，曰：'我处亦不究你，解往真人府去治罪。'"

住持城隍庙的道士地位是官僚权威式的，直接与高高在上的张天师相联系，向下控制着下级的道士与地方神。清代中期以后，张天师在朝廷中的地位虽然不断下降，然而其在民间社会的地位反而得到一定程度的强化，这在第五十八代天师张起隆那里得以显现，而在少数城隍庙里，作为偶像入庙的张起隆天师，以及在各类城隍文献中屡屡出现的张起隆署名，应该说就是当时这一情形具体生动的注脚。

二、接驾乾隆　犹受恩礼

第五十八代天师张起隆虽因朝廷贬抑道教而地位颇为尴尬，清统治者对于张天师及其天师府管理甚严，但由于他本人的履职能力与人格魅力，因而还是在一定程度上得到了乾隆皇帝等高层统治者的认同。因此，了解张起隆天师，还应将其还原于具体的历史镜像之中，从生动鲜活的历史事件中映照出他的生命轨痕。如，《清实录》中载有特谕军机大臣的一个有关张起隆天师的案子：

戊戌。谕军机大臣等据何裕城查奏南肇道人示劝符箓一案，称饬委建昌府知府徐镇等驰往龙虎山查办，该山并无广东查出符箓式样，亦不知南肇道人，并将检出符箓底本，一并呈览等语。此案系广东饶平县盘获。因其示劝符箓，上有江西广信府天师晓谕字样。是以谕令何裕城查究此项板片是否系广信府刊刻，曾否传播。乃何裕城即派员驰赴龙虎山查办，并将该山符箓抄本一并起出，所办太过。现在张起隆谅尚未启程，著传谕阿桂将伊传到。谕以此案系何裕城不知事体轻重，冒昧查办。与张起隆并无干涉，不必心存畏惧，令其安心回山，并起出符箓原本，一并交还。将此传谕阿桂、并谕何裕城知之。

从此案中，由于地方官员就广东饶平县盘获示劝符箓一案，驰赴龙虎山查办，惊扰到张起隆天师，而皇上特谕称"所办太过"，并谕责何裕城称："何裕城不知事体轻重，冒昧查办"，又对龙虎山加以安抚，说："与张起隆并无干涉，不必心存畏惧，令其安心回山，并起出符箓原本，一并交还。"而且特嘱要使此谕让办案人知之。由此可见，尽管总体上张天师及其天师府历来的权威地位受到了当时各级官僚一定程度的轻视，但乾隆皇帝对于处理张天师相关的案件还是极为慎重的，并亲谕妥当处置，对不当之处，唯恐伤及无辜，因而极力安抚。此谕同时说明，皇上对张起隆天师还是比较认同的。对于张起隆本人来说，这也算是一种相当的尊重了。

据载，乾隆皇帝第六次南巡，张起隆天师也曾接驾，颇得皇上恩礼。乾隆皇帝自认为一生完成了两件大事：一是率军西征，平定西北；二是六次巡视江南。乾隆皇帝南巡，绝非易事，而是当时朝中大事，因为从北京到江浙数千里，路途遥远，每次出巡至少需要三五个月，交通工具又简陋，而皇帝带领皇亲国戚、文武百官、卫队侍从等，总有两三千人之多，需动用五六千匹马、上千只船，耗费数百万两白银，尤其是乾隆皇帝第六次南巡时，已为74岁高龄，所为何来？其中自有深意。大致而言，一是江浙一带是乾隆盛世巨大财力所依所托的区域，因而，乾隆下江南首要的原因即是意图牢牢控制江浙；二是寻求江南才俊，培植士人，笼络人心，为治国安邦发现人才，同时又可加强思想的控制；三是督修河工。乾隆在《南巡记》中称："六巡江浙，计民生之要，莫如河工堤防，必亲临阅视。"他在南巡中发出数百条治水命令，动用了六千多万两白银，实施完成了多项重大水利工程。除此以外，乾隆皇帝六下江南，还有一个许多人都认同的原因，即江南为繁华开化之地，无高山峻岭荒蛮之凶险，有美景美女美味之享乐，可谓是"温柔富贵之乡"，皇帝南巡，自然乐此不疲，并留下许多风流韵事。如，相传江南的玉带河、玉带桥得名还有一段趣事：乾隆皇帝下江南，经过邵伯，当时天气炎热，他在一座不知名的小桥休息，只见小河之中有一群孩童在嬉戏，于是大感童趣，自己也童心大起，准备宽衣下河游泳，突闻"太后驾到！"他大惊，失手将腰间玉带抖落到河中去了。这条玉带是乾隆心爱之物，所以他当时令随从下河打捞，不想玉带却不见踪影，后乾隆皇帝为纪念此玉带，特地将这条河命名为“玉带河”，而他曾休息过的桥，也被称作“玉带桥”。

对于乾隆皇帝六下江南，尽管人们褒贬不一、毁誉参半，但毕竟此举对于清政府安定江浙、吸纳人才、聚集财力、治理水患等起到了较大的作用。而乾隆皇帝每次下江南，都由各地官长、名流接驾，游山玩水，诗赋互答。乾隆四十九年（1784），张起隆天师恭遇圣驾第六次南巡，循例于江苏无锡接驾进贡，蒙赏收垆瓶等物，召见任行，又蒙赏给克食大段四端，御题墨刻罗汉图，后数入觐，具恩礼有加，由此可见乾隆皇帝对他的看重。

三、着意民间　普施教化

第五十八代天师张起隆履职期间，虽未见具有重大历史影响的功业，但却如润物无声，在道教民间社会教化及其民间化发展过程中，体现出了正一道天师的独特作用。由于张起隆天师承袭祖爵之前，有过四方游历的经历，所以对于道教的衰微亦有清醒的认知，因此，他一方面整饬教务，主持重修宗谱，维护正一道天师的权威形象，另一方面又着力推动道教教理教义向民间深层的衍扩。

在清代，由于统治阶级对道教的限制、束缚多于保护，因此，张起隆天师和许多道教大师们，在上层社会中竭力倡导儒、释、道三教合一，在宣传道教经典和教义时，多把孔孟儒家思想的核心，即忠孝节义也纳入进来。与此同时，他们还利用道教作为中国土生土长的宗教，数千年已在民间扎下深根的有利条件，不断加速道教的民俗化进程，在广大人民中间传教收徒，并将民间信仰的城隍神、关帝、土地爷、妈祖等都吸收进道教神仙谱系，从而使道教多神教的色彩日益浓厚。道教在民间的社会教化，大多以因果报应等劝诫模式，借助于神明的力量，宣扬张天师及其符箓的威力，劝人为善除恶。如，袁牧《子不语》中有《宋生》一则，即是如此：

苏州宋观察宗元之族弟某，幼孤依叔，叔待之严。七岁时，赴塾师处读书，偷往戏场看戏，被人告知其叔，惧不敢归，逃于木渎乡做乞丐。有李姓者，怜而收留之，俾在钱铺佣工，颇勤慎，遂以婢郑氏配之。如是者九年，宋生颇积资财。

到城内烧香，遇其叔于途，势不能瞒，遂以实告。叔知其有蓄，劝令还家，别为择配。生初意不肯，且告叔云："婢已生女矣。"叔怒曰："我家大族，岂可以婢为妻？"逼令离婚。李家闻之，情愿认婢为女，另备妆奁陪嫁。叔不许，命写离书寄郑，而别为娶于金氏。郑得书大哭，抱其女自沉于河。

越三年，金氏亦生一女。其叔坐轿过王府基，忽旋风刮帘而起，家人视之，痰涌气绝，颈有爪痕。是夜，金氏梦一女子披发沥血诉曰："我郑氏婢也。汝夫不良，听从恶叔之言，将我离异。我义不再嫁，投河死。今我先报其叔，当即来报汝夫。与汝无干，汝无怖也。但汝所生之女我不能饶，以女易女，亦是公道报法。"妻醒，告宋生。生大骇，谋之友。友曰："玄妙观有施道士，能作符驱鬼，俾其作法牒之酆都可也。"乃以重币赂施。施取女之生年月日写黄纸上，加天师符，押解酆都，其家果平静。

三年后，生方坐书窗，白日见此婢来骂曰："我先拿汝叔迟拿汝者，为恶意非从汝起，且犹恋从前夫妻之情故也。今汝反先下手，牒我酆都，何不良至此？今我牒限已满，将冤诉与城隍神。神嘉我贞烈，许我报仇，汝复何逃？"宋生从此痴迷，不省人事。家中器具，无故自碎；门撑棍棒，空中乱飞。举家大惧，延僧超度，终于无益。十日内宋生死；十日外其女死；金氏无恙。

此则传说，主题自然是宣扬因果报应之说，其中有道士作法牒、加用天师符、城隍神应诉诸细节，而这些细节在民间各类传说中的普化，使日渐衰微的道教得以在社会上尤其是民间下层群众中继续稳定地存留下来，以至逐渐流迁成为民俗民风，广为沉积。

张起隆天师及正一道等道派注重民间化发展，不断地推动道教的诸多教理教义向民间深层衍扩。在张起隆天师履职期间，就将许多具有普适化的道门经典向民间社会予以多渠道的传输。如，乾隆五十四年（1789），《太微仙君功过格》面向民间的集成；乾隆五十三年（1788），会稽元真子编成《书刊号真篇正义》；乾隆五十五年（1790），满文《太极经》得以完成；乾隆五十七年（1792），《功过格分类汇编》成书；道士王士瑞撰《义真集注》；嘉庆二年（1797），华阮

(1730—1797)则撰《道德经考导》等，这些都充分表明，推动道教诸教理教义向民间深层的衍扩，应该说是此期张天师及其他道门中人体道修行的一个主题。

生命本身促使人规定价值，价值一经确立，生命又会通过人去判断。而一个人有了风格与信仰，其生命就更能显示出活力，因此，高蹈于世的张天师，其生命的价值往往最能体现在他的风格和信仰之上。通观张起隆天师一生，可以以诗评之：

相貌魁岸智深沉，九龄大学美诗文；
四方名士乐与游，四库全书善馆任；
宜亭遗疏承祖爵，巡抚咨调去俗身；
缘识衰微宜时景，着意民间积厚蕴；
乾隆南巡接圣驾，御题刻图恩礼深；
“三教合一”化民俗，情在真道固正根。

第八章

第五十九代天师张钰评传

第五十九代天师张钰(1770—1821),字佩相,号琢亭,张起隆次子。“丰颐硕肤,善言辞,声若洪钟,识者重之。”他出自真情真性,因而“平生立心接物,真率无伪,重师濡,厚故旧”。在嗣位履职期间,他每遇旱涝灾害之时,都会为民祈祷,而“无不响应”。清嘉庆五年(1800)袭爵,得到嘉庆皇帝的认可,“诣阙谢恩,请谒欲陵,奉温旨褒允。”并前后数次为嘉庆皇帝召见于养心殿,均有所赏赐。清嘉庆十年(1805)入觐,“蒙赐玉如意一柄,荷包一封,金钱四圆。”清嘉庆十四年(1809),“晋京祝嘏,蒙赐庭宴”,并赏大缎宫锦等物。而清嘉庆二十三年(1818)又朝圣,“御舒福字赐之”,后无疾而化。清德宗光绪三十年(1905),“覃恩诰赠光禄大夫”。关于张钰天师,应将他置于清代中晚期江河日下的大背景之下,全面了解他的天师际遇,从而体察他作为一代张天师与朝廷及民间社会的相互关系,具体地分析他对于道教存续的历史功业。

一、盛世转衰　履道维艰

第五十九代天师张钰于清嘉庆五年(1800)袭爵,直至道光九年(1829)其子张培源继位,在位近三十年,所历正值清朝嘉庆、道光年间,这一时期,正是大清帝国由盛入衰,不断积弱的时期,也是中国封建社会的末端。从张钰天师所经历的嘉庆、道光两朝来看,清朝对道教总体上是愈加贬抑的。

事实上,清朝在乾隆统治中后期,国力走强,例如,从库存银两来看,就由顺治帝时的20余万两，增至乾隆三十九年（1774）的7390万两的历史最高水平。然而，随着商品经济的发展，国力的日益强盛，社会财富的增长，整个清朝统治集团和地主豪绅更加骄奢淫逸、贪婪残暴，官僚机构日趋腐朽、吏治败坏，土地兼并和掠夺日趋激烈，由此表明清朝必然会由鼎盛转向衰败，这已不是人力所能挽救的，历史事实也验证了这一点。

爱新觉罗·颙琰（1760—1820），清仁宗，是清朝第七位皇帝，清军入关以来第五位皇帝，年号“嘉庆”。在位25年。嘉庆二十五年（1820）七月二十五日崩于承德避暑山庄，终年59岁，葬于河北易县清西陵的昌陵，庙号仁宗。嘉庆四年（1799）正月，乾隆帝死后，开始亲政。面对乾隆末年危局，嘉庆帝提出“咸与维新”，诛杀权臣和珅，整饬内政，整肃纲纪，祛邪扶正，黜奢崇俭。下诏广求直言，褒奖乾隆朝以言获罪的官员。要求地方官员对民隐民情据实呈报，力戒欺隐、粉饰、怠惰之风。不过，他这些对内政的有限整顿，最终却未能从根本上扭转清朝的颓败。而他惩治和珅，也只是将其当作个案处理，未能进行制度性的改革，与康、乾二帝相比，应该说，嘉庆皇帝是颇为平庸的。他即位后，国内阶级矛盾尖锐，农民起义如火如荼。嘉庆十年（1805），他镇压了川、楚、陕农民起义，清统治力量也受到严重削弱。嘉庆十五年（1810），他镇压了爆发于东南海疆的蔡牵起义军。嘉庆十八年（1813），北方爆发天理教起义，部分天理教徒在太监接应下冲进皇宫，“酿成汉唐宋明未有之事”。天理教起义被镇压。嘉庆帝力主严禁鸦片，对英国侵略者在沿海的骚扰活动保持了高度警惕性。嘉庆二十一年（1816），他严正拒绝了英国提出的建立外交关系、开辟通商口岸、割让浙江沿海岛屿的要求。而闭关锁国的传统观念，也使他对外来事物盲目排斥。尽管他在内乱频仍、外患渐逼中，企图倾力稳固清王朝的统治，然而历史大势不可逆转，至嘉庆末年，清王朝的败落已完全突显出来。面对危局，例如，南方的白莲教、东南海上的骚动、京畿的天理教、钱粮的亏空、采矿的封禁、八旗的生计、河漕的难题、鸦片的流入等，嘉庆更多的是无可奈何。他曾在平定白莲教起义之后，作诗哀叹道：

内外诸臣尽紫袍，何人肯与朕分劳？
玉杯饮尽千家血，银烛烧残百姓膏。
天泪落时人泪落，歌声高处哭声高。
平时漫说君恩重，辜负君恩是尔曹！

嘉庆朝上承“励精图治、开拓疆宇、四征不庭、揆文奋武”的“康乾盛世”，下启鸦片战争、南京签约、联军入京、帝后出逃的“道咸衰世”。在这个矛盾不断激化的过程中，嘉庆皇帝实质上扮演了大清帝国由极盛而转为衰败的历史角色。他也是一位倒霉的皇帝，生前遇刺遭险，而死因最为离奇，野史传说他是遭雷击而亡，且说法不一，有人评说，由天神击毙的皇帝绝无仅有，唯嘉庆皇帝一人而已。

嘉庆皇帝对道教不仅沿袭了乾隆皇帝的贬抑态度，而且更为有甚。在财力上极少有对张天师等道门中人的支持，就是张天师的正三品，也是空衔，不占朝中食禄。至于像康熙、雍正皇帝那样斥银支持龙虎山整修宫观之类的事，更是绝无可能。开始时还召张钰天师入觐，并有一些玉如意、荷包、大缎宫锦之类的小恩小赐，或以字相赐，嘉庆十年(1805)，清仁宗还加封吕洞宾为“变元赞运孚佑帝君”，这一年中，纪昀还著《四库全书总目·子部·道家类》，但随着清朝的江河日下，各类社会矛盾的激化，加之道教等各宗教派别又多向民间底层退隐，与白莲教、天地会、天理教、闻香教、清茶门、红阳教等势力暗中合流，形成了一股股反对清政府的力量，因而嘉庆朝上层统治者对之甚为头痛。以至嘉庆二十二年(1817)，嘉庆朝明确规定，严禁民间信仰邪教。嘉庆二十四年(1819)，还特地提出，禁止正一嗣教真人的朝觐、筵宴，可见在他统治后期对张天师及其正一道的厌烦心理与严厉态度。

嘉庆皇帝对张钰天师也不是绝无经济支持，例如，嘉庆六年(1801)还将内库分赠过灾民和僧、道，不过，这种打发逃难者、乞丐一样的给予，实际上缺乏一种必要的尊重。尤其值得一提的是，嘉庆十九年，第五十九代天师张钰以龙虎山宫观祠宇倾坏，恳请皇上赏赐银两修整，嘉庆皇帝当时答应 2 万两银子，却只借钱不赐赏，而且，要求张钰天师每年必须还 1000 两，20 年内还清。而后来这笔账直到光绪十六年，拖欠了 76 年之后，才在第六十一代天师张仁晸那里得以还清。

张钰天师嗣位履职还经历了道光朝九年的时间。清宣宗道光(1782—1850)名爱新觉罗·绵宁，后改为爱新觉罗·旻宁，嘉庆二十五年(1820)嘉庆皇帝于 7 月 25 日病死后，他于同日继位，在位 30 年病死，终年 69 岁，葬于慕陵(今河北省易县西)。道光皇帝是清廷入关后的第六个皇帝，年少时即引人注目，深受祖父乾隆的嘉许，称他是：“不坠满洲家风”，成年后，也就是嘉庆十八年(1815)，李文成、林清领导的天理教大起义，林清率一部人马进攻紫禁城，史称“禁门之变”。当时，负责守护内廷的御前大臣和领侍卫内大臣庄亲王绵课、成亲王永瑆等人都早已吓傻了，宫内乱作一团，独有身为皇子的道光还算镇静，开枪击毙一人，伤一人，义军这才被后续赶来的清军杀散，嘉庆从热河赶回来，先下罪己诏，后封他为和硕智亲王，赏食亲王双俸。嘉庆皇帝死前，他即被正式确立为皇太子，奉遗诏即位。道光皇帝处于历史转折的关键时刻，他虽然是一位勤政节俭的皇帝，但“守其常而不知其变”，鲜有作为，这个清朝皇帝，其王朝平庸，成为中国历史的“分水岭”，他也是中国近代鸦片战争耻辱历史的直接当事人。本来，在鸦片战争前二十年间，他还力图继承嘉庆皇帝遗志，戡定西陲，严禁鸦片，以重现盛世的辉煌。然而清朝积弊难返，他的治国之举可以说是收效甚微。他本人又性格疑虑犹豫，鸦片战争中，他在主战与主和间反复摇摆，用人时任贤与任奸功罪倒置，以致鸦片战争失败，割地赔款，丧权辱国，最终使中国一步步沦为半封建半殖民地社会。据《清宫补闻》中记载，他在签署《南京条约》的前晚，彻夜不眠，绕殿逡巡，拍案叹息，甚至连连流泪，说是对不起祖宗，希望其继任能为他雪耻，不过，后来其子咸丰皇帝不仅未为他雪耻，就连北京城也都给丢掉了。

张钰天师履职正处于道光皇帝执政前期，清宣宗对道教采取了更为严厉的限制方针。他明令张天师不准来京，取消天师正一真人之号；不准在各省考选道士，也不准道门容留士民投充、挂名，不准天师使用空白札付，一经查出，必从重治罪；遇有道人坐门募化，一概驱逐，如发现他们有讹索搅扰的行为，一经拿获，即从严究办，等等。至此，以张天师为代表的道教上层集团与清廷几乎再也无法保持过去那种常态的联系了，可见张钰天师当时嗣位履职的艰难。不过，在此期间，道教进一步加快了向民间社会发展演进的步伐。尤其是在文化方面，更是全面向民间融入。如，道光元年（1821）俞越（1821—1907）著《太上感应篇续议》《老子评议》《庄子评议》《列子评议》等。道士刘一明（1734—1821），自号“栖云山朴素道人”，著有《悟真直指》《参同直指》《修真辩难》《金丹四百字解》等书，后辑成《道书十二种》。另外，尽管朝廷不支持道教兴修宫观，但在民间社会，各个地方的道士、名流却都为道教宫观的兴修作出了努力。如，道光六年（1826），道士李明彻在今广东广州珠江南岸凤凰村募建了纯阳观。实际上，在一般社会下层人士中，张天师仍然被根深蒂固地认作驱除妖魔、神通广大的信仰符号，道教本身在民间社会的市场愈加广大。

二、趋近民生　移风易俗

第五十九代天师张钰履职期间，由于清廷对道教的抑制愈来愈严，至道光元年(1821)，清王朝敕令张钰天师停止朝觐，不准来京，道教被排斥出宫廷政治舞台。而与张天师等道教上层集团和清朝关系日益断裂的情况相反，道教整体向民间深层沉积的趋势则日益增强。由此，道教开始全面转向民间，迈上了民间化、生活化、世俗化的道路。张天师作为道教传统的标志性信仰符号、精神旗帜，在道教民间化、生活化、世俗化的过程中，具有其独特的优势，发挥了其对于信众的引领作用。

一方面，张天师等道教上层精英引领道教，加强了自身与民众生活的联系。张钰天师嗣位履职期间，道士已遍于各地民间，清朝的统治愈腐朽，对道教愈贬抑，民间社会信道者愈众，这种逆反在很大程度上显示出的是一种民间社会对于统治者统治的抗拒心理和精神平衡，而这种抗拒心理和精神平衡，最终又落实到整个民间社会的生活层面。这样，道教自身与民众生活的联系也就在张钰天师嗣位履职时期得到极大的加强。此期，不出家的道士逐渐增加，被称之为“俗家道士”，他们平时操持家务，与常人无异，只在特定的时期和传统节日吃素，有一些禁忌，如忌蛇肉、龟肉、狗肉之类。道士在民众生活中扮演民俗文化与道教文化传播的天然角色，他们将各式各样的道门仪式和活动沉积于民间。如，海南各地民俗中的道教法事甚多，有施孤，就是集众打醮，祭祀孤魂；做平安，也就是求平安；割红，也就是还愿、报恩；祭星解限，也就是求寿延年；做七，即超度亡魂等。法事大大小小，大的如“做平安”，小的如“割红”等。而做平安为比较大的区域性法事，一般三至五天，参加人数众多，除道士外，还有神汉配合抬神游村，“赶鬼驱邪”，据称此为保护众家平安之举，道头(师父)手执法器，口念经文，身着法衣，手舞足蹈之间，间有吆喝之声。道士的唱腔借鉴各类民谣、曲艺、韵律，由师父做唱，弟子敲锣击鼓打边腔助之，并使用各种法器，如法剑、法鞭、飞壳、惊木等，配以各种乐器如锣、鼓、号角、唢呐、胡琴等；道教还传入黎族等一些少数民族地区，促使这些地方的民俗发生诸多变化，如，一些地区移风易俗，摒弃“黎人葬祖”的原始丧俗，出现了葬着龙脉、风水造墓、木棺入殓、做七做八、立碑，以及清明、端阳、鬼节祭祀祖先、扫墓等类似汉族丧葬仪式。黎族还有祖先鬼屋，其中供有祖先神像，设有神坛、祭坛、香炉，用香、烛、纸钱、元宝、饭、米、酒、牲等祭祀。由于朝廷停止道士职牒，道士也不得不自谋生路，融入民间社会的经济生活之中。一般道士大都依靠宫观内“香火”、庙产、布施以及为亡人超度做道场为主要生活来源，也有少数道士以行医卖药、卜卦星相为生活来源，这样，道教的民间化、生活化、世俗化的另一个结果是，一些道士脱离了正统意义上的道教教义教规，有时甚至很容易成为某些俗陋之人借以生财的产业，由此也就造成一定程度上的社会负面影响。

另一方面，在张天师等道教上层精英引领下，道教也加大了向边远、少数民族的蔓延与衍扩。由于边远区域，清朝统治者力量薄弱，这使得道教等宗教在这些地方具有较大的生存和发展空间，因此，受到清朝统治者贬抑的道教，在张天师等道教上层的引领下，很自然地就会注重促进道教向边远、少数民族的衍扩。例如，张钰天师履职时期，道教在海南的发展就特别突出，尤以正一道中的先天道为甚，以致后来道教在海南岛得到了超常的发展。据陈铭编纂的《海南岛志》(1920 年)载：“几于无地无之。羽流不栖道观，散处农村间。操家常职业，与常人无异。每一地方皆有一二先辈道士，称为师傅。凡学道者，须在道场跟随学习。师傅认为已成业，则为之起道名，给道印，授予道职，然后可出而应世人之请求而营其道业。地方人亦遂信仰之。凡道士有职者，其服装皆有一定，袍红而长，博其袖，帽黑顶尖，向前后斜。一般人民崇信甚笃，斋醮祈福，什八九延道士为之。”又据海南各市县新编地方志载，琼山县在全县范围内设 11 个分道堂，分别在府城福地后街九号、北官市二号、北官市刘宅、尚书直街一号、宗伯里王宅、绣衣坊骆宅、甲子白草坡“绿圣堂”、大坡中税圩“镇元堂”、罗以园村“符圣堂”、美茶村“义元堂”、头坡村“镇元堂”等。海口市信徒众多，神庙不少，尤以土地神居多，有住庙道士，也有居家世俗道士。比较著名的有“文明宫”，其中有常年驻宫道姑；建立聚善堂，信奉“正一道”，也有常年驻堂道士；据陈植《海南岛新志》(1949 年版)：“道教之于本岛，相当普及，大多数寺庙均属之，侍奉寺庙者，谓之道士，惟仍可返家生活，与常人无异。本岛人均信仰之。全岛道教徒计三十万人。”道教徒几乎占总人口的百分之十四。近代海南道徒之众，道教之盛，显而见之。毗耶神庙左右有浙江钱塘潘士贤于嘉庆十七年(1812)三月石刻“宰我邦者为好官，是海是山同福泽，谓彼政者能廉吏，一草一木尽甘棠”的对联。近代道教也扩展到海南苗族中，他们敬奉盘古为始祖，祖先崇拜、自然崇拜在民众中占有重要地位，崇尚海龙公、山神、灶王公、土地公等，例如，他们即使在砍山、狩猎等日常活动前，也都要祭拜山神。这些崇拜中，都有道教较深影响的痕迹。近代海南黎族地区，特别是黎汉杂居地区，道教、佛教和基督教混杂，尤以道教影响为最大。而且由于道教的某些教义与黎族祖先崇拜、万物有灵的多神崇拜比较相近，很容易为黎族民众所接受，因此，在黎族民众之中，信奉道教者居多。这里的信道者大多相信，符箓、禁咒、科仪、斋醮等，都可以役使鬼神，消灾求福，使用道教符咒，可以对付疾病、鬼魔，而"道公"专门从事道教活动，传入黎族地区之后，逐渐取代黎族巫师"娘母"。道教在这个区域，也因地制宜，开启了其造神模式，形成了"三圣娘娘""上界夫人""下界夫人""大元佛鬼""华光公"等道教神祇，在黎族的乡间，还建立有"土地公庙""祖先鬼屋(祠堂)""峒主公庙"等。可以说，此期正一道及诸道教派别在少数民族区域的造神热潮，及其整个道教向这些区域的有效推进，大大地拓展了道教在民间社会生存与发展的空间。

三、仙道叙事　普化信众

一种宗教要在民间深层扎根，一个关键之处就是它必须有能够广泛地影响民众的足够丰富的民间叙事内容和有效的民间叙事方式。张钰天师嗣位履职期间，道教对其信仰的民间叙事效应予以了强化。此期的道教在这方面的作为是比较明显的，通过民谣、道场、文学、曲艺、善书等多种渠道，道教尤其是张天师的诸多民间仙话叙事的内容被传递到广大民间信众之中，由此产生了强大的社会崇奉效应。

例如，此期道教民间叙事元素向黄梅戏曲的渗透就是生动的例证。黄梅戏的起源最早可追溯到唐代。据史料记载，早于唐代时期，黄梅采茶歌就很盛行，经宋代民歌的发展、元代杂剧的影响，逐渐形成民间戏曲雏形。至明清，黄梅戏风渐盛。而在嘉庆、道光年间，道教在民间化、生活化、世俗化的过程中，其中的文化元素在黄梅戏曲里更有着多层的渗透。具体追溯、清理黄梅戏与道教文化关系的主体线索、基本头绪、历史细节、幽曲情结，考据黄梅戏各种剧目生成的道教文化艺术母体元素，即可发现，道教文化信息、思想观念、象征符号等对黄梅戏的影响是十分深刻的，如，贵生、达生、乐生，追求生命和谐与超越之类道教主题元素在黄梅戏艺术中的彰显；黄梅戏中彩腔、仙腔、阴司腔"三腔"的由来、演化、特点、功效；"道情"("道腔"或"仙腔")的历史嬗变(特别是道情、渔鼓、竹琴、嘭嘭鼓的衍化)；这些元素所构成的黄梅戏艺术与道教音乐关系的奇异脐带；黄梅戏艺术中民风民俗的诸神崇拜所呈现出的道教文化深根；道教与黄梅戏关系形成的民俗胚胎和信仰基础等。各类道教象征符号在黄梅戏中都有其存在形态及其功能作用，这可以更为清晰地印证此期道教文化对于黄梅戏的多重影响。尤其是从《红楼梦》《天仙配》《西厢记》《戏牡丹》《桃花扇》《孔雀东南飞》《白蛇传》《槐荫记》《夫妻观灯》《推车赶会》《打猪草》《柜中缘》《雷雨》《王婆骂鸡》《女驸马》《孟丽君》《罗帕记》《赵桂英》《慈母泪》《三搜国丈府》《牛郎织女》《失刑斩》《春暖花开》《小店春早》《蓓蕾初开》《柳树井》《蓝桥会》《路遇》《王小六打豆腐》《小辞店》《玉堂春》等剧目中，可以寻觅到各种道教文化象征符号，而道教存思（包括守一、内视、存神、祝由等），服食（饮食、药物、辟谷），行气（包括胎息、气功）等道教医学与养生符号；符箓、咒语、占卜、禹步、法器道具、灵棋课法、奇门遁甲、阴阳五行、太乙、六壬术之类道教术数符号；斋醮、科仪之类道教礼仪符号；诗歌、文学、青词、女书、舞蹈、绘画、雕塑、明堂、建筑、图像、善书、节庆、章表符印、天文历法、地理物学、风水环境之类道教文化符号等，在黄梅戏曲及其演艺过程中也均有映现。在黄梅戏诸多传统剧本中，也都可以发现其对于各类道教仙话题材予以意义表达的蛛丝马迹，了解到其极其深厚的道教文化底蕴、参悟生死的道教摄生模式、人神之间的对应位格衍化关系等。考察此期黄梅戏剧目《杨贵妃》中的“尸解”、《白蛇传》中的“道士赠符”、《戏牡丹》中的“吕洞宾乱点怪药”诸如此类细节中的词牌、唱词、仙腔、剧情等，可以感受到这些黄梅戏的传统剧目对于道教文化元素的化合妙通，对于人物悲情所采取的仙话式、理想化的受众心理调适。这些都大大地促进了道教民间叙事的社会效应，强化了道教文化在民间信众之中的心理认同。

又如，此期道教张天师仙话叙事在民间文学中的显现。张钰天师履职期间，道门惯于借助一些士人的通俗化文学作品，将张天师的仙话叙事传递于民间社会。如福州人梁章钜（1775—1849），字茝中、闳林，号茝邻，晚年自号退庵。他生长在明清以来的“书香世业”之家，据说“幼而颖悟”，四岁从母开蒙读书，九岁能诗，博览群书，并立志著作，20 岁中举人，28 岁成进士。嘉庆十年（1805）开始任礼部主事，嘉庆二十一年（1816）考选军机京章。道光元年（1821）升为礼部员外郎，任大清通礼馆、内廷方略馆编修，又历任多个官职，一度兼署两江总督，后以疾告归。梁章钜曾于嘉庆年间在京加入宣南诗社。晚年从事诗文著作。其生平著作有《退庵随笔》《浪迹丛谈》等七十余种面世。而其《浪迹丛谈》即有《龙神》一则宣扬有关张天师的仙话：

平生仕宦行役，往往触暑长征，回首犹有余畏。偶阅《柳南随笔》，中载有龙君赠白云事，神为之往；后复阅《铁槎山房见闻录》，载有龙君送乌云事，常谓此等良缘，往往有之，惜吾生无此奇遇耳。因汇录于此，以志景慕之忱云。《柳南随笔》称江西贵溪令某，有循声，与龙虎山张真人往来甚熟。一日真人留饭，有一侍者，貌甚怪丑，腥气迫人，某屡目之。真人曰："此龙神也，因获罪天曹，谪贬山中服役。今将届满，特无人为之申说耳。君居官清正，为天曹所重，若肯代渠一清，必可复登忉利天也。"某曰："余凡夫，何能为力？"真人曰："公但首肯，我当代为章奏，公于名下用花押即得矣。"某漫应之。逾数日，再至山中，则前侍者已来叩谢。真人曰："荷公大力，已准还龙宫矣。"复顾侍者曰："先生之恩，岂可无物以报？"侍者曰："自获咎破家后，龙藏已空无所有，无已，则当赠白云一朵耳。"某亦不知白云为何语，姑颔之。后某以行取入都，盛夏北行，途中，日有白云一片，护荫其舆，毫无暑气。至京乃散，乃悟即龙神所赠也，此康熙年间事。又《铁槎山房见闻录》称文登从少保兰以工部尚书为三边总制，衩通籍时，亦曾为贵溪令，尝于张真人处遇同乡李龙神，曾求公向真人缓颊，欲回家视母，公为代请，真人曰："此非不可，但宜遵海滨而行，免伤禾稼耳。"忽霹雳一声，龙神已不见矣。后公每暑日徒行，顶上必有乌云一块相覆，即龙神之报也，此前明嘉靖年间事。

梁章钜为张钰天师嗣位履职期间的学人，他此则关于天师、龙神与有缘者的仙话叙事，有名有姓地构造了一些生动的叙事情节，在似真似幻之间，却把张天师那种道法权威的信息，不经意地传递给了民间社会，同时，也使知恩图报的伦理规范、"免伤禾稼"之类的从善品德在民间得以高扬，在一定程度上纯化了民俗民风。还如，袁牧《子不语》中也有一则民间叙事《白石精》与张天师相关：

天长林司坊名师者，家设乩坛，有怪物占为坛主，自名"白石真人"，人问休咎颇验。常教林君修仙，须面上开一眼，便可见上帝宫室、云中神仙。林从此痴迷，时以小刀向鼻间刻划。人夺其刀，便怒骂。

忽一日，乩盘书云："我土地神也。现在缠汝者是西山白石之精，神通绝大，我受其驱使。渠不能作字，凡乩上，皆强我代书。今日渠往西天参佛，故我特来通知，速拆乩盘，具呈于本县城隍，庶免此难。但切不可告知此怪，是土地神来泄漏也。"适蒋太史苕生自金陵来，知其故，立毁其盘，并以三十金买天师符一张，悬林室中，怪果不至。

后十年，林君亡矣，符尚挂中堂，有线香倒下，烧其符上朱砂，字画尽，而衬纸不坏。其时蒋在京师，未得林讣，适天师来朝，告蒋曰："贵亲家林君死矣。"问："何以知之？"曰："某月日，我所遣符上神将已来归位故也。"后得知林家烧符之信，方觉骇然。

当扶乩时，蒋在座，则盘中不动。蒋去后，人问乩，书云："此老有文光射人，我不喜见之。"据土地云："白石精在林家作祟者，要摄取林之魂，供其役使故耳。"

在此期间，诸多与张天师相关的这样一些仙话叙事，通过文学艺术、戏曲音乐、以及功过格之类善书等多种形式，在民间广泛传播，不仅强化了张天师符箓道法在民间社会深层的权威，也使整个道教在民间社会得以普遍地延展与衍扩，从而加大了道教作为"中国文化的根柢"的分量。

自在总趋向于通过自为而出神。人的生命最原始的显现，就在于超越自身并跨过其他的东西，因之形成或精彩或灰暗，或高尚或卑微的形形色色的个体，充斥于烦琐的现象世界。而张钰天师最难能可贵的，也就是他能够在生存信念之下，作坦然而又优雅的自我跨越。通观他一生及其履职的功业，可以以诗评之：

丰颐硕肤声如钟，善言能辞人自重。
立心接物知造化，真率无伪识稀声。
敬重师濡尊三教，厚爱故旧见道情。
难得入觐养心殿，只得御书示皇恩。
消灾解难履道艰，为民祈祷济苍生。
天朝穷途从此断，自将真道化民间。

第九章

第六十代天师张培源评传

第六十代天师张培源(1813—1859),字育成,号养泉。清道光九年己丑(1829)袭爵。“颖异澹朴,笃于孝友。因生母累年抱恙,嘱勿远离,拟请谒阙谢恩未果。”“生平乐善好施,舍己济人”,“行藏似鹤,当时以白鹤仙师称之”。“凡朱福法,悉能一气挥成”,“极研究大梵斗母玄科,尤能阐演入妙”。咸丰九年(1859),他督办团练,而就是这一年十月八日,即无疾长逝。“光绪三十年,覃恩诰赠光禄大夫,在位三十年。”张培源天师嗣位履职,主要是在道光与咸丰年间。此期发生了中英鸦片战争,清朝惨败,割地求和,国门大开,大清王朝腐朽没落至极,近代中国进入到半封建半殖民地社会,农民起义风起云涌,尤其是太平天国农民起义,给清王朝以沉重的打击,使之气数殆尽。在这种历史境遇之中,包括张天师及其正一道在内的整个道教,裹挟在封建王朝、农民起义势力、西方侵略者、基督教等外来宗教以及底层民间宗教等诸多力量相互冲突的漩涡之中,生存与伸展的空间更为窄小,而其教理教义、体道与生存模式、政治经济文化地位、主体价值观念等,也都必然要受到来自多方面因素的影响。因此,考察第六十代天师张培源嗣位履职时期来自不同方面的因素对于道教生存发展的影响,探究此期张培源天师及其正一道以至整个道教的体道活动,评述张培源天师在道教史上的作为,对于了解近代中国传统文化的生存与演进样态,还原其历史面貌,自然是意义非凡的。

一、道隐危境　衍扩民间

第六十代天师张培源履职，在清道光皇帝与咸丰帝之间。此期，穷途末路的清朝统治者道光皇帝，对当时诸多民间宗教活动及其暗流，又怕又恨，甚至在道光十二年（1832），还恼怒地宣布，白阳教、白莲教、八卦教、红阳教首领遇赦不赦免，从者亦不减刑。道光十六年（1836），他又镇压了湖南武冈瑶族生员蓝正樽创设的龙华会。而民间群众借助各种宗教秘密团社，反对统治、压迫与西方列强侵略的活动不仅没有因此而中止，反而更加风起云涌。鸦片战争之后，道光二十三年（1843），洪秀全创立拜上帝会，道光二十五年（1845），青莲教活动盛行，而至道光三十年（1850），一场彻底摧毁大清根基的轰轰烈烈的太平天国农民革命运动便开始了。而这一切到了清朝咸丰皇帝那里，情势更为恶化。咸丰名爱新觉罗·奕詝，20 岁登基，在位 11 年，31 岁即病死，他实际上是清朝秘密立储继承皇位的最后一位皇帝，被后人称为无远见、无胆识、无才能、无作为的“四无”皇帝。登基即面临太平天国农民起义，其后又有英法联军攻打北京，火烧圆明园。这个皇帝遇事优柔寡断、束手无策，沉迷于酒色，宠爱叶赫那拉，即后来的慈禧太后，荒废朝政，误国殃民，以致造成千古遗憾。在他统治期间，来自民间的反抗愈益激烈。咸丰五年（1856），云南回民起义；咸丰六年（1857），天地会、三合会、红会、江湖会相继起事，而这其中，道教以其在民间人群中的深层影响而被起事者借用是一个比较突出的现象。

由于道教上层集团与清王朝关系逐渐隔断，因而到了清道光、咸丰年间，道教扩展的重心已完全转向民间下层群众，尤其是与民间各类宗教社团相互结合，共存共长，关系极为紧密。在此期间，一方面，道门中人加大了经典文献创制的力度，同时，也注重通过通俗形式向民间社会传输教理教义。例如，道光十三年（1833），《万寿仙书》完成；王冈运著《庄子王氏注》；江西陈吉庆刊《九皇新经》；道光十四年（1834），黄有梗著《破邪详解》；闵小良著《石书隐楼藏书》《道藏续编》第一集三十二卷；吴妆伦著《老子点劝》《庄子点劝》；道光二十二年（1842），王先谦著《庄子集解》；道光二十三年（1843），严可均著《老子考异》一卷；道光二十五年（1845），《白云观重修道藏记》、《道茂目录详注》四卷刊行，重修《道藏》；道光三十年（1850），道人傅金铨著《道海律梁》。咸丰五年（1855），马其永著《老子故》《庄子故》；咸丰七年（1857），魏源撰《老子本义》；

咸丰八年(1858),《风功圆说》成书,易顺鼎著《读老礼记》;咸丰十年(1860),陶鸿庆著《读老子礼记》《读庄子礼心》,道士李涵虚著《三丰全集》等,而此期,以各类功过格为典型的诸多道教善书,开始被大量创制出来,涌入民间,这就使得道教得以更为深刻地影响民间社会;另一方面,道教与民间宗教社团的联系更为紧密。有清一代,各类教派和会社竟达到数百种之多,而这些教派和会社都或多或少受到道教的影响,其中绝大多数不为统治者所承认,被视作危险的异己力量。有的教派虽获得过官方的承认,但其后因不合统治者的需要而被抛弃。其中像黄崖教、圆顿教、黄天教、混元教、三一教、一炷香教、红阳教、八卦教、金丹教等,受道教影响尤深。清末出现的义和团运动,也与道教不无关系。所以,有人甚至称,民间宗教最初基本上就是由道教衍化而来的。

咸丰皇帝像

以黄崖教为例,该教虽以民间儒家学派为基础创立起来,但受道教的影响极深。它是咸丰年间太谷学派第二代传人张积中在黄崖山逐步创立形成的一个集耕读、商贸、自卫于一体的宗教社团。黄崖教注重借用和吸收道教的生命思想,阐释、发露与彰显道教的重要摄生理念,提升和再塑道教内在的生命精神,其教首张积中本人在《大道赋》开篇即追溯“道”的源流:“黄帝云:道无鬼神,独往独来。老氏云:非其鬼,不神其神,亦不伤人。”他赞扬道教所崇尚的运行于宇宙的神奇“天道”:“夫何天道之浩浩兮,根北极而为宗区。寒暑于南北兮,走乌兔于西东。命于穆而不已,运反复而靡穷。准五德以转极兮,二十八宿专一气以阖辟兮,三十六宫翳何地。德之渊渊,潜坤灵于杳杳。镇五狱而不动,虚三山而可到。尸居而龙德将兴,渊默而雷声已兆。”①由此对大“道”在天地间

① 方宝川编:《太谷学派遗书》,第1辑,第2册,江苏广陵古籍刻印社,2002年,第211页。

的正位运行作了恢宏的描述，使人不得不惊诧于“道”所具有的无限神奇的力量和令人心灵震撼的崇高之美。张积中曾作《烹云子诗序（附）》，其中有一段话记载了他与道门中人烹云子的交往：

烹云子，蜀之羽士也，姓魏，年八十余而有婴儿之色，登履如飞，盖学黄老而得其要者。性爱诗，与予遇诸邗，游数日，佩予学，以为天下未之见，出诗促予评，且索序一篇，予亦感其有裨于我也，乃订交焉。①

从中可知，当时有烹云子这么一个年过八十的得道高士，钦佩张积中的学识道问，以为其学是“天下未之见”，极力想与他交往，于是他遂与其订交，这一交往显然而见，应属忘年之交，因为张积中直至“黄崖教案”发难而死时，也不过五十余岁而已。这一方面说明，张积中对自己的才学自负甚高，另一方面则显示，在当时的境遇下，道教与黄崖教等民间宗教社团，是有着深层的人际与思想文化关系的。正是因为道隐民间，道教文化就能够滋养如黄崖教之类民间宗教社团的根系，使之得以形成反抗腐朽王朝的强大力量。

二、乱兵之中　神印显灵

张培源天师履职期间，道教作为中国传统文化极具活力的重要组成部分，也与鸦片战争之后强势挤入的西方文化尤其是基督教产生了激烈的碰撞，以至形成极为复杂的交织关系：既相互争夺生存的空间，又有教理教义间相互的借用与吸收。以基督教为例，由于道教等土生土长的传统宗教在民间根深蒂固的存在、中西方话语系统及其语境的差异、民族心理情结的本能反应等，因而纯粹的基督教教义教理一直难以融入中国民间社会的深层，而基督教作为一种宗教文化，很长时间也只能是浮荡于一些较大的口岸城市，无以整体沉积于极为广阔的乡村。不过，通过一些民间社会的宗教活动，基督教的某些术语、仪式、符号等，还是与儒、释、道的中国传统宗教文化元素融合，以变异的方式沉积到了中国民间社会深层之中。

太平天国领袖洪秀全创立的拜上帝会，应该说是一种对基督教典型的“借

① 方宝川编：《太谷学派遗书》第2辑，第1册，江苏广陵古籍刻印社，2002年，第53页。

用”。他曾专门到广州学习基督教教义，却因为“信仰不纯”而未能受洗。之后，他吸纳基督教的某些元素，渗以中国传统文化中“附身”“托梦”之类神秘符号、术语，创立了在许多方面与基督教大相径庭的拜上帝会。他自称为上帝次子，称耶稣为天兄，并将拜上帝会作为聚拢农民起义队伍的手段，目的就是通过拜上帝会，组织发动反清武装起义，建立太平天国。尽管太平军对道教所取的是一种扫荡、消灭的态度，但其拜上帝会这一对基督教改造之后创立起来的宗教社会组织形式，是将基督教的某些元素与道教等中国传统宗教元素加以糅杂的产物，它在洪秀全、冯云山、杨秀清等人接受并宣传基督教通俗读本《劝世良言》《新遗诏书》《旧遗诏书》（十九世纪《圣经》的中文译本）的基础上形成的。在布道书《劝世良言》的启示下，洪秀全所著《原道醒世训》《原道觉世训》《天条书》等，成为拜上帝教的教条。实际上，拜上帝教在表层上借用基督教形式，而其信仰的内容仍以道、释、儒的思想、观念为主体，信仰的内核实质上却是道教。

太平天国通过拜上帝教走上反对封建清王朝的叛逆之路，其宗教自诞生之日起，就陷入一个矛盾的境地：一方面，拜上帝教从宗教神话、礼仪到宗教伦理、观念，都具有儒、佛、道的明显痕迹，其礼仪活动多以民间所熟悉的传统佛、道的形式面貌出现，其伦理观念主要沿用孔儒哲学；另一方面，拜上帝教又坚决、无情地向佛、道偶像开火，捣毁其庙宇寺观，反对神化孔子，挑战孔圣权威。总体上来说，太平天国运动既促进了这些相关的宗教信仰元素进一步向民间社会沉积，为反抗腐朽的反动统治积聚巨大的力量，又使中国传统文化经历了一场浩大的劫难。

不过，一个奇怪的现象是，太平天国对于宗教的态度是不杀回教徒，也不毁清真寺和儒家的孔庙，却把打击的主要对象集中到佛道偶像并捣毁其庙宇寺观上。张培源天师履职期间，洪秀全所率领的太平军横扫江南十余个省，对江南一带的僧道予以清扫，太平军大军所过之处，寺观被捣毁，经籍被焚烧，僧道被驱赶，据说南京一地的僧道被杀了个精光，佛教江南临济宗四大名刹尽数被毁，而太平军和清军后来在贵溪的一场大战，也把天师府的祖传家业，完全打成了一片废墟。

龙虎山东连江浙、南控瓯闽，地处“界连六省、米粮广有”的江西省鹰潭市（清代属广信府贵溪县）境内，历来都是兵家必争之地，古今很多战事都与之发生交集。而对龙虎山道教产生巨大影响的，即是咸丰时期战乱波及十六省的太平天国运动。此次战乱，始自咸丰六年(1856)，《清史稿》《广信府志》《贵溪县志》等资料均有记载。江西正好处在清兵与太平军双方交战的要地，清兵和太平军之间在此进行过大规模作战。太平军由金溪进军渐浦(属龙虎山上清镇)，被湘军名将李元度击退，没有能够攻入上清镇。咸丰七年(1857)正月，来自临川的太平军又与李元度激战，不断进攻上清、邓埠、鹰潭等地，二月初七，当时太平军的悍将翼王石达开，亲自率领大军从铅山挥师贵溪，进出自如于上清镇，知县扎拉丰阿和李元度派清河营联络乡团，防守南路，屡战于上清。而至九月，石达开一部，会同杨义清、杨辅清等率大军进攻上清，双方使用了大量火器，最终清军大败，残兵逃入贵溪县城。咸丰八年(1858)正月，翼王石达开拟全力进攻浙江，故令临川、进贤、东乡等地的太平军向东挺进，经余江，过鹰潭至贵溪南乡一带，络绎不绝，历一月有余。当时清军清河营扼守于上清，企图予以堵击。太平军则绕道上清，出其不意地奇袭了耳口寨乡团练，相持数日。不久，翼王石达开大军开到，团丁溃败。咸丰十一年(1861)五月，太平军将领童大罗攻克上清，到同治三年(1864)五月，太平军即占领上清。

此次战乱，从咸丰六年(1856)至同治三年(1864)，历经八年时间，进行过大小战事十余次，战斗频繁惨烈，甚至翼王石达开、忠王李秀成两位太平军重要将领，都亲自到过龙虎山指挥作战。而此间龙虎山道教为兵火损毁的惨重遭遇，也就可想而知了。曾国藩曾在知府王人树陪同下，考察过被太平军予以破坏的上清宫，在《曾国藩日记》中，他不禁发出“皆为贼所毁，神像狼藉”的感叹，“法疏密卷，简断篇残”，天师府大量文物、神像、档案资料、符图龙章、道教经书及名人字画亦被毁坏或流失，历代帝王所赐的赞词、授诰、敕书、封册等均化为灰烬，府第房屋更是大部分被烧毁，而张培源天师也在此期间不幸病故。如此惨重的损失，使得本来就已经逐渐衰微的龙虎山道教，更是陷入一蹶不振的境地。

根据第六十二代天师张元旭所撰《补天师世家》之《六十代天师张培源传》所记载：“咸丰八年(1858)，乱兵侵境，避往应天山，偕一丁负印，行至拢岸地方遇寇，丁不及匿，弃印道旁，兵骑蜂拥蚁接，印仍故所，视如不见，践之不觉，贼去，叱丁携归。”在乱兵之际，张培源天师及其乡兵不得已，只好到一个叫“应天山”的地方躲避兵灾。由一个乡丁携带祖传的天师玉印，快行至小河靠岸的地方时，碰到了兵强马壮的太平军，乡丁躲藏不及，慌乱之间，将这颗造型古朴、晶莹剔透的玉印弃于路旁。但不可思议的是，此时，“兵骑蜂拥蚁接，印仍故所，视如不见，践之不觉。”事后，玉印竟丝毫无损。对这件奇怪的事情，人们众说纷纭，一些道门中人以为，怕是这太上老君传给张道陵的神印显灵了，其似乎在冥冥之中昭示：道教虽屡遭厄运，却仍可道脉婉曲，安然地存活下来！因之不得不说此实为人类文化的福音。

经上述兵火劫难，张培源天师意识到，身处乱世，不能独善其身，遂于咸丰九年(1859)，效法其祖先“募义保障”“募乡勇御之”的义举，于不惑之年，在其子张仁晸的协助下督办团练，以求自保。张培源天师督办团练，可能有较好的效果，因为《补天师世家》《留侯天师世家宗谱》曾提到有“防剿多捷”之语。自此后，张天师族人中，多有为清廷受功者。例如，清政府表彰张培源胞弟张培沐“上阵杀敌，受伤身故”之德，于咸丰九年(1859)八月，由江西巡抚耆龄上奏朝廷“着以外委例议恤，奉例以胞侄政双祧为嗣。封通议大夫。仍以仁晸次子元昶为嗣孙，世袭云骑尉”。《宗谱》里有张元昶简传印证此说法，并称“柏森，禹甸公嗣孙，炳祥次子……于光绪二年(1876)五月初一日奉旨承袭云骑尉世职，诰授武德骑尉，旋入邑庠生(即秀才)”。而咸丰、同治期间，天师世系中，尚有多人由军功荫封而取得五品顶戴的。如，署理真人张昭麟的三子、张士隆之后张炳基即为“国学生，蒙鲍爵帅奖给五品顶戴，例授武德骑尉”；张仁晸五子都得到朝廷赏赉，长子松森，名元旭(即第六十二代天师张元旭)为邑庠生；次子张柏森，名元昶，为张培沐之嗣孙，承袭云骑尉世职，邑庠生；三子张长森，名元晖，“蒙钦命江西全省提督军门谭奖给五品顶戴，例授武骑尉”；四子张春森，名元曙，“钦命江西全省提督军门谭奖给五品顶戴，例授武骑尉”；五子张蓬森，名元曦，“蒙钦差办福建军务太子少保、前陕甘总督部堂杨奖给五品顶戴，例得奉政大夫”。在此乱世之境，偏居小邑却屡遭乱战重创的天师世家，有如此的清廷封赏，实在也算是个异数了。

三、赤蛇游庭　返真殆兆

第六十代天师张培源道法颇高，这在他的平生之中，是有所奇显的。据传，他履职期间，在浙江海宁州，有妖为患，《补天师世家》谈到他时写道：“海堤崩裂，延至设醮立验。”后又有一次，也就是道光十一年辛卯(1831)，海宁又复有水患，沿溺数百里，“将军奕湘驰羽请救命”，而当时，张培源天师即令胞弟持印剑前往治之。他的这个胞弟就是张培沐。张培沐可以说是咸丰年间天师世家的一位杰出人物。他比张培源小三岁,字禹甸,生于嘉庆二十一年(1816),幼时过继叔父张镐为嗣。据《宗谱》和《世家》记载,张培沐"英伟慷慨,有豪侠气,性亦友爱",在地方上影响很大,极具号召力。奉张培源天师之命,张培沐持印剑,"设醮数日,令法员乘小艇,冲涛而济,投以铁符,天返风,艇复故所,潮平堤立","民甚德之"。而张培沐为求保境安民,于咸丰七年(1857)即开始"督练团勇""剿贼甚多",于当年"受伤身故",享年41岁。再有一次,道光二十五年乙巳(1845)七月,江西贵溪久旱不已,蝗虫乱飞,遮于蔽日,将禾菽嚼食殆尽,邑侯请天师治之,张培源天师为此设醮七日,于是"雷风肃烈",大雨如注,他又命人持符水,洒于坛前坛后,蝗虫尽死于河中。

咸丰九年己未(1859)十月八日,忽然有一天,有一条赤蛇游走于天师府,一会儿就不见了,大家以为这是山居中的常事,都觉得没有什么奇异的,然而,张培源天师莅日留下遗嘱,竟然无疾长逝。"法经云:蛇乃鹤之粮,殆返真之兆。"张培源天师"行藏似鹤",当时人们称他为白鹤仙师,所以事后有人附会说,赤蛇是鹤类之粮,既然赤蛇在天师府现身,这就应该是张培源天师的"返真之兆"吧!龙虎山县志称赞张培源天师说:"得著金绳,功追玉局,驱蝗虫而乡城争颂,息潮涌而寰海竞称,盖纪实也。"人们渴望着能够寻求到安身立命的确定不移的生存根基,然而,生活给予人们的,却总是一个充斥着诸多不确定因素的未来,于是人们便生出无尽的畏惧、烦恼、孤寂、忧郁……而唯有依赖于如天师般坚执的信念,人们才能因道而充盈,而让这一切在心灵深处淡退。光绪三十年,张培源天师"覃恩诰赠光禄大夫",在位三十年。观其一生,可以以诗评之:

颖异澹朴重孝规,"白鹤仙师"性雅逸。
凡朱福法自挥洒,乐善好施可舍己。
惊世骇俗究玄科,阐演入妙古今奇。
海宁斋醮立灵验,符水殪蝗拯贵溪。
乱兵侵境遇凶险,灵印显神藏天机。
赤蛇游庭招仙鹤,返真殆兆醒群迷。

第十章

第六十一代天师张仁晸评传

第六十一代天师张仁晸(1840—1903),字炳祥,号清岩。据目前相关参考资料,约生于道光二十年(1840)左右,卒于光绪二十九年(1903),约享年63岁,微恙而终。张仁晸天师秉性冲和清淡,对诸多秘典素有精研,以事亲之孝而闻名于世。他在清同治元年(1862)袭爵,其时正当清兵与太平军战乱之后,道门多受重创,嗣汉天师府更是遭遇战火焚烧,损失惨重。在这样的乱世情境之下,张仁晸天师嗣位履职,显见是极为艰难的。而了解张仁晸天师的生平史迹,一是要分析此期道教生存发展的状况及其与清廷之间关系得以微妙回暖的史实;二是要通过张仁晸天师佐父防剿、青城祭祖以及施用道法等具体的历史活动情况,考察他履职天师的功德修为;三是要梳理在艰难履职过程中,张仁晸天师"法疏密卷,简断篇残",主持正一道派文献编订和重建天师府的史迹。

一、教运迂曲　使命尤重

张仁晸天师嗣位履职的年代主要是同治、光绪年间,实际上他整个嗣位履职活动,都在同治、光绪皇帝作为傀儡、由慈禧太后"垂帘听政"掌握实权的时期。同治是清代清穆宗爱新觉罗·载淳的年号,同治皇帝于1861年至1874年在位。其父咸丰皇帝有两个儿子,同治是其长子,咸丰的次子三岁便夭折了,同治由此便成为皇位的唯一合法继承人,所以说,同治皇帝即位是清朝帝王中最没有争议的一个。同治皇帝六岁即位,由载垣、端华、肃顺等八位顾命大臣辅政。同治皇帝的生母即历史上闻名的慈禧太后，她对八位大臣专权极为不满，于是便与东宫慈安皇太后、恭亲王奕䜣一起合谋，联合发动“辛酉政变”。慈禧太后采纳恭亲王建议，在护送咸丰帝梓宫回京时，慈安、慈禧和小皇帝便先行到达，将载垣、端华、肃顺处死，其他五人革职或遣戍，实行两宫太后“垂帘听政”，而实际上慈禧太后自己却掌握着大权，旋即改年号为“同治”，以次年为同治元年(1862)。同治帝在位13年，前11年是太后“垂帘听政”下的傀儡皇帝，最后亲政不到两年，于同治十三年(1875)便因病而逝，时年仅19岁。关于同治帝的死因，十分离奇，有各种传闻，有的人称他因患梅毒而死，有的人称他因患天花而死。比较典型的，如李镇《同治究竟死于何病》(《文史哲》1989年第6期)一文中称，李镇曾祖李德立，是给同治皇帝看病的主治御医，其长子、李镇的祖父“曾任光储秀宫禄寺置正，在清廷供事多年”，1938年，他曾告诉李镇：“同治确实死于梅毒”，“同治梅毒溃烂后，流脓不止，奇臭难闻，曾祖父(李德立)每日必须亲自为他清洗敷药，一个多月来受到强烈恶臭刺激，从此失去了嗅觉”。为何在诊治同治帝的脉案上写的是“天花”之病，李镇解释说：“据祖父面告，曾祖父奉诏入养心殿请脉之初，已看出是梅毒之症，为了慎重起见，曾约一位有名外科御医张本仁会诊，一致肯定是杨梅大疮。自忖若奏明载淳生母慈禧，她通晓医道，喜怒无常，如若一时火起，指责有辱九五之尊，必遭杀身之祸。倘若知情不报隐瞒病情，又怕责任重大，最终难免治罪，真是左右为难。经与右院判庄守和商议，认为反正是治不好的病，何况这是自古以来少见的帝王之绝症，难告于天下，不如装糊涂吧，既然宫中都说天子出水痘，就照天花来治。”另一说法即是中国第一历史档案馆研究人员对历史事实所作的澄清。编者在《清代档案史料丛编》第七辑中，编纂公布了《同治进药簿》，通过研究宫中所藏《万岁爷天花喜进药用药底簿》所载御医对同治帝临死前的诊断记录(即脉案)及处方，认定“从这本进药簿的名称，以及从载淳患病到去世的脉案、用药处方，都可以证明是因患天花没有治好而去世的”。慈禧太后“垂帘听政”之后，任奕䜣为军机大臣、议政王，总理各国事务衙门；又依靠曾国藩、左宗棠、李鸿章等汉族地主武装，勾结外国侵略势力，借洋兵剿逆，先后镇压了太平天国、捻军、回民、苗民起义，求得了一个腐朽王朝的暂时稳定。她一方面为了加强政权实力，支持洋务派“自强”和“求富”，开办一些新式工业，训练海军和陆军，开展洋务运动；另一方面，又借助顽固派对洋务派予以牵制，以加强深宫集权，此举被称之为“同治中兴”。

光绪元年(1875),四岁的爱新觉罗·载湉(1871—1908)在太和殿正式即位,成为清朝第十一位皇帝,这就是清德宗光绪皇帝。他是清穆宗同治帝的堂弟、表弟。其父为清宣宗(道光帝)第七子醇贤亲王奕譞,生母婉贞,是慈禧太后之妹。由于穆宗为清文宗(咸丰帝)的独子,又只有19岁便早死,因而无后,慈禧太后为保全自己的权势地位,没有为同治帝立嗣,而是将与自己血缘最近的载湉选为咸丰帝的继位人,载湉意外地成为清朝第十一任皇帝。他即位时虚岁仅仅四岁,入宫的时候,还在熟睡之中。名义上他是继承咸丰帝,而不是继承同治帝的皇位,这样慈禧太后便以此表明自己维持了咸丰帝的皇统和父死子继的法则。因载湉登基时年幼,起初由慈禧、慈安两宫太后垂帘听政,慈安去世后,则由慈禧太后独裁,直到光绪帝18岁亲政,此后虽然慈禧名义上归政于光绪帝,实际上仍大权在握,而光绪帝则一生受到慈禧太后挟制,从来就没有掌握过实权。

光绪皇帝在中国历史上实际上是一个极为悲情的人物。年幼入宫的光绪在孤独寂寥中长大,没有父母的呵护,只有宫中的烦琐礼节,加上慈禧不断的严辞训斥。饮食寒暖,无人真心体慰,每日三餐,摆满桌案的饭食虽有数十种,却大多接连数日不换,靠近皇上的饭食虽未臭腐,但多次加热,难以下咽。他没有一般儿童的童年欢乐,从小就心情抑郁,身体积弱,留下了难以治愈的病根。十余岁后,虽贵为天子,却不如孤儿,他之所以身患痼疾,就是因为自幼在慈禧太后淫威之下,少时衣食不节,失于调养照料所致。

光绪皇帝六岁上学,在军机大臣翁同龢、光绪皇帝吏部左侍郎夏同善的指导下读书。他学习很用功,也比较聪明,吟诗写字做文章都还算行。由于他接受的是正统的帝王教育,所以特别具有“仁爱”之心。光绪皇帝在15岁所作御制文中说:“必先有爱民之心,而后有忧民之意,爱之深,故忧之切,忧之切,故一民饥,曰我饥之,一民寒,曰我寒之。”他有一首《围炉》诗也有四句话写道:“西北明积雪,万户凛寒飞。惟有深宫里,金炉兽炭红”,由此可见,他所受教育,使得他的确已颇具爱民之心了,这为他后来实行“戊戌变法”具备了一定的心理、思想及其相关素质的基础。而翁同龢的主战思想、荀子关于君子与庶人如舟与水关系的论述,也都对他产生过深刻的影响。1883年12月到1885年4月间,爆发了中法战争,由于李鸿章的妥协投降,使得他感到无比的耻辱。因而,他奋而决心做个爱国爱民的君主,反抗外来侵略。

光绪十五年(1889),18岁的光绪帝亲政,却仍然无法摆脱慈禧太后的控制，凡事都不得不向慈禧太后请示。但在此种情形下，他仍怀着急迫的心情，积极了解世界情况，搜集国外信息，如，光绪十六年（1890），他急切召见归国的驻美公使张荫桓，询问国外情况；而后又索要驻日公使参赞黄遵宪的《日本国志》，其中日本的明治维新对他影响甚深；他还认真阅读冯桂芬的《教邠庐抗议》，由此萌发改变中国积贫积弱状况的志向。

甲午战争中，光绪皇帝主战。光绪帝认为："倭人肇衅，挟制朝鲜，倘致势难收束，中朝自应大张挞伐。"并谕示李鸿章不要贻误军机，命令朝鲜牙山南路叶志超与进入朝鲜北部的清军夹击侵朝日军。他还多次下令加兵筹饷，阻止慈禧太后挪用海军军费修建颐和园。李鸿章没有听取光绪帝的谕旨，战之不力，结果腐败的清朝不久即战败。当不得已批准《马关条约》时，光绪皇帝愤然以朱笔留言，要求全军上下戮力一心，痛除积弊，兴革自强，从而表明了自己振兴国家的决心。甲午战争失败后，主战求变的光绪皇帝即考虑如何振兴国家，雪此大耻。《马关条约》签订后，中国民族危机加剧。康有为、梁启超于光绪二十一年联合十八省举人"公车上书"，提出拒和、迁都、练兵、变法要求。第二年，俄国攫取东北路权，占领旅大，法取广州湾，英租威海卫，由此，举国震惊。面对列强瓜分中国的危机，康有为再次上书，要求变法，而此举得到了光绪帝的极力支持。戊戌年二十四年（1898）六月十三日，御史杨深秀奏请定国事，在取得慈禧太后同意后，光绪帝颁布"明定国是诏"，在政治、经济、军事、文教诸方面实行变法，旨在挽救中国危亡。短短的103天的时间，光绪帝就颁布了100多条新政上谕，试图形成自上而下的全国性改良运动，但遇到顽固势力尤其是慈禧太后的阻挠和破坏，后由于袁世凯的出卖，变法最终失败，史称"百日维新"。康有为、梁启超逃往国外，张荫桓戍边，徐致靖永禁，杨深秀、杨锐、林旭、刘光第、谭嗣同、康广仁（康有为之弟）处斩，光绪帝则被囚于瀛台。1908年11月14日，光绪帝暴崩，年仅38岁。慈禧太后第三次训政，维新的举措，除京师大学堂外，全部废除。光绪帝支持康有为、梁启超等人实行的戊戌变法，是中国历史上第一次资产阶级改良运动，变法虽失败，但对当时社会发展起了积极作用：变法促进了资本主义民主政治在中国的发展，加快了封建专制崩溃的进程；打破了封建专制的思想禁锢，提出了发展民族资本主义的主张，为中国民族资本主义扫清了道路，开办学堂，改革科举制度，派人出国留学、游历等，使知识分子睁眼看世界，给一个闭关自守的国家带来了一些西方先进的思想、观念、理论和科技。因此，光绪皇帝不愧为近代中国第一个仿效西方变革中国的开明皇帝。

在同治、光绪年间，也就是张仁晸天师履职期间，道教可谓是教运迂曲，从与清廷的关系来看，清廷虽在总体上仍抑制道教，但在某些教派、某些阶段上，对道教的态度却有微妙的回暖。在道教各派中，尤其是全真教，与清朝上层建立起比较密切的关系。这一方面是由于慈禧太后等一些上层统治者对于某些道门中人的宠信，另一方面也是由于道教各个派别为了生存和发展，实施了一些自我调适、提振的举措。晚清道教北京白云观方丈、龙门派第二十代传戒律师高云溪，就颇得慈禧太后欢心，以致她宠信北京白云观全真道士，竟然成为晚清一个公开的秘密。据传，慈禧母亲去世后，需要寻找寺庙停灵，当时还没有独揽大权的慈禧太后，便派大太监刘诚印到北京贤良寺等佛寺寻访，而这些寺院的住持僧都颇为怠慢，慈禧为此极为恼火，便转往北京白云观，却受到白云观道士的热情接待，这种反差自然使得慈禧太后在情感上甚为偏向全真道士，自此，慈禧与白云观来往日益密切，而太监刘诚印也在白云观皈依道门，自称素云道人。后来，慈禧太后赐封高云溪为“总道教司”，赐予金冠紫袍、御前焚修，令其掌管全国道教事务。

高云溪(1840—1907)，原名高仁峒(峒)，山东费县人。字云溪，号寿山子，法名明峒，为龙门派二十代传戒律师。他 21 岁即辞师云游访道，曾经三上崂山。同治九年(1870)，他入京受戒于张圆睿门下。张圆睿字耕云，号云樵子，原籍山东登州府福山县人氏，自幼慕道，在山东莱州三官庙出家，曾常住江南天宝观，后至南阳玄妙观，同治六年(1867)，他应北京白云观道众之请，升座为白云观第十九代方丈，开坛传戒。高云溪其后也跟随张圆睿传戒于关东、陕西数省，光绪二年(1876)还京，居于北京西山的圣米石塘。

高云溪所居圣米石塘，位于现今北京西南房山区史家营乡。其中有个天然溶洞，颇具神秘色彩，洞中有一种细小砾石，被人们称之为“圣米”，其形状多呈椭圆，部分为浑圆，为红色黏土所包裹，质地光滑，光泽颜色与人们食用大米极似，几可乱真。其实“圣米”是一种成分单一的石英岩，是经流水冲刷搬运，逐渐在溶洞中沉积形成的。但人们不知其中之理，便赋予它诸多动人故事。有传说，莲花山上这个天然石塘里那块巨石，像个舂米的石臼。神仙为照顾山上修行僧人，每天按照众僧数目，从石臼中生出一定数量的米供众僧食用，不多不少。后来有的僧人嫌取米之路太过艰险，就从山后面另外凿了一个石洞作为通道，以为这样可以省去不少事，谁知神仙却不认账，从石洞凿通那天起，就再也不生米出来了。

高云溪道法术数高超，又与慈禧年龄相近，慈禧对他特别信服。凡有什么大事，就派大太监李莲英向他询问，有时也会亲自召见他。尤其是“祺祥政变”时，高云溪与慈禧太后往来密切，曾通过数次卜筮课卦，以定吉凶。即使是一些外交大事，高云溪也在其中扮演过极为重要的角色。如，清朝与沙皇俄国签订《喀西尼密约》时，外交上虽由李鸿章与俄国公使喀西尼出面，实际上是李莲英秉承慈禧太后的旨意，密晤白云观道士高云溪。高云溪一生除致力于道教之外，主要是援结权贵，干预政治。不过，他做过一件好事，那就是保护白云观明版道教经籍总集《道藏》，成为全国仅有的珍本。正、续《道藏》共收录各类道书一千四百七十六种，五千四百八十五卷，分装成五百一十二函，每函依《千字文》顺序编号，经板十二万一千五百八十九块。高云溪死后被封为“寿山大真人”，御赐珍品甚多。

从道教自身的体道情况来看，张仁晸天师嗣位履职较张培源天师时期，教派活动相对更为活跃一些。此期，清廷封嗣汉天师府第六十代天师张培源、第六十一代天师张仁晸为“光禄大夫”。而道教以龙门派发展得最好。例如，据史载，继同治元年（1862）第六十一代天师张仁晸承袭爵位后，同治四年（1865），龙门派第十八代传戒律师吕永震回白云观传戒。吕永震字乾初，号雷鸣子，原籍山东青州府人，他将龙门大法传与南阳玄妙观监院张圆睿，张圆睿为第十九代传戒律师；同治六年（1867），南阳玄妙观监院张圆睿再度来北京白云观开坛传戒，期满南归；同治九年（1870），张圆睿又来京传戒，慈禧太后恩赐他紫袍玉冠，并捐资设坛大开戒场，继而传法戒于云梦山高仁峒，加封关圣“翊赞”二字；同治十年（1871），刘素云法师又为白云观护坛化主，募捐五千金为传戒费，受戒者即有三百余人之多；光绪十年（1884）张圆睿创立霍山派，高仁峒又开戒坛，刘素云法师募九千金为传戒费，受戒者五百余人。同治十三年（1874），杭州显真观道士王明真在上海县北门外新桥朝阳楼募创“雷祖殿”（为海上白云观前身）；光绪十二年（1886），素云道人刘诚印撰《白云观碑文》，在昌平购田地四十五顷、岁租三百三十金，交白云观为业，作为永久香供灯果之资。光绪十四年（1888），全真龙门云巢支派分支海上觉云派开派，程来永、王来因、姚来监为启派宗师。光绪十五年（1889）正月十五，慈禧太后带领光绪帝载湉到北京白云观向玉皇大帝上香，赐住持高仁峒“金印”，封之为“总道教司”；光绪二十八年（1902），北京西便门外关厢、西便门内大街、天宁寺村、花园村等二十一村村民联名作《云溪方丈功德记》；光绪二十一年（1895），道士徐本善颁布武当山紫霄宫清规榜、执事条款牌榜；光绪二十四年(1898)，四川青城山天师洞重辑《龙门正宗碧洞堂上支谱》，道士李调阳接管青城山上皇观庙产，更名为“调阳仙馆”，自创青城道派，传其徒唐复初，徒孙詹升红、文升福。本年五月二十二日，朝廷命各省厅州县现有之大小书院，一律改为兼习中学、西学之学校。民间祠庙不在祀典者，即着地方官晓谕民间，一律改为学堂，以节约费用而降于教育。光绪二十六年(1900)，八国联军攻占北京，慈禧太后率光绪帝逃避到西安，驻于八仙庵，封八仙庵方丈李宗阳为“玉冠紫袍真人”，并赐给款额扩建八仙庵，光绪书“宝录仙传”，慈禧又书“玉清至道”，八仙庵由此改名为“敕建万寿八仙宫”。庚子战乱后，北京白云观还募集资金，赐买米票、冬衣，于西便门内外，分设粥厂八所，救助灾民。

在这个时期包括正一道在内的道教，被民间群众广为借用，以展开轰轰烈烈的反帝反清的爱国运动，在实际的斗争中，发挥了其一定的作用。这一史实，以义和团运动为例即可显见。1900年，义和团运动在北方河北、山东蓬勃发展起来，成为漫及全国的洪流，这一运动中的民众，“最恨和约误国殃民”，他们以“免被割据逞奇能”①为斗争目标，通过一些神话，如天意灭洋，玉皇大帝特派八百万神兵下世之类来鼓舞士气，其组织成分中就有许多道士。在道术方面，多用符箓咒法，“其为术也，焚香佩符，念咒降神，所使皆刀矛等器械，据云‘不畏枪炮，能闭往洋人枪炮不使响’”②。从其所供奉的诸神来看，大多都是道教敬奉的仙人、神灵，如张天师、哪吒、杨戬、关公、骊山老母、洪钧老祖、姜太公、玉皇大帝等，在组织形式上，义和团运动以道教习用的“坛”为基层单位，以“团分八卦”为标志，分为乾、坎、艮、震、巽、离、坤、兑八门，设立坛口，还布八卦阵，竖八卦旗，而且，义和团直接宣扬江西龙虎山张天师所说“今年人民有灾，疾病当现”，“行善者可免，作恶者难逃”的预言，及“天师用黄纸书符，带在身上可免灾难，供神前可保平安”③的法术。因之而具有浓厚的道教色彩。尽管这一运动在当时文明与科技已在西方得到长足发展的情形下，似乎显得有些荒唐可笑，但却集结了反对列强的巨大爱国力量，这也正是包括天师在内的道教影响和参与义和团反帝爱国运动的一个历史明证。当然，此期也有一些道士出入大官员

① 《拳乱纪闻》，翦伯赞等编：《义和团》(一)，上海人民出版社，1957年版，第112—120页。

② 参见[清]刘孟扬撰《天津拳匪变乱纪事》，年代页码不详。

③ 参见《拳乱纪闻》，见翦伯赞等编《义和团》(四)，第150页。

家中，设坛斋醮，颇为活跃，这在《申报》等著名报刊上就有所反映。例如《申报》有一篇短文《聘请方士》报道且评之说：

> 江右向多方士，有武生熊某为个中翘楚也。声名鹊起，当道争罗致之，倾心求教，故熊虽尚乏点金之术，而家资固已富有。近又为某省大员聘去，以千金为寿云，夫顷刻开花，空中召鹤。仙人狡狯，昔固有之。熊某亦有其术耶？至于采药守炉难探秘诀，熊某岂丹成九转，竟如南昌仙尉乎？①

从这个时期道教文献的编辑与著作来看，也比较丰富。同治十一年（1872），传增湘（1872—1949）著《道藏本五子》，俞越著《大上感应篇赞义》；同治十二年（1873），北京白云观十六代方丈郑瑞阳去世，他曾得王迁弼资助，重修白云观所存明本《道藏》；同治十三年（1874），丁福保编《道藏精华录》；光绪十四年（1888），在上海雷祖殿住持、全真龙门派二十一代观方丈高仁峒等帮助下，以北京白云观下院的名义，请得明版《道藏》《续道藏》八百余卷，由海路运送至沪。雷祖殿更名为“海上白云观”，成为全真十方丛林；光绪十八年（1892），年举进士武延绪著《庄子札记》三卷；光绪十九年（1893），《三教归一化意宝卷》成书。光绪二十二年（1896），安徽石埭县人杨文人，以佛解道，相继著《阴符经发隐》《道德经发隐》《冲虚经发隐》和《南华经法隐》等书。

不过，从龙虎山嗣汉天师府本身的生存与发展情况来看，却不容乐观。这主要来自三个方面的压力：一是龙虎山嗣汉天师府在多次战乱中法经密典、宫殿祖产等均受创惨重，元气大伤，恢复起来困难较大；二是由于慈禧太后宠信北京白云观全真道士，赐封高云溪为“总道教司”，掌管全国道教事务，因而，张天师在道门之中的权威地位显见颇受挤压；三是虽有慈禧太后等保守势力宠信全真道士，但道教在近代中国，愈加受到打击抑制，到19世纪末20世纪初，这种打击抑制活动，甚至演化成为变法维新运动中的一项重要内容。正是由于这些压力的客观存在，使得第六十一代张仁晸天师嗣位履职，自然更是使命尤重。

---

① 《申报》，1881年6月5日，影印本第18册，第2版，第597页。

二、佐父防剿　孝亲祭祖

由于咸丰年间的战乱，第六十代天师张培源决意在上清龙虎山招募乡勇，防剿团练，以求自保。而以孝子而闻名的张仁晸天师，则全力辅佐他的父亲开展这一活动。在当时，这种形式和性质的防剿团练比较普遍，以至渐成流行风气。不仅一些大官僚如曾国藩、左宗棠等人，都专门开展地方团练，而且一些民间乡绅名流、宗教团社，也都纷纷效尤。例如，太谷学派第二代弟子张积中就曾在山东长清县黄崖山，以中黄崖为中心，建立起一个被称为黄崖教的宗教团社，一方面是为了在传教布道上，能够更好地普化信众，在教徒生计上，也能够使信众自给自足；另一方面，则是为了躲避兵灾，集结防御力量，以求自保。不过，后来因四方民众前往归附，一时间声势浩大，以致谣言四起，使得山东巡抚阎敬铭产生误会，以为这个宗教团社暗地里是与当时闹得正凶的捻军结成一气，聚众造反的，因而以邪教视之，把这一宗教团社看作黄崖教匪，于同治五年（1866）十月，派遣大军前往镇压，血洗黄崖，酿成震惊中外的“黄崖教案”。当时清兵屠众近万，尸横遍野，而教首张积中也举家自焚。从殉弟子甚众，无一生降。后来，其门人费尽周折之后，“黄崖教案”作为冤案才得到曾国藩的认同而洗刷清白。

由于张培源天师在团练不久即仙逝，因而实际上最后龙虎山的防剿团练活动，都是由其子张仁晸主持。可能这一活动开展的效果还不错，所以在一些相关张天师的文献资料上，都就这一事情予以了肯定，认为防剿多捷。后来经江西巡抚奏奖，“奉上谕，着以县主簿，不论双单月擢用。”当然，这种团练防剿之事本身还是需要反思的，从更长的历史镜头透视，作为天师世家，因为自身的生存与发展而展开此类活动，原本可以理解，但它在一定程度上，仍不可避免地表现出其依附上层统治者，抑制太平天国等农民起义，维护清朝统治势力的保守性质，这实际上也是张天师及其正一道日后之所以进一步受创的重要原因之一。

同治四年（1865），道法术数甚高的张仁晸天师游历粤东，曾遇异人赠给他黑玉印一方。不久他抵达沪城，游历于江浙一带。由于当时江浙屡患各种灾异，因而求书符避火的人特别多，据说，如果求得张仁晸天师盖以黑玉印的书符后，其灾患就都可以获免，甚至有传言称，看见有黑面金甲者附于其符；光绪六年庚辰(1880),以孝闻名的张仁晸天师,奉其母命,祈祷于南海,又有传说,在航行中,还遇到了大风大浪,几乎倾覆,忽然看见一大士现身云端,因而方保得他无恙而返。

张仁晸作为一代天师,其良好的品德,比较典型地表现在他的孝道上。一个人何以必须终身敬慕父母,祭祀祖先?这正如太谷学派第二代传人张积中所说:“夫身也,受气于父母者也。受气于父母,故君子孝其亲;食旧德于其先,故君子敬其祖。”①人身是秉承父母阴阳之气而成,所以,高尚的人必然会孝其亲;人生来又享受到先辈旧德的庇护,所以高尚的人又必然会敬其祖。张仁晸天师不仅孝敬父亲,而且十分重视寻根敬祖。据载,光绪九年(1883),他亲赴西蜀青城山朝祖,在天师洞中,还得以晤见祖天师张道陵。现今,张仁晸天师手书的“降魔”二字,醒目地刻制于天师洞左侧的三岛石上。

张仁晸正一道法高深,民间传闻,他出川经由重庆时,先前有一个布商遇到异人,授给其一柄宝剑,并告诉布商说,等到天师来了之后,你就将这把剑赠给他。一会儿,果然张仁晸天师就到了,于是布商便把此宝剑交给他。据传说,当时,重庆会馆有一个青龙阁,里面久潜巨蟒,天阴时朝夕吐气如云,祸害百姓,于是张仁晸天师仗剑以登,书以火符焚之,结果灭了此怪,一时,声名大振。当时一些著名的报刊,都有关于张仁晸天师设坛斋醮诸情况的报道。如,大清同治十二年(癸酉)(1873)六月十三日《申报》的一篇报道《记张真人设醮叩科名》描述的张天师设醮活动就比较生动具体:

> 今年天师复至苏,由苏至浙。有文学二十五人酬金二百五十元求天师醮,盖欲卜今科乡试之中否也。许之,乃结坛于杭之某道院。始二日,四法官不过诵经礼忏。天师每早晨一拈香而已。到第三日,天师乃演法事。于是观者如堵墙,禁之不能。天师曰:“尔闲人只可于庭中立看,不可入坛。”众皆遵天师令,屏息立观,见天师将洁净新茶盘,一中铺沙,频以符咒施盘中,既而将沙画作太极图,复以符咒施之良久,乃将二十五人姓名书于黄纸,纸覆盘上,又符咒久之,将令牌一击,喝曰:“起!”旋见斯盘起空中,自坛中飞出,直上云霄,望西北而去,流星无其疾也。黄纸并不飞坠,倏忽不

① 方宝川主编:《张氏遗书》,《太谷学派遗书》第一辑,第二册。江苏广陵古籍刻印社,2002年,第50页。

见。天师乃令一法官跪仪门上，令人遥望西北，若见盘来，急令法官两手承接。于是诸文学及众人皆向西北望，约半时许忽见隐隐一点黑，曰盘来矣！一霎时已飞在法官手中，黄纸无视盘中，沙则非复太极图，有字三行，如古篆隶。天师跪而观之曰："黄纸天已收去，君等二十五人不过三人得中，其姓名未可豫曳也。"虞某为新安诸生员亦醮中人，目睹其事，来申述于相知如此。①

后来，张仁晸长久端居，寡言少动，"洞明三十代祖静修之功"。光绪三十年(1904)羽化，并葬于祖天师洞所在的青城山，当时清廷亦封赐他"光禄大夫"。

三、编订残卷　重修祖业

第六十一代天师张仁晸嗣位履职期间，对于嗣汉天师府的建设，有两项比较明确、具有使命性的历史重任需要他担当。一项是对于屡次战乱损毁殆尽的天师府宝贵文献资料的征集、考证、整理和编订及修补自家的典籍；一项则是对于在战火之灾中遭受损毁的嗣汉天师府祖业的修缮、重建。这两项重任，无论哪一项要完成，都是相当艰难的。

关于嗣汉天师府宝贵文献资料的征集、考证、整理和编订，张仁晸天师可以说是呕心沥血。从总体上来看，虽然天师世家历经千年不断，与孔氏世家的历史足以媲美，但他们对于文献资料的整理、相关史料的收集、宗谱的编修等工作，则有所不足。以宗谱的编修为例，明朝第四十二代天师张正常曾有所作为，编有《汉天师世家》，从第一代一直写到第四十一代，但时间久了，且史料不全，甚至有一些缺漏、荒诞之处，还一直受人诟病。张正常天师之后，几代天师都没有续写，直到万历年间，第五十代天师张国祥才补写到第四十九代，而后又有上十代天师没有续写，这项工作直到张仁晸天师之后的第六十二代天师张元旭那里，通过"搜求谱牒，旁参碑铭"，才写成《补天师世家》，从第五十代补写到第六十一代。由此可见，嗣汉天师府在这方面的工作本来就有所欠缺，又加上屡遭灾祸，因而，其相关资料整理的难度就可想而知了。张仁晸天师履职时，由于太平军的大火不仅焚毁了嗣汉天师府的大量房屋宫殿，而且也焚毁不少的书籍，

① 《申报》影印本，第3册第21页，第1—2版，大清同治十二年癸酉(1873)六月十三日。

所以，当战乱之后，“法疏密卷，简断篇残，不易征集”，正因如此，张仁晸主持的编辑修订工作相当艰难，进展较慢，但他一直辛辛苦苦地带着弟子们，“参考编订，续录成帙，越寒暑靡懈。”可惜，他们这些辛苦劳动的成果，到后来又多遇兵灾人祸而损毁，以致今天连有些天师的生卒年代都难以考证详尽，这也不能不说是嗣汉天师府的一件很遗憾的事了。

张仁晸天师的另一项重任是对于嗣汉天师府祖业的修缮和重建。在张仁晸天师以前，历代帝王对嗣汉天师府都或多或少地赐帑修建。例如，龙虎山上清宫屡毁于水火等灾，但宋、元、明、清均对其作过葺修和扩建。在宋朝，宋徽宗赵佶于崇宁四年（1105）拨赐江东徐氏计米万余斛（当时十斗为一斛），命江东漕臣在山中丈量土地，重建上清观。南宋高宗于建炎年间，宁宗赵扩于庆元和嘉定年间（1195—1224），皆分别拨报修建上清宫。南宋晚期理宗赵昀于端平二年（1235）赐内帑，派太乙宫高士易如刚（原属龙虎山道士）对上清宫进行了规模较大的扩建，景定年间朝廷命张闻诗创建上清宫门楼，又命毛允中在上清宫增建紫微阁。在元朝，至元二十二年（1285）元世祖忽必烈赐钱货葺修装饰上清宫殿宇神像。武宗海山登极第二年（1308）也拨银葺修上清宫殿宇房舍。过一年后（1310），上清宫遭火灾，他再次赐帑银予以原样修复。仁宗于皇庆二年（1313），亦赐帑葺修上清宫。元朝末代皇帝顺帝于至元丁丑年（1337）重修再遭灾被毁的上清宫完毕，殿宇建置未变。在明代，明太祖朱元璋于洪武丁未年（1367）赐金币由张正常天师首建“三清殿”，但因一时草创，上清宫的其他殿、阁、堂、庑尚未修复。接着，明洪武元年（1368）朱元璋赐白金十五镒葺修天师府。第四十三代天师张宇初嗣教后，对上清宫进行了一次规模较大的修复和扩建，朱元璋于洪武二十三年（1390）专门下诏书奖谕此次修复和扩建，建宫费用大多是向王亲贵族、官僚士庶募捐而来的，朱元璋自己也赐给宝钞五千贯。明成祖朱棣于永乐元年（1403）和永乐十四年（1416）两次赐缗钱对上清宫进行修建。武宗朱厚照于正德三年（1508）敕遣内官监太监李文会同江西镇巡等官监修，就地征派物料工役修建上清宫。世宗朱厚熜于嘉靖十一年（1532），敕遣内官监左监丞曹玉会同江西抚按等官监修上清宫，物料工役及所费修金，仍要江西地方筹办，又敕建仙源宫，两次敕颁神像到龙虎山安祀，后又命葺修殿宇、装饰神像。万历三十八年（1610）神宗朱翊钧敕江西税监官潘相，将该年应解朝廷盐税报中拨出三万两，着由张国祥天师自行修理。在清代，雍正九年（1731），世宗特赐帑银，对龙虎山上清宫进行了一次规模很大的维修和扩建，除将原殿葺修一新外，又新建斗姆宫及其配殿。上清宫自清雍正九年修建以后，基本没有再修。自乾隆以后的清代皇帝再也没有给张天师赏赐银两，更没有拨款修过宫观。嘉庆十九年(1814)，嘉庆皇帝只借给第五十九代天师张钰2万两银子，并要求每年还1000两，20年内还清，此次只对住房作了检修，在"天师府"立了两座木坊，结果，这笔债拖欠76年之久，直到光绪十六年(1890)，潘司出面讨债，才由张仁晸天师还清。

由于张仁晸天师履职期间，嗣汉天师府遭受战火之灾极重，几乎成为一片废墟，加之此时清王朝自顾不暇，国库早已空虚，连左宗棠远征新疆，都得自己向洋人借钱，所以，很显然，如果天师府上奏朝廷乞银重建，不仅必定是毫无所获，反有可能遭受意想不到的灾难。对此，张仁晸天师十分清醒，因而，根本就没有打算做这种无益之事，这样，修缮和重建天师府的祖业，他就不得不另行他途了。此外，更有甚者，第五十九代天师张钰从嘉庆皇帝那里遗留下来的债务，穷急的清廷竟然一直逼着天师府归还，这在张仁晸天师身上，也算是应了"屋漏偏逢连夜雨"的古话。伴随着近代中国的不幸运势，当时整个道教的生存环境都极为恶劣，这种情形在《申报》中反映得比较多。例如，大清同治十一(1872)年壬申十月二十八日所载《辨道士立关真心苦状》①一文，就生动地印证了此期修建道院宫观是何等的艰苦辛酸：

前阅二十三日报所载杭州庆春门显真道院道士王明真立关事，以其效颦于僧徒，未免旁人拟议，实属情词近理，乃据近关之安怀局友云，此系真心发愿者，盖其来至上海，忍劳忍苦，募化三年，未有成效，现伊师在杭，急于修院，连次函催捐项，王道士因空手回杭，无以见本师之面，故万不得已而为此一举也。况其进关之时，因同事者薪水不敷，即将身穿之绵袄押钱敷用。现身上仅穿单夹衣二件，当此西风告紧，饥寒交迫，言之痛心。关期将满，捐数寥寥，倘浅不足开之说，性命可怜惜矣。或又曰立关者必带人参，而该道士薪水尚且押用，何参之有？虽道家修真练性，非若僧家有立地成佛之说，然既一片真诚，立关募化，亦当谅其苦心，凡在有力者，何弗扩充其善量哉！我非有所阿好，而为此特以局友之实见实闻故作是辨以明之。此系局友确知其真，明日是开关之期，即望高明改正登报以布同人俾各姓

---

① 《申报》影印本，第1卷，第722页，大清同治十一年壬申(1872)十月二十八日。

踊跃捐输，以成善举，则贵馆亦与有功德也。

就是在这种情形下，张仁晸天师仍然决意全面修缮和重建天师府的祖业。当然，嗣汉天师府的祖业，不是一般家族祖业所能比的，其规模相当宏伟。如果要重新按原貌修建，工程量大得惊人。而张仁晸天师之所以有如此大的魄力修缮、重建天师府，主要是依靠几个方面的因素支撑：一个方面是基于精神信仰的力量支撑。这种力量当然是来自于张仁晸天师维护正一道生存发展的神圣责任感、使命感，它可以帮助天师及其正一道摆脱诸多不利因素的困限与阻挠，使之能够臻于其理想信仰的境界；另一个方面是嗣汉天师府经过千百年的积累，香火庙产、书符法器等，其家底比较殷实，因而再图祖业的经济实力也还算是比较雄厚的，这是张仁晸全面修缮和重建天师府现实的经济基础；还有一个更为重要的因素是，在张仁晸天师背后，有巍峨的天师府以及天师的名号，这是一种无价的无形资产，具有极大的潜在能量。那千年不落的传奇，那高深的道法术数，连同天师的名号一起，构成了一块世间不可替代的金字“招牌”，它恰好可以帮助张仁晸天师及其继承者们渡过难关，最终得以现实地完成嗣汉天师府的全面修复。事实上，张仁晸天师的仙踪遍布广东、广西、江浙、四川、重庆等地，并非简单的游历，而天师符印既在，所获也必然是十分丰厚的，这就为他艰辛的祖业工程的重修提供了有力的经济保证。然而，即使有如此好的条件，加上张仁晸、张元旭两代天师艰苦卓绝的奋斗，嗣汉天师府的修复工程，也还是直到民国时期才勉勉强强地完成。不过，无论如何，张仁晸作为一代天师，对于天师府以至整个道教的生存与发展，应该说都是功不可没的。

大道运化，万物普生。而那些高远明净的精神信仰，往往能够促使人们短暂的生命散发出美丽的光泽，弥散于宇宙天地。通观张仁晸天师一生，可以以诗评之：

秉性冲和精秘笈，孝亲祭祖感天地。
佐父防剿无奈事，巡抚奏奖又何益。
壬戌袭爵担重任，快意平生数传奇。
法疏典籍订残卷，续录成帙志不移。
书符盖印免灾众，仗剑焚蟒遗仙迹。
粤东异人黑玉贵，巴渝神士宝剑稀。

第十一章

第六十二代天师张元旭评传

第六十二代天师张元旭(1862—1925),字松森,号晓初,亦号小岩,张仁晸的长子。生于同治元年(1862)壬戌八月初七日,卒于民国十四年(1925)乙丑正月廿二日,享年63岁,光绪三十年(1904)嗣教,在位21年。张元旭天师是清光绪年间的庠生(即秀才)。他相貌堂堂,气质非凡,有赞语形容他"道貌岸然,风仪峻整";其虔诚于世教,性命双修,道业高深,有评论称誉他"精于道法,并善文章"。在历代张天师中,张元旭天师是从大清封建王朝到中华民国这一风云时代的道教界代表人物,了解张元旭天师,就要了解他在近代中国封建帝国灭亡过程中、在军阀纷争的缝隙中、在中国革命的洪流中,是如何为道教的生存发展寻求空间,并努力昌明道教的,也要了解他牒传道士、广益信徒以及搜求谱牒、撰补天师传等主要嗣教功业。

一、静观风云　昌明道教

张元旭天师于1904年至1925年嗣位履职,这期间,近代中国发生了翻天覆地的变化。最重要的就是孙中山领导辛亥革命,推翻腐朽的清王朝,于1911年成立了中华民国,一个数千余年的封建帝国终于垮台。一系列历史大事件在此期发生:辛亥革命、袁世凯窃国、张勋复辟、二次革命、军阀割据纷战,国民党、共产党成立,第一次国内革命战争爆发等,这些都不同程度地对包括张天师及其正一道在内的道教产生深刻的影响。而光绪三十年(1904)嗣位履职的张元

第六十二代天师张元旭像

旭天师，当时正值壮年，面对风云变幻，心态从容，淡然以对。尽管张天师的正一道乃至整个道教已然颓败，可以说衰落见底，甚至被当局取消天师封号，他却仍能统领教派虚与委蛇于军阀乱党之间，应时顺势于革命跨越之时。

此期，对于张天师及其正一道以至整个道教有较大影响的历史事件，首先莫过于中国上层精英的“废庙办学”“创立孔教”及“打破偶像”运动。在他袭职前，以扮演保皇革新角色而著称于世的康有为就提出了“废庙办学”与“创立孔教”诸变法主张，光绪二十四年(1898) 五月，他的“上清帝书”有《请饬各省改书院淫祠为学堂折》的折子，在此折中，他提出，中国民俗，惑于鬼神，淫祠遍于天下。每乡必有数庙，每庙必有公产。因而建议光绪皇帝改庙宇为学堂，以庙产为公费。① 他在《请尊孔圣为国教立教部教会以孔子纪年而废淫祀折》强调了废庙办学的重要理由之一是耻于欧美人士的蔑视，认为中国民间寺庙林立，百姓日以拜神为事，此等习俗让“欧美游者，视为野蛮，拍像传观，以为笑柄”。② 康有为向清帝提出“令举国罢弃淫祀，自京师城野省府县乡皆独立孔子庙，所在乡市皆立孔教会”的建议。光绪皇帝接纳了康有为的废庙办学主张，在 1898 年 7 月 10 日的诏书中提出：“至于民间祠庙，其有不在祀典者，即着由地方官晓谕居民，一律改为学堂，以节糜费，而隆教育”；同时又宣谕“各国传教，载在条约。各省将军督抚，责无旁贷，勿存歧视，务当竭

---

① 康有为：《请饬各省改书院淫祠为学堂折》，见光绪二十四年(1898)七月十一日《新报》第 63 册。

② 康有为：《请尊孔圣为国教立教部教会以孔子纪年而废淫祀折》，见《戊戌变法资料汇编》第 2 卷，第 231—232 页。

力保护”。[①] 尽管变法失败,但“废庙办学”“创立孔教”却已深入人心,废庙活动在光绪年间,并未随着戊戌变法的失败而停止,这对道教的影响自然是极为深刻的。此后,孙中山、陈独秀等人也展开“打破偶像”的活动。中华民国的创始人孙中山就以破除偶像作为他革命事业的开端。孙中山早年在檀香山求学,开始信奉基督教义,认定崇拜偶像是错误的,把大哥孙眉家堂上供奉的关帝画像扯破,又劝牧场工人不要膜拜关帝。“后兄因其切慕耶稣之道,恐文进教为亲督责,着令回华。”[②]1883 年,18 岁的孙中山返回广东故里,其父告诫他勿蔑视乡间庙宇里的神像。孙中山执意破除多神迷信与偶像崇拜,他与好友陆皓东率群儿并幼侄到村里的北帝庙(北极殿),拔去玄天上帝神像的一只手臂。其后又自磨小刀,潜往北帝庙,将玄天上帝侧的金花夫人神像手指切断,携带回家。此举大大地激怒乡人,他因此无法继续待在家乡,只好离家赴香港。而继康有为、孙中山之后,20 世纪初,一场规模更广泛、声势更浩大的“打破偶像”活动开始了。当时,以陈独秀、胡汉民、蔡元培等为代表的中国文化界精英,继续打着反封建反迷信的旗号,在北京、上海等地发起了有关破坏偶像的讨论。1918 年,《新青年》所发表的陈独秀《偶像破坏论》,吹响了全国性的打破偶像活动的号角。在文中,他声称一切宗教都是一种骗人的偶像:阿弥陀佛是骗人的,耶和华上帝也是骗人的,玉皇大帝也是骗人的;一切宗教所尊重的崇拜的神佛仙鬼,都是无用的骗人的偶像,都应该破坏!朱执信、胡汉民也在《建设》上发表《神圣不可侵与偶像打破》《习惯的打破》等文,论述破旧立新、改造社会的新主张。不过,当时年轻的鲁迅对这一活动倒是不以为然,在他早年的作品《破恶声论》中,大力抨击此风。中国知识分子在思想上、文化上乃至哲学上宣扬“破除偶像”、消灭宗教的做法,在某种程度上为后来中国打击道教及其他宗教活动创立了某种理论依据,应该说,“破坏偶像”运动尽管在宣传科学民主、开启民智方面起到了一定的历史作用,但对于包括张天师及正一道在内的道教等中国传统宗教文化的保护与发展,尤其是继承和发扬其中的文化精神,其负面效应还是客观存在的。

另外值得一提的是张元旭天师游走于各地,虚与委蛇于军阀政客之间,力图提振道教的一些史迹。民国伊始,张元旭天师即同张勋相来往,并通过张勋,

---

① 《清廷戊戌朝变记》,见《戊戌变法资料汇编》第 1 卷,第 338 页。

② 陈锡祺:《孙中山年谱长编》上册,中华书局,1991 年,第 33—34 页。

大力开展建坛设醮活动。张勋（1854—1923），江西省奉新县人，原名张和，字少轩、绍轩，号松寿老人，谥号忠武。因所部定武军均留发辫，人称“辫帅”，北洋军阀，中国近代军阀。清末任云南、甘肃、江南提督；辛亥革命以后曾任江苏督军、长江巡阅使。清朝灭亡之后，张勋盘踞在徐州，是清朝复辟势力的代表人物，他本人一直以清朝忠臣自居。恰好黎元洪、段祺瑞府院之争为其复辟提供了一次良机，他以调停“府院之争”为名，率领“辫子军”进京，于1917年7月1日拥戴清废帝溥仪复辟，恢复“宣统”年号，然而此举仅维持六天即告失败。张勋本人出身贫寒，有过许多义举，如，捐款在北京建立会馆，资助在京的江西籍学生和贫苦人士，当时北京许多江西籍学生，江西省第一任省长邵式平，举世闻名的方志敏、许德珩、张国焘等都曾得到过他的资助；张勋在江西奉新还用粮款救济当地灾民和孤儿寡妇。他朝居高位时，对江西人中的才子多有提拔，对江西省的实惠政策颇多。1917年7月21日，孙中山先生曾致电广西督军陆荣廷称：“张勋强求复逆，亦属愚忠，叛国之罪当诛，恋主之情可悯。文对于真复辟者，虽以为敌，未尝不敬也。”这一评论，正是恰如其分地把张勋的政治态度和人格作了区分对待。据说，1923年9月12日，张勋在天津公馆病逝，终年69岁，被废帝爱新觉罗·溥仪赐谥“忠武”。一些复辟派人物及其亲友敌仇，皆纷纷写悼诗、挽联致哀，灵柩经过几番周折，运回老家江西奉新安葬，无数江西百姓自发相送，许多名人高位者也纷纷写挽联，成为当年在江西地方上轰动的大事之一。当时政界名人和文化名流纷纷致电哀挽，祭文、哀诗和挽联不计其数。张勋笃好道术，加之又是江西人，对张天师及其正一道感情颇深。民国初，张勋即遣使前往龙虎山，迎接张元旭天师移驾军府，建坛设醮。民国三年（1914），张勋又推荐张元旭天师进京半个月，在新华宫献醮三坛，影响很大。后窃国大盗袁世凯，其称帝尽管是昙花一现，但却在这个过程中，复授张元旭天师正一嗣教大真人，并赐号洪天应道真君，颁给他“正一真人印”，而且赠予“三等嘉禾章”及“道契崆峒”匾额。所谓“道契崆峒”，其用典即黄帝到崆峒山问道于广成子的故事，契指洽合，此额意在颂扬道教历史悠久，源于华夏之正宗。现今龙虎山门楼之上，“道契崆峒”的匾额，以一种岁月的沧桑，佐证着近代中国这一耐人寻味的史实。其后，还有军阀吴佩孚，将张元旭天师召至河南洛阳；孙传芳也将他延请至江宁，天师日渐活跃，其势一度复张，行踪频现于京、津、沪、汉各地。

对张天师正一道乃至整个道教具有直接影响的历史事件，还有临时大总统孙中山封之为江西都督、“三炮定韶关”的李烈钧下令取消张天师封号、取缔天

袁世凯所赠“道契崆峒”匾额

师府所有封地的事件。李烈钧(1882—1946),原名烈训,又名协和,字侠如,号侠黄,江西武宁人,他是近代史上一个传奇人物,中国国民党早期党员,1902 年入江西武备学堂,1904 年赴日留学,入东京振武学校,并于 1907 年在日本加入孙中山创办的中国同盟会,为国民党二级陆军上将。辛亥革命爆发后,李烈钧被推任江西都督府参谋长、海陆军总司令,并迫使北洋海军主要舰艇宣布起义。中华民国成立后,被孙中山任命为江西都督。1912 年,作为江西都督的李烈钧对江西实施了一系列激进的改革措施,其中有一项就是取消张天师封号,同时,取缔天师府所有的封地,而在这样的情形下,张元旭天师也不得不匆忙出走上海。李烈钧此举对于张天师及其正一道是一次极为沉重的打击,可以说是釜底抽薪,因为此举分明就是既要从名义上消除张天师的精神存在,又要从实质上摧毁其物质基础。并且,这也是自第四代天师张盛归于龙虎山之后,第一次有张天师被迫逃离龙虎山嗣汉天师府。

李烈钧之所以会采取这一举措,分析起来,大约有如下原因:一是由于李烈钧深受辛亥革命前后中国文化精英废庙活动、打破偶像运动、反封建反迷信等一系列社会浪潮的影响,思想深层就对作为中国传统文化根柢的道教极为抵触与反感。这些运动的核心观念都着眼于对中国传统文化腐朽、落后、保守一面的否定,对于现代科学文明的推崇,而在这种否定过程中,人们一些具有激进偏向的行为,也会连带地影响到中国传统文化中诸多优秀元素向新时代的跟进、延续。作为孙中山革命活动中的核心成员,当时的李烈钧自然要受到这些社会浪潮的深刻影响,而他取消张天师封号、取缔天师府封地,正是他所受影响的必然心态与现实效果的综合反映。二是由于中华民国成立后,张元旭及其天师府与张勋等保守势力交往过密,这在实际的活动中,势必会因为保守势力与社会革命力量的尖锐矛盾与激烈冲突,而被卷入到时代潮流的漩涡之中,不得不遭受到此种对待和劫难。三是由于数千年的道教文化形成的传统稳态,决定了包括正一道在内的道教不可能实现向革命时代的迅速融入,它的形式和内容中,都存在着一些与新的文化观念、新的社会思潮难以契合的陈旧元素,其跟进时代整体地表现为一个缓慢的过程,因此,立足于近代中国的历史境域,完全可以理解,为何在辛亥革命的风云之中,张元旭天师及其天师府会遭受到江西都督李烈钧如此沉重的打击。四是虽然这一时期,世袭的天师府早已失去了历代封建王朝的封赏赐给,但借助其张天师名号以及正一道的各种无形资产,当时的张天师及天师府仍然财源广进,实际上经济实力还是相当雄厚的,这就不能不引起各种势力对其的觊觎。由此看来,查封天师府的意图里,这一有利可图的因素也是不能全然排除的。尽管张元旭天师遭此重创,但他并没有就此沉寂,而是淡然以对,来到上海之后,仍利用张天师及天师府一切可以借用的资源,展开道教的自我提振和恢复性活动,争取道教的复兴,努力达到昌明道教的目的,其作为一代天师的意志品质和坚定信仰,着实可敬可叹。

二、搜求谱牒　续残补缺

张元旭天师嗣教履职期间,在正一道的生存发展方面,很大程度上延续了其父第六十一代天师张仁晸的志意。一方面,张元旭天师继续艰难地展开天师府祖业的恢复性重修工程,经过他的努力,直到民国时才最终恢复天师府的主体框架,而如今的天师府,基本上还保持着张元旭天师时期恢复后的风貌;另一方面,张元旭天师也一直重视并展开对嗣汉天师府宝贵文献资料的征集、考证、整理和编订工作。对此,上代天师张仁晸早已付出很多心血,但嗣汉天师府数度遭受战火动乱，历经风雨沧桑，其各种文献资料早已散失殆尽，因而张仁晸天师不得不四处参考旁证，悉心搜寻。即便如此，许多相关的文献资料仍很难齐全，所以在他上代天师手里，这一工作并没有取得太多实质性的进展，也没有比较明显的成效。张元旭天师嗣教履职之后，对此更加重视，而他在此期最重要的一项成果，就是通过搜求谱牒，旁参碑铭，续残补缺，最终完成《补天师世家》，续补第五十代至第六十一代天师传，使之得以流传于世。

傅勤家在《中国道教史》第六章第四节专门考述张天师的世系，其中转载了张元旭天师的《补天师世家》的内容。傅勤家对于“张氏自正常以来，无他神异，专恃符箓，祈雨驱鬼，间有小验，历代相传袭，阅世既久，卒莫废去云”①的说法，显见是认同的，所以他在此书中并没有也不愿意花费太多的气力，去探讨与评述张天师世系五十代后子孙：“此后各代子孙，虽有谱系，亦不足备录，仅就其裔张元旭所撰之《补天师世家》之各传，所补为明季至民国初之世系，转录以示始末大概。”②不过，张元旭天师于民国七年（1918）完成的《补天师世家》，其言简意赅，内容实在而不浮华，“文以载道，用道通儒”，作为研究张天师世家不可多得的文献资料，确实是极为珍贵的。傅勤家对于张氏五十代后子孙的看法和态度，以及对于其各传如此的处置是否得当，值得反思。当然，从学术研究的角度来看，这恰好为后来的学者留下较大的研究空间。在跋后中，张元旭天师也对自己的工作予以了评说：“元旭忝承先职。……溯诸以上十二代，均付阙如，爰搜求谱碟，旁参碑铭，并先世之遗墨笔记，与年来之闻见于先父前者，续纂成编。”③这句话看似轻描淡写，然而其间仍能折射出张元旭天师补写张天师世家具体过程的曲折艰难。他还感叹：“非敢言文，以纪实也，亦愈以见翼世济人，前人之泽远矣。旭德薄能鲜，敢谓不辱其先乎？亦惟朝乾夕惕，兢兢于世教之修，而无俾家训之堕云尔。”④而他对于续补工作谦逊、严谨、认真的态度，真是跃然纸上。

① 傅勤家：《中国道教史》（中国文化史丛书），上海书店出版社，1984 年，第 86 页。
② 傅勤家：《中国道教史》（中国文化史丛书），上海书店出版社，1984 年，第 86 页。
③ 傅勤家：《中国道教史》（中国文化史丛书），上海书店出版社，1984 年，第 94 页。
④ 傅勤家：《中国道教史》（中国文化史丛书），上海书店出版社，1984 年，第 94 页。

三、牒传道士　广益信徒

张元旭天师在履职期间，历经风雨坎坷，为道教的重振作出许多努力。1904年，张元旭嗣位。那年冬天，中州苦旱，总督设坛祈雨无效，于是便派员恭请天师到河北邯郸，天师“铁牌至，获雪厚八寸余，四野占足”。而在张元旭天师奏请之后，第六十代天师张培源、第六十一代天师张仁晸即被诏赠为“光禄大夫”。

民国元年（1912），北京白云观方丈陈毓坤主持成立了以全真派为主的中央道教组织，于是正一派也酝酿成立全国性道教组织。9月中旬，张元旭天师即前往上海。当时，上海正一派道观代表即在城隍庙举行隆重的欢迎会。借此天师欢迎会的机缘，会上有人建议组织上海道教公会，这一提议受到张元旭天师的欣然赞同。于是，就在当月30日，于火神庙成立了上海正一道教公会事务所。当时，上海有李佳白等人也电邀张元旭天师加入了世界宗教会。张元旭参加中外教务联合会之后，还在尚贤堂演讲了道教源流，在此次演讲中，他宣称：“独是宗教由他国而来者，国民尚崇奉之，国家亦保护之，况本国固有之元粹、列圣相传之正宗。乌可令其澌灭不施保救之力焉？”这短短的几句话，十分清楚地显示了他内心深处对于作为本土信仰的道教在中国生存与发展境况的极度担忧。这种担忧更深层地隐含着的是，由于中华民族本土信仰在国民中的丧失，将极可能会导致整个民族的国民对自我文化本根的自卑、自弃。这种担忧，既有源自于他自己对道教在新时代艰难演进的敏感，同时也有此期一些传统名士的传感。如，当时就有一个叫江钟秀（？—1926）的人，字寿亭、寿峰，历城县江家庄人。他虽以孔孟卫道者出现，长期为社会维新人士所嘲笑，然而他深恐传统文化的衰微，著有《尊孔大义》十卷，不仅亲自持书拜谒孔孟后裔，建议提倡宗风，而且还著有《道教正义》一书，嘱弟子将此书送至江西贵溪县，恳请张天师尽快重振祖风。这对张元旭天师显然是有很大影响的。正是在这种内心的忧虑之下，张元旭天师的宗教使命感、责任感愈加强烈。他强调道教以张道陵为宗，以修心炼性为宗旨，以印剑丹诀传与子孙，世守相传而不失。它起于汉，盛于唐，昌明于宋，都归之于纯正，绝非旁门左道。

其后，张元旭天师依靠上海地方正一派道院和道士的力量，在大境关帝庙举行了“中华民国道教总会”发起人会议。出席的有上海正一派道观以及松江、嘉定、川沙、苏州、无锡、常熟等地的部分正一派道观代表。会议强调“本道德以维持世道,俾人类共跻太和”,会员是“无论在家、出家,不分国家、种族”,总会的组织“以上海为总机关部,以江西龙虎山为本部,以北京为总部。凡省城皆可设他部”。其发起书中明确提出该会的组织宗旨,即:“昌明道教、以维世道、以道为体、以法为明”。发布了中华民国道教会简章,提出组织上海道教公会以及中华民国道教会上海总机关部,并拟办医院、学校、实业等,在10月29日召开中华民国道教总会成立大会。不过,由于中华民国道教总会上海总机关部因多种原因,没有得到北京政府批准,大会最终夭折,这在一定程度上影响到龙虎山张天师在道教中的领袖地位。一些地方的道徒自立山头,不听从总会指令,加之经费困窘,因此,道教总会一直未能在全国正式成立。于是,设在上海的总机关部相关事务即由上海正一道教公会代理。上海正一道教公会最初由小云巢道房住持沈颂笙担任会长,蕊珠宫住持康孟然担任副会长,后来由新闸大王庙住持李瑞珊、火神庙住持丁锄云分别担任正、副会长。民国十六年(1927)四月三十日,经国民党上海县党部和上海县政府的批准,终于在上海火神庙成立中国道教总会。会址初设火神庙,后迁至大境关帝庙,该会直到上海解放前夕才解散。民国八年(1919),张元旭天师还被推为“万国道德会”名誉会长;民国九年(1920),他又被推为“五教会道教会”会长。

张元旭天师在上海积极传递社会正能量,在其生命的最后几年,多次来沪,以符箓赐予信徒,以职牒传与道士,因而,受度者甚多。不仅如此,他还特别注意通过深入细致的工作,揭露各类不法之人利用道教骗人敛财的真相,从而极力消除这些事件对道教所造成的恶劣影响。例如,他通过《申报》刊登声明:《道界代张真人声明(斥托名天师散药单狂行)》,其中行文道:

> 近来社会上发现各种传单,有今年天降灾异,死一半等语,单或附药方或附符箓,托名天师传说,查敝教主张晓初(元旭)真人此次适应管府之职来沪建醮,同人等将前项传单呈阅,真人大为诧异,谓必奸人乘时疫流行,人心恐慌之际,危言耸听,借端敛财。且以该药方有麻黄猛烈之品,深恐误人性命,特嘱登报声明,祈各界注意勿为所惑。沪上道教同人公启。①

① 民国八年(1919)7月29日,《申报》影印本第159卷,第477页,第1版。

此声明揭露不法之人利用天师名号，以假药骗人钱财，伤人性命的真实面目，同时，通过这一声明，张元旭天师也由此向社会传递了道教正能量，足见他强烈的社会责任感和一片爱民怜民之心。正因如此，在上海，他的道行品质得到了沪上各界民众的广泛认同。即使受到诸多因素影响，对道教产生疑惑与偏见的许多知识分子，与张元旭天师接触交往之后，对其人格魅力亦不得不首肯。如有老圃发表《张天师》的常评一篇，即可由其中体味到这一事实。此文写道：

> 世俗皆知张天师，亦皆知黄巾贼张角而不知张天师出于五斗米道，固与张角之太平道并驾齐驱也。陈寿《三国志》称张鲁之祖父陵学道鹤鸣山中，造作道著，以惑百姓。从受道者出五斗米，世号米贼。陵死，子衡行其道；衡死，鲁复行之。此即张天师始祖。其后鲁降曹操封侯，传至唐宋，世掌道教。及民国，袁世凯时其宗人为之请张真人，至天师之名，本由自造，李膺蜀记言张陵，得咒鬼书，遂能使鬼人鸹鸣，由自称天师。汉熹平末为蟒蛇所噏。子衡奔走寻尸，无所，乃假设权方，以表灵化。生云鹤迹，置古崖顶。光和二年，遣信告曰：正月七日，天师升玄都。衡为系师，鲁为嗣师，以惑天下。观此则第一代之张天师即为蛇所噏死。蛇且不能御，其不能役使蛇神可知。余在杭州时，张天师来谒，绝口不谈道术，但言其所传玉印。文曰阳平治都功印。朗言此印为张陵所传，当为汉刻。今所传有大小二印，皆言阳平治都功印。观其篆，盖大者为雁，而小者为鸢，真此印可断为张鲁时之物，张鲁传，民有地中得玉印者，至下欲尊鲁为汉宁王云云。当即此印而为张鲁自造。阳平本张鲁所治，曹操攻破阳平，鲁即投降，所谓阳平治者亦鲁当时之称，鲁以鬼道教民，自号师君，其徒部众多者称治头。阳平治之治，即治头之治，都功犹师君，功通作工，当训官都治者，长官也。①

文中显示的主要信息，一是对道教源流的追溯；二是“至天师之名，本由自造”等语，亦表明作者对正一道的否定性意向；三是对天师印的考究。而其中一个重要信息，就是张元旭天师与作者有过交往。“余在杭州时，张天师来谒，绝口不谈道术，但言其所传玉印。”可见天师在社会交往之时，并不轻言浮夸其高深道术，而多是运用其智慧，以乐观的心态、渊博的见识、谦虚的襟怀，在群行

① 民国十年(1921)10月25日，《申报》(影印本)第174卷，第549页，第1版。

群止之间，在特定境域之中，能够坦坦荡荡、淡然从容，与一代名道娄近垣履道的精神与风骨，实乃如出一辙。1924 年，张元旭天师在上海游历期间，因病而羽化于上海，《申报》对上海各界送葬天师之盛况的报道，对他的人格魅力及其社会影响，应该说是一个比较客观实在而又生动具体的注解：

张天师昨出殡

江西龙虎山第六十二代天师张元旭，来沪游览，因病逝世。昨日为出殡之期。上午十时，灵柩由寓所出发，各宇观道院之羽士，亲至执系弗者，计三千余人。仪仗约长二里许。所有嗣汉六十二代天师大真人府各种衔牌，均插于其间。其他穿法衣各执绸旗之心士，装成"风雷火电"、"金木水火土"、"子丑寅卯辰巳午未申酉戌亥"暨各符号旗麟外，又有玉印剑刺、令箭灵牌等各种黄色彩亭，并有马执事，加马吹手、军乐音乐等各种名目。沿途观者颇众，至下午三时许，灵柩抵南市大码头登轮，定于即晚开驶出口，运回江西原籍安葬云。

又函云，南市场区警署米署长，因昨日午间一点余钟时，已故张天师之灵柩由租界进老西门出大东门，往南中华路肇浜路，直达外滩至大码头，用船运至招商局金利源码头，换乘长江班轮，磐回故里，所过之处，观者塞途，发特遵奉当警厅长令知，当派长警多名，由巡官督同在码头畔加意弹压。浦江水巡队沙队长，亦派巡官督带队士，在浦滨照料。

张元旭天师民国十四年（1925）乙丑正月廿二日于沪羽化，享年 63 岁，葬扬家后山（天师府北约两公里）。张元旭天师在位 21 年，生有六子：长子张恩溥，次子张贞芝（又名仰生），三子张荣龄（又名复龄），四子张修龄，五子张幼殁（名不详，少亡），六子张祥芝。民国五年（1916），张元旭曾在江西被复授正一嗣教大真人，赐号"洪天应道真君"。1994 年有署名山人的文章在《中国道教》发表，其中述说了 1994 年重修张元旭天师墓的情况，其文曰：

龙虎山 62 代天师张元旭墓重修一新

62 代天师张元旭，字晓初。清光绪三十年（1904）嗣教为 62 代天师，1924 年羽化于上海，灵柩护送回龙虎山葬于上清通桥蒋村之山麓，面东南坐西北，名曰洋塘观。1993 年，马来西亚道教天师门下弟子李兴道长到 62

代天师墓前凭吊,目睹天师之墓,感慨不已,即许出资整修。经与张元旭天师之裔孙张家模、张宝训等商议,在张家模等尽心尽力的操持下,墓于今年清明前夕已整修一新。新整修之墓以红岩石砌护,远观犹如一团紫气。前有平台并起亭屋,以供拜祭,屋额书“洋塘观”名。墓周围环护有砖石水泥墓圈,以利维护。并刻石简记李兴道长护道敬师之功德。①

由此可见,即使远在马来西亚等海外各地,张元旭天师及其正一道的社会影响也都是极深的。一个人坚定的信仰是通往其深层真我的路。张元旭天师一世,令人体悟到,行走在这样的路上,需要具足忍性与毅力,能够经得住困苦与磨难。不过,作为丰厚的天然惠赐,沿途的山光水色、旖旎风景,总会显现出超凡脱俗的美丽,让人享受不尽明静之境的欢愉与真福。通观张元旭一生,可以以诗评之:

风仪峻整涵养深,道法文章妙且精。
承先启后修世教,云游淞沪聚真信。
符箓赐人应验奇,牒传道士受益众。
去华重实订残卷,广搜谱牒参碑铭。
以文载道自通儒,补传天师凝深情。
静观风云昌正教,体道明法启世人。

① 山人:《龙虎山62代天师张元旭墓重修一新》,《中国道教》,1994年第2期。

第十二章

第六十三代天师张恩溥评传

第六十三代天师张恩溥（1904—1969），字鹤琴，号瑞龄，谱明道生。清光绪三十年甲辰（1904）九月初五生，父元旭，母万氏，昆玉六人，其为长子。张恩溥天师“精道法、擅符箓，笔力遒劲，先后如一，得者灵验异常，故群相长求书”。民国十三年（1924）嗣位。曾于上海、苏州一带开展传道事务，抗日战争爆发后归隐于山中。民国二十五年（1946），他提出“研究玄学，阐发教义，刷新教规，联络道友感情，发展宗教事业”、“宗教为重，团结为重”等口号，在上海筹备成立“上海市道教协会”。之后出版了由陈撄宁先生起草的《复兴道教计划书》。1949 年前夕，他浮海入台，并于 1950 年创立台湾省道教协会，设立“嗣汉天师府驻台办事处”，并亲自向信众传授经箓。之后又设立“道教大法师会”“道教居士会”。1969 年 12 月底，病故于台北，享年 65 岁。在张恩溥天师嗣位履职期间，中国实现了向现代社会惊天动地的历史跨越，因此，一方面，如何立足于这一特定的历史境域，客观公允地评述此期张恩溥天师体道嗣教的实践活动，确实具有一定的难度；而另一方面，由于上述难度，也使得对此期张恩溥天师的研究与评传，成为探讨中国近现代道教演化与发展的一个富有重要价值意义的命题。

一、辗转磨砺　发心维持

自张恩溥天师民国十三年（1924）嗣位履职时起，打击道教的活动就开始被当政者合法化，中国各地废除庙宇的活动十分活跃。海盐、宁波等地的庙宇，都被一毁而尽。从参与废除庙宇活动的人员成分来看，主体是军人、学生以及普通的青少年。其中，一些军人毁庙的主要目的，多是为了从中渔利。国民政府兴师北伐之时，张恩溥天师受难被禁于省农会，天师府五本田租册及历代传法印、剑等被收缴，后此劫难平息，他被释放，仍复其职。而这时，他再也无法安居于江西龙虎山嗣汉天师府中了，不得已只身逃往上海。对张恩溥天师逃至上海，《申报》有多则相关的告示、报道：一则是民国十五年(1926)十一月二十四日《张天师有来沪讯》的告示：

江西贵溪县公署致五省和平祈祷会示云，上海五省和平祈祷会化鉴：函电均悉，弋阳贵溪军队纷纷，夫役四窜，天师俟各军回防即起程，特恩免盼，贵溪县公署转。①

此则告示是由江西贵溪县公署转给当时上海五省和平祈祷会的，意思是张恩溥天师因江西贵溪动荡的情况，可能会晚些时起程到会。而且是用一个“来”字，并没有透出查抄家产之类的信息；《数卷残编：民国编年史/革命编年史》中，有民国十五年(1926)十二月十九日的史事记载：“同日(十二月十九日)，江西政务会议下令取消张天师名号，没收其财产，六十三代张天师自龙虎山逃亡上海。”据民国十五年(1926)十二月三十日的《申报》报道：

江西龙虎山六十三代天师张真人恩溥，近遭江西省政府派员前往查抄家产，张乘间逃至九江，于昨乘轮来沪。张之服装，仅穿棉袍，只身逃沪，情形甚为狼狈。寓沪西王绅家中。昨日午后，江西道教总会驻沪机关部副理事朱寿山等特往慰问云。(按江西政务委员会取消张真人名号命令，已见本月二十一日本报地方新闻栏)②

其后，《申报》还有一则相关的延伸性报道，也说明当时上海道教界对此事持不确定的态度，并依据掌握的信息采取了相应的方式予以处置。此报道即：

---

① 《申报》，民国十五年(1926)十一月二十四日，229—560。
② 《申报》，民国十五年(1926)十二月三十日，230—713(5)。

道教总会驻沪机关部开会记

江西道教总会驻沪机关部于前日午后二时，在丹园楼开职员常会。到者罗访梅、李瑞珊、丁锄云、乔文达、张百福、陈粕生等三十余人，由罗正理事主席宣布开会宗旨，略谓本部前经大会谨决，发给全国道友证书，以资统属而便稽考。业经上海县公署请求备案，并请布告饬遵。兹奉商埠厂总办第四七七号批令，准予备案。则本埠各道友之证书，亟应定期填发，公决定于本月初九日午后二时，邀请各调查委员开会讨论分发手续。决议各道友咨询欢迎总会长案，公决报载天师来沪，本部一再派员寻访，查无踪迹，是否来沪，无从悬揣，欢迎一节，应毋庸议。至于江西省府查抄天师府财产一事……尚仅提议取消天师袭封职衔，并未派员查抄财产。况信教自由，载在约法，中西各教，自有教主。今江西总会既未查封，本部未便有所表示；末议督促各省县道教同人组织分支会报领证书案，公决由部通告各省县道部速组织分会，以资团结，并饬全国道友速函本机关报名，请发证书以凭执行职务等，议毕，时已六时余矣。①

这篇报道是了解当时张恩溥天师及上海道教活动与生存情况的一份宝贵资料。从中可知，当时上海已设立江西道教总会驻沪机关部，有正常运转的组织领导机构，并配合当局商议如何展开上海及全国各省县庙宇与从职道友的登记普查、报领证书等工作。而江西道教总会在各省县诸分支会，也由本部催领证书。此报道中提到，当时江西道教总会驻沪机关部本部对于江西道教总会的情况尚不十分清楚，从《申报》中得知作为总会长的张恩溥天师已逃至上海，但派人多方打探，却“查无踪迹，是否来沪，无从悬揣”，所以沪上道友也就无从迎接他了。而关于江西省府查抄天师府产一事，他们认为，实际上当局只是取消了天师袭封职衔，并未派员查抄财产，因而，“本部未便有所表示”。

废除庙宇活动可能要从康有为那里起始，而其合法化的确切时间，却尚未可知。不过，据已有资料，民国十七年（1928）十月二日开始，当局对全国的寺庙进行普查，从首都到各地市、县均设立有专门机构，调集专人，登记注册当地所有寺庙，全面清查具有文物或古董性质的法物、庙产、寺庙里的常住人口，至于为什么要做这件事，当时主抓此事的内政部公布的“寺庙登记规则”，并没有

① 《申报》影印本第231卷，第225页第1版。

给予确切的说明，然而，从内政部给各地政府的指令及地方政府的实际操作情况来分析，还是可以看出一些端倪的。[①] 在大普查之后，内务部向各地方政府发出"神祠存废标准令"，其意图便一目了然了。"神祠存废标准令"指出，迷信是进化的障碍，神权是愚民的政策，而所有"为害最烈的淫邪神祠"，都是必须彻底铲除的。此"标准令"分别提出两类可以保存的神祠和两类必须废除的庙宇。制定者认为，可以保存的只有两类神祠：一是先哲类。凡有功民族国家社会，发明学术，利福人群及忠烈孝义，足为人类矜式者，如伏羲、神农、黄帝、孔子、孟子等。二是宗教类。凡神道设教，宗旨纯正，能受一般民众之信仰者，如释迦牟尼、地藏王、弥勒、观世音等。而两类庙宇则必须废除：一是古神类。即古代之科学未明，在历史上相沿崇奉之神，至今觉其毫无意义者，如魁星、火神、日月星辰、旗纛庙等；山川土地之神，如五岳四渎、龙王、东岳大帝、中岳、海神、城隍、土地、八蜡灶神、风雨云雷之神。二是淫祠类，附会宗教，借神敛钱，或依附木偶或沿袭《齐东野语》者，如张仙、送子娘娘、财神、二郎、齐天大圣、瘟神、痘神、玄坛、时迁庙、宋江庙、狐仙庙，均应从严取缔禁绝。而画符念咒的道教也俨然在废除之列。显见，"标准令"的制定极不周全，制定者甚至要求地方及时提出补充修改意见。妈祖等一些神明因遗漏的原因而未列于其中，那么，在执行的过程中保还是不保？有些庙宇供奉多位甚至是几十位神明，如何保又如何废？这让宗教界混乱不堪，人人惶恐不安。实际上，当时的废除庙宇活动，对庙宇是保是毁，根本就没有什么定数，许多地方豪强却正好假借"标准令"的名义，巧取豪夺，将庙产变成了私产。更为糟糕的是，这次废除庙宇活动，使中国文化结构体系的完整性遭到极大的破坏。近代中国剥夺与打击自己的宗教文化，道教在其生成的本土上，面临着有史以来最为严重的危机，道教的庙宇大多被列为淫祠，而中国传统文化的断层也就因之而在劫难逃了。

尽管遭遇劫难，但道教界并未因此而沉寂，张恩溥天师等道教界人士以上海为中心，展开了一系列维护、衍扩道教的活动。在他们看来，最为紧要的是在现实际遇之下，何以因应形势，以合法的方式，最大限度地保护道教及各地道友，使道教能够得以生存与衍扩。民国十五年(1926)十月中旬，上海本埠全国道教总会驻沪总机关部就为此召开了相关会议。《申报》对此也专门作了报道：

---

① 参考北京市档案馆编《北京寺庙历史数据》，中国档案出版社，1997年，第1—21页。

全国道教会填给证书之会议

本埠全国道教总会驻沪总机关部，兹因统一道教填发证书事，于昨日午后一时，在城内火神庙本部开临时职员会，到者全体职员暨上海分会正副会长李瑞珊、丁锄云等四十余人，由正理事长罗访梅主席宣布开会宗旨，略谓，本机关系奉总会长六十三代天师张令，饬近禀承……业经召集成立大会，拟具简章，呈奉内务部批准立案，淞沪监察部上海县公署出示保护，并呈奉会审，公庙一体备案。兹因同人等散处四方，填给证书，必须先行调查，应请讨论调查办法云云。公决：（甲）本埠当场推定朱星垣调查委员十五人，携带表册，分段负责调查，务尽夏历本月底登报本部，定十月初一起发给证书，派员分送各道友执凭。（乙）外埠由部将调查表册，寄交各省县分支会，派员就近调查，限十月初十日前登报本部，照填证书，仍寄各该会分别发给。以凭各道友在各该区域内执行法师羽士职务。一面由部会同王绅等呈报华租两界暨各省县官厅。此后各道友一律执有本部证书为凭，以资统属。至各省会尚未组织分支会者，由部呈请各该省省长通令各县，出示限期成立。并将办理情形，会同王绅等呈报总会长鉴核。……①

从这篇会议报道可知，"本机关系奉总会长六十二代天师张令"，也就是说，此次会议即有全国道教会总会长第六十三代天师张恩溥的授意，而填给证书的目的很明确，就是保护各道友在当时的法令许可范围内能够更好更安稳地执行职务，即"以凭各道友在各该区域内执行法师羽士职务"。至本年十月底，全国道教总会又召开了相关的职员会议，对此进一步予以落实，《申报》也进行了跟踪报道：

道教总会昨开职员会议

全国道教总会驻沪机关部，于前日午后二时，开职员常会，到乔文达等十余人，由罗正理事主席，宣布开会宗旨。略谓本部奉总会长令饬，就近禀承王绅省三、王绅一亭，将全国道规，积极整顿，业经鄙人禀奉王绅等召集全体职员，议定整顿办法，此后每届常会，各职员应于午后一时至二时齐集

---

① 《申报》影印本第228卷，第475页，第3版，民国十五年（1926）十月十八日。

丹凤楼常会室参与会议。有事亦须推派代表。次议调查期限案，公决本埠于本月二十一日起二十天为限，务请各调查员依期查竣。外埠一月为限，将调查表册寄交各分支会，依限期查明登报本部云云。次议填发道友证书案。公决本埠自十月十一日起发送。外埠十月二十一日填就寄交。各分支会分别给领，以便各道友在各该区域内执行法师羽士职务。一面将证书式样，录呈外埠各官厅声明，此后各道友一律执有本埠证书为凭。以资统属而便稽考云。末议推派司月案，公决俟下届常会职员到齐后，拈阄行之。议毕旋散。①

这则报道，比较详细地交代清楚了张恩溥天师是如何统率部属，整顿全国道规，积极开展普查，以便各道友在各该区域内执行法师羽士职务的，所以它表明此次会议是对前次的进一步落实，同时，也显示出道教作为一个中国本土宗教，在遭受近代中国各方力量强势打击之下的抗争，在许多省县，尤其是在上海，既具有和融相处的策略性，又富于团体组织的整体性。而张恩溥天师在这些活动开展过程中，仍起到了他作为道教主脑不可替代的核心凝聚作用。

不过，张恩溥天师等道教上层这些积极因应时宜的活动，也只是在不大的范围内发挥着作用。而此期主流社会对道教的歧视仍然日益严重。许多接受新潮文化的知识分子对一些道教中人不合时宜的执业活动予以尖锐的批判，这更加深了人们对道教及其体道活动的种种偏见。例如，吴守拙所撰写《斋醮何如行善》就是其中的一篇文章：

斋醮何如行善

秋风一起，斋醮盛行，每岁皆然，于今尤甚。问其故，曰大疫之后，藉以祛除不祥也。或曰免疫者所以酬神也。此说亦近人情。不知斋之为言斋也，所以斋其思虑之不斋者，以交于神也。故孔子慎之。次则颜渊心斋为最近道。而今人思虑多端，扰扰名利，其能善斋乎？至于设坛祈祷以为醮，则始自宋徽宗……然于君国事不为无补也。试问今羽士中犹有其人否？不过曰醮火神以免问禄，醮斗姆以增寿算，或禳解星宿及保安家宅而已。今以逐物于古今，亦只有傩而闻有斋醮也。

① 《申报》影印本第 228 卷，第 687 页，第 3 版，民国十五年(1926)十月二十七日。

我谓人苟志诚于斋醮则善斋者,必先戒尽肉躯嗜好,不愧屋漏,神明浴德,澡身澄心,端虑而后可与言斋能斋。然后能醮,不然获罪于天无所祷也。醮亦何为哉?故善斋醮者,必以自求多福,不自作孽为根本,此则不事斋醮之虚文而能获斋醮之实益矣。

或谓子所言,仅为一身计,而今此由疫而起之斋醮,盖为公益计耳。余答果为公益计,我知聪明正直之谓神,神必依人而行,人经此设所欲者,必为多设医院,广置药物以及种种卫生事业,次第举行,凡此当务之急,非有经济不行,设或募捐于神,神亦必乐捐助,以成美举。惜不能变纸锭为金钱,化经忏为货币耳。惟有望我人节此斋醮靡费,以供神者转而供人,人苟默契神明,自然百福骈臻,千祥云集,公众之庆抑亦一人一家之幸也。①

此文对古代圣贤何以善斋予以反思,并在此基础上,指出一些"逐物于古今"的斋醮,不过是"醮火神以免问禄,醮斗姆以增寿算,或禳解星宿及保安家宅"而已,那些善斋醮者,"必以自求多福,不自作孽为根本",这样才"能获斋醮之实益",而今因为时疫而发起的斋醮,也是为了公益,但作者认为,"聪明正直之谓神,神必依人而行",因而,必须通过经济捐助,"多设医院,广置药物以及种种卫生事业","节此斋醮靡费,以供神者转而供人",这才是"公众之庆",也是"一人一家之幸"。这类批判逐渐成为社会上一种对于道教的基本态度,而其中引起的一些偏激行为,却不断损毁着道教生存发展的土壤,挤压着其生存发展的空间,使道教的根系渐趋萎缩。

这个时期的《申报》关于张天师请封的电文及署名筱山的文章,也在一定程度上说明当局及社会对张天师的一些不利态度和看法。《申报》公布民国二十五年(1936)三月三十日刊登的专电称,张天师请赐封给印,而内政部决予批驳,电文内容如下:

(南京)六十一代孙张恩溥,呈请赐封给印,承袭天师名号,经内政部特呈行政院请示结果,关于赐封给印一层,决予批驳,如信奉道教,可依现行法令呈请党政机关许可,组织道教会。(二十九日专电)②

① 《申报》影印本第226卷,第510页,第2版,民国十五年(1926)八月二十一日。
② 《申报》影印本第338卷,第745页,第4版,民国二十五年(1936)三月三十日。

民国二十五年(1936)四月六日,《申报》即有署名筱山的《张天师讨封号》一文,对张恩溥天师请赐给印一事予以批评,言辞颇具调侃讥讽意味。其内容转录如下,以见其情:

我们不会忘记吧?北伐军奠定江南的时候,道教的主脑,龙虎山上的张天师,再不能安稳地过活,被驱逐了下山,他一直居住在洋场的上海,过着那没落者的安稳生活。然而,隐久欲动,而这最后的命运已渐渐地显得凄惨了。当然,他的生产力已没有了,产业只有一天一天地减少,大有日落西山、奄奄一息之概。

最近,我们的龙虎山师主又活动起来,也许他感到官的兴趣吧,于是请求国府加封赐印,想要风光风光,结果竟遭内部批驳,碰了一个橡皮钉子。

我们知道,天师掌管符箓,世世相传,备受历代帝王的尊崇,这次屈尊折节,讨个小小封号,内部竟予以反驳,未免失了面子了。所以,他当然非常愤懑地咒着:"人心不古!"

然而,我们知道,中国已到了危亡的时代了,人生痛苦,已不是躲在山林里做梦可以生存的。如果张天师要保持一两千年的威严,最好再拿出传说上的法宝,呼风唤雨,使人间没有水灾旱灾,或者到永定河去,压着水患,或者到陕甘去救旱灾,再不然是撒豆成兵,到东北去指挥信仰神灵的不幸的奴隶们收复失地,争取回自由、财产……因为我们知道,无论什么,非要以物质做我们的基底,不可生存的,难道张天师在国府讨个封号就可以神威大振的吗?能够救济许多蹈于火热水深的大众们吗?更同样地,得到官的衔头,就可以把龙虎山整顿起来的吗?

然而,我们知道,张天师非要跟大众们一样走,那是不能生存或保存他的神威的。我们希望大众们别做那走不通的路的梦吧![1]

当然,近代中国道教生存与发展的抗争,在一些地方道众中,还是在相当艰难地进行着。道人与地方当局之间的矛盾与对峙,也时有发生。比较典型的如在苏州,民国十六年(1927),吴县临时行政委员会议决取消道教、取消道士后不久,即四月五日,便发生了在道教史上非同寻常的道士请愿事件,对此,《申

---

① 《申报》影印本第339卷,民国二十五年(1936)四月六日,第157页,第5版。

报》有比较详细的报道：

苏州道士请愿，抗议取消道教

苏地各庙观道士因吴县临时行政委员会议决取消道教，大起恐慌，五日有城内外道士四百余人，于午刻十二时赴市党部请愿，当推秦池松等三人为代表，自市党部呈递请愿书，即由监察委员尹介眉出面接见。秦池松即陈述要求维持生计，与抗议取消道教。谓佛教、耶教、回教同为宗教，如在一律取消之列，则取消道教自能甘服，否则道教亦应予维持，如万不能维持，只有不得已而求其次，小道士则可改营他业，老道士仍须请求维持云。尹君当等以佛教等之取消与否，可不必过问，如道士欲维持自身生计，须自将具体办法提出，以俟核准与否，遂无结果而散。①

此次道士的请愿，一方面通过与佛教、耶教、回教相比照，提出了不应取消道教的理由，另一方面又从道士生存的实际情况出发，向当局提出了具有一定策略性的要求。尽管当时没什么结果，但由于道士们有组织的请愿与抗议，还是迫使苏州行政委员会不得不开会，重新考虑其取消道教案。对苏州行政委员会取消道教案，《申报》也进行了跟踪报道：

苏州行政委员会十四次会议

吴县临时行政委员会八日开第十四次会议，（一）提出道士秦鹤琴等请愿道士维持生活，将取消道教案暂缓执行。议决取消道教为一事，道士改业又为一事。道教迷信神鬼，诱惑愚民，不但不能直接生产，又何尝能间接生产，故道教取消，固常令其改业，纵道教存在，亦应令其改业。观其日以符咒经忏取人钱财，本非真正教义，彼回教之老师父，天主教、耶稣教之神义牧师，何尝有此等举动，即佛教之和尚……然高僧讲学宣传佛理者，尚不乏其人，故革命成功受天然淘汰之规律者，必以道士为首。本委员会诚恐道士人众，一旦失业，穷无所归，是以议定，即就道士旧有产业……作训练之用。盖道士亦民众一份子，自不得不预为之计，该会长不明此意，自愿候省政府成立后，再行取消。徒姑息于目前，将贻悔于日后，实非本委员会

① 《申报》影印本第233卷，民国十六年(1927)四月十日，第188页，第1版。

始料所及。惟观院产业本属法人财产，应受主管官厅之，既称极愿遵办，仍仰据其报，勿更计较先后，再先总理民生主义，乃生产之生，非生死之生，牍语多误会，特予纠正，由会录案通知……①

由于道士的请愿，当局暂缓执行取消道教案，但强调之所以要取消道教案，是因为“道教迷信神鬼，诱惑愚民，不但不能直接生产，又何尝能间接生产”，而且认为，道教以符咒经忏取人钱财，本非真正教义，不同于回教的老师父，天主教、耶稣教的神义牧师，即使是佛教的和尚，也不乏高僧，所以“革命成功受天然淘汰之规律者，必以道士为首”。在这种理由之下，对道教观院产业予以清查、监督，对道士维持生计的要求予以处置。而反观此期当局一系列打击道教活动的背后，实际上，大都是以当权者对道教上述极为典型的偏见和谬论为基本依据的，由此案例可以见得，近代中国道教遭灾是何等之深沉。

上述情形表明，在张恩溥天师嗣位期间，道教的境遇较前代天师更为艰难，事实上，此期的道教各派大都处于危境之下，可谓如履薄冰。然而，即使在如此境况之下，历经磨砺的张恩溥天师，怀着坚定信仰，仍然发心维持、发展道教，并且在联合全国道众、传授职牒、弘扬道法方面，付出了一代天师的努力。

二、联合道众　弘扬道法

张恩溥天师弘扬道法，传授职牒，以上海为中心，展开了一系列活动。首先，在他的组织、领导下，上海道教公会展开了中华民国道教联合会由筹备到成立的一系列相关工作。民国十六年(1927)，他即着手筹备成立中华民国道教联合会。当时，上海道教公会专门于四月二日在《申报》上刊登《中华民国道教联合会筹备会报名通告》，其内容如下：

启者，本埠道教同人前本设立上海道教公会，隶属于江西道教总会，兹幸我革命军北伐胜利，民国重光，前项隶属式之公会，理宜消灭，同人等亟应随现时之潮流，重新组织以期固结团体，业于前日假大境关帝庙开筹备会。本埠道友到者达三分之二以上议决设立中华民国道教联合会，公推李

① 《申报》影印本第233卷，第208页，第3版，民国十六年(1927)三月三十日。

瑞珊等十一人为筹备委员,设筹备处于城内火神庙,即日拟具简单,定期召开全体会议,选举职员,共策进行。凡我道同人,速至筹备处报名加入,共谋同业之福利。事关我道教团结之群固,万勿观望自误,特此通告。筹备委员李瑞珊、罗克裕、沈颂笙、乔文达、丁克昌、张维新、李锡庚、宋梅林、王裕生、俞霭堂、康少梅同启。①

此通告简明扼要地说明了江西道教总会与上海道教公会之间的隶属关系,设立中华民国道教联合会的重要意义,并通告了筹备会议设立中华民国道教联合会的议决、筹备委员名单、筹备处的地址,并敦促道教同人的加入。四月二十四日,即在《申报》上发布了《中华民国道教联合会4月30日开成立大会通告》,其内容如下:

本会筹备就绪草章已付印,定于阳历本月三十日即旧历本月念九日午后一时在沪城大东门火神庙开成立大会,选举职员。届时当呈请上海最高政治机关暨淞沪警察厅等派员莅会指示进行,并监视投票,以昭郑重。查我道教同人散居各地,人数众多,帮派不一,现除上海龙门派已派员加入筹备,苏州、川沙、南雁、嘉定亦均推举代表至会,接洽赞助外,本埠道友连日报名入会者,虽甚踊跃,惟筹备时间短促,各道友尚未加入者为数亦众,自此次通告后,凡我道属同人务望不分帮派,无论法师道众平日执行道教职务者,迅至本会筹备处,就近填具志愿书,领取入场劵、选举票,至期准时莅会参与成立大会,当众投票选举委员等职员。事关道属群固团结,同谋福利之进行,万弗观望自误。谨此通告。筹备委员李瑞珊、罗克裕、沈颂笙、乔文达、丁克昌、张维新、李锡庚、严承祖、严洪清、俞霭堂、王裕生、康少梅、朱星垣、张百福、张树生、张桐生、鲍查泉、朱寿山、周剑侯、沈照魁、王梅祥、朱范清、江兆周、王鸿声、丁步青、华振宇、俞善祥、潘辉熊、张星楼、金旭汀、王殿臣、吴福庭、衡吟章。②

民国十七年(1928)一月七日,中国道教总会又呈请备案具批。《申报》亦

① 《申报》影印本第233卷,第20页,第1版,民国十六年(1927)四月二日。

② 《申报》影印本第233卷,第233—445页,第1版,民国十六年(1927)四月二十四日。

报道说：

> 中国道教总会成立已有数日，委员会主任沈颂生近以宗教属于民政范围，特将简章等呈请上海县公署，依法备案，并求布告保护，兹奉江县长批令，略谓呈悉所拟简章尚无不合，应准备案，并候布告保护，惟该委员等应严守道规，时加整饬，毋稍逾越范围，是为至要，切切此批云。①

这一年，道教界“鉴于道教势微，非联合不足以图存”，由清虚观住持严洪清发起，联合本埠正一、龙门、茅山各道家，在上海围绕成立中华道教联合会开展了大量的活动。民国十七年（1928）七月十日在《申报》即刊有《道教联合会今日开筹备会》的通告。通告称日前发起人会议在爱多亚路、西藏路口清虚观召开，到会的有丹凤楼、白云观、火神庙、大境关帝庙、桐柏宫、玄妙观、青云观、清虚观各庙住持，并请有童有时、王一亭、许长卿、姚天民、翁演初、谢强公、陈叔任、龙积之、张午樵、谢又强、汤子章诸护法为之指导。并拟定发通告如下：

> 敬启者，吾教派别甚多，素乏联合，今值国民革命成功，吾侪日处于青天白日旗下，为皈膺三民主义之国民，岂容自咎而不思有以振拔。爰拟集合同道，发起道教联合会，不分派别，不分省界，一以护持道教为依归，并推行教育慈善之事业，以尽国民一份子之天职。昨经发起人开会决定，先立总联合会于上海，然后次第推行于各省区，并以是日到会各代表为筹备员，并请诸护法为指导，应由筹备处函请赞助，兹定于本月二十三日下午五时，在西藏路口清虚观，开第一次筹备会议，为此函达，务请贵住持护法拨冗列席，加以指导，共策进行。事关道教兴废，乞勿漠视为祷。（下略）②

发起通告发布之后，各地道众响应加入者甚多。为了“以资督促而利进行”，民国十七年（1928）七月二十一日发起者又就道教联合会的进展情况在《申报》发布通报，其内容如下：

---

① 《申报》影印本第233卷，第242—366页，第6版，民国十六年（1927）一月七日。

② 《申报》影印本第248卷，第301页，第3版，民国十七年（1928）七月十日。

道教联合会之进行

爱多亚路、西藏路口清虚观住持严洪清发起道教联合会以来，加入发起者，本埠有丹凤楼、火神庙、大境关帝庙、龙王庙、白云观、桐柏宫、青云观、玄妙观，外埠有苏州玄妙观、天妃宫、伍相庙、穹窿山、玉皇山道院、松江火神庙等十余处，余如、浦东、南汇、常州、扬州、杭州、茅山、南京、浙江、海门、宁波等处，亦在接洽中，进行颇为锐利，其筹备处即在清虚观，已推举关帝庙、白云观李、刘两主持为筹备主任，其文牍经济调查庶务各股，由各观道友分任，并请黄满之、王一亭、谢强公、姚天民、龙积之、陈叔任诸君为赞助员，以资督促而利进行云云。①

其时，中华道教联合会筹备紧锣密鼓，并结合当时社会的需要，开展了一些兴办学校等实务，以示道教联合会服务社会的价值作用。民国十七年(1928)八月二日的《申报》还报道了道教联合会第三次筹备会的情况如下：

中华道教联合会筹备以来，极形忙碌，上星期开第三次筹备会议。松江安徽等处道观，均有代表列席。由主席提出修正草案及宣言书，经众通过，并决定于白云观内，先设第一义务小学校，调查股报告，镇江、江西、扬州等处道教，均有来函赞成，请文书股复函接洽。白云观报告，有某公学李志宏君，商假校舍，以本观正需自办学校，不能应命答之，昨又来函责问，词极牵强，应如何处置？公决由白云观自行据直答复，免致误会。继请童老博士演讲道教源流及改革方法，以求合于三民主义。听者咸为动容，讲毕，后经众议，以后每逢开会，应请名人演讲三民主义，以启发道众智识云。②

民国二十五年(1936)陈撄宁拟《中华道教会缘起》，发表《中华道教会宣言书》，谓“吾国一日无黄帝之教，则民族无中心；一日无老子之教，则国家无远虑”。七月二十六日正式成立中华道教会，中华道教会在城南区乔家棚会所召开了成立大会。当时到会的有苏、浙、赣、鄂、晋五省代表及会员等共百数十人。国民党党部代表毛云、社会局代表饶强生到会监督。大会推谢强公为临时主

① 《申报》影印本第248卷，第614页，第5版，民国十七年(1928)七月二十一日。
② 《申报》影印本第249卷，第47页，第6版，民国十七年(1928)八月二日。

席，胡才藻记录，尹勇司仪。首先谢强公报告了自民国十七年（1928）发起此会筹备经过，并称筹备期间，曾向内政部备案，还创立有两所宏道义务小学，是道教服务社会的先声。“虽中间几经困难，又艰于经济，爰于上年，重新筹备，呈准上级党政机关许可备案，今日始告正式成立云云。”①然后由党部毛代表、社会局饶代表先后致训词，再由山西常熟道友演讲，最后，由主席将会章逐条读过，请众讨论要否修改。当时党代表毛云认为会费一项，不能临时捐募，须规定基本经费，以免将来发生纠纷，所以决议入会费一元，普通会员年纳两元，特别会员年纳四元，各分支会、各庙观，均应认缴事业特别费。还有会员姚天民提议：一、非会员不得充庙观住持。二、非庙观不得接经忏。三、非道士不得赴应拜忏、决议，非本会会员不得执行拜忏业务。通过后，开始投票，选举结果，计谢强公、李瑞珊、张竹铭、秦锡田、姚天茂、鲍杏泉、严洪清、陈存仁、张维新九人当选执行委员，王一立、李锡庚、宋梅林三人当选候备执行委员，龙积之、乔文达、许海珊三人当选监察委员，刘永祥当选候补监察委员。② 次日，《申报》又以“中华道教会成立”为题，对此作了比较详细的报道。

中华道教会正式成立，即选出第一届监察委员：龙积之、乔文达、许海珊；候补监察陈乐山，执行委员谢强公、李瑞珊、张竹铭、秦锡田、严洪清、姚天民、陈存仁、鲍杏泉、张维新；候补执委王一亭、李锡庚、宋海霖等。民国二十五年（1936）八月三日，执监宣誓就职，在城内衙家栅总会所，举行宣誓就职典礼。当时到会的有全体执监委员暨会员来宾等30多人，全体齐集礼堂，由市党部代表毛霞轩为监誓员，公推谢强公为临时主席，尹勇司仪。宣读本会愿词后，举行宣誓。《申报》报道宣誓就职的基本情况时写道：

> 毛监委员致训词，大旨谓道教具有五千年悠久之历史，与国家民族、世道人心，有极大之关系。现在人类演进，思想错综，所赖以维系人心者惟有一道宇。按道教尤合乎革命性，革命者，原非专恃武力，在乎人心之改革，欲以真道化人。革命首在革心，人人要革去其旧染之污，而施以血心，此间所揭示之大禹十六字心传，以及大道为公等，确为极好之标语，愿诸如君以道教真精神，清净宁一为本，以无为而无不为用，诸君并须详究三民主义，

① 《申报》影印本第342卷，第725页，第8版，民国二十五年（1936）三月三十日。
② 《申报》影印本第342卷，第725页，第8版，民国二十五年（1936）三月三十日。

身体力行，具发扬我国固有之文化与道德，以改良社会，维系人心，收效之宏，不但推行全国，直可普遍于世界，愿诸君共勉之。继由主席答词，谓今日承毛代表之训勉，余等敬以至诚接受，窃念道教为我国五千年固有之宗教，最切合于民族性，道之广大，无所不容，其间斋醮经典，不过宗教中精细之一端耳。不察者以为道教只此而已，往往嗤为迷信，由疑虑而持成见，甚至因一种仪式，而轻其全部，并加以诋毁讪谤者，故此后余等当抱定决心，谨慎自修，阐扬道之精义，化导社会，一面切实整顿道规，严格取缔道士之不良恶习，涤除无意识之惑人左道，一面尊重国家之法律，实行三民主义，作新生活运动，服务社会，弘我教宗，使我教得全民众之认识，期大道昌明于世界。余等创办之志愿如此，今日又蒙毛代表恳挚之助勉，自愿本大无畏之精神，尽力去做，然而，团体者非少数人之力量得以成功，深望我会员热心赞助，通力合作，有过相规，有善相劝，方能达到完善之境域，并望党政机关随时指导，俾资遵循云云。旋即退入会议室，续开第一次执监联席会议，仍推谢强公为主席，行礼如仪，并读该会愿词毕，先由全体执监委员，推行谢强公、李瑞珊、张竹铭为常务委员，又互举谢强公为主席，乃开始讨论各议案。一、如何规定本会组织以利进行案，议决规定总务、教务、组织三部，推谢强公、姚天民、张竹铭担任之；二、筹备委员严洪清提请移交筹备会各件以清手续案，经众审核分别接收之；三、将大会议决、大会规则及会费各项之词句，经众修正，交总务部付印公布之；四、通过会证格式，付印备用；五、涟水县道众呈请援助恢复组织案，议决依照本会章程着先行呈请加入本会，再行核夺……①

中华道教会，自全国委员会宣誓就职后，即经呈报当局核准备案，其内部组织渐臻完善，于民国二十五年(1936)九月三日，启用即信，开始办公。此前一天，登报公告各处道庙、各派道徒，遵章入会，以资维护。中华道教会成立之后，连日接到各省会函索章程，及呈请组织分会者多起。山东宝山冲和观、岳庙，上海大境关帝殿、清虚观、大王庙等都说准备先加入团体会员，甚至有侨居菲律宾及南洋各岛之道教信徒及华商洪太庵等十余人，也加入为会员。中华道教会对入会者的审查比较严格：“鉴于今日人心之险诈，假道教名目，用邪术治病，符

① 《申报》影印本第338卷，第80页，第8版，民国二十五年(1936)九月三日。

咒敛钱，及以无谓之迷信，欺骗愚民等事，此不特有损道教之名誉，且违背国家法律，特此会员组将收到申请人会审，严格审查，遇有来历不明或有可疑之点，即予拒绝入会，此为整顿道教第一步办法云”。① 其后，该会又于本月二十四日通告各庙登记，并于第二天在《申报》登报，其内容如下：

中华道教会通告各庙登记

中华道教会昨通告本市各庙云，为通告事，奉市社会局令关，案查本市寺庙登记，应于本年九月底截止，尽经布告，并令饬转知在案。兹查各庙登记者，迄今仅一百九十余所，其延不登记者，为数尚多，合再令仰转饬各寺庙，迅速登记，事关寺庙本身权益，慎勿自误为要。此等因，奉此，查全国庙宇总登记，系属政府维护各庙宇权益之至意，岂容违延自误。且本会为体恤各庙宇之见，特呈准展期九月底截止，现在截止期近，而尚有多处迄未申请登记，兹奉前因，为亟通告其有尚未登记之庙宇，务于即日依式填送社会局，或有不明办法者，可来会询问，自愿予以指导。事关政府法令，该庙本身权益，倘再延期观望，将来该庙或有发生纠纷不独诸多不便，即本会亦难负保护之责，其各遵照办理为要，特此通知云。②

上海道教界的这些联合活动，均有张恩溥天师的直接或间接的作用和影响。值得讨论的是，在张恩溥嗣位履职期间，上海道教界成立了道教会，发布了陈撄宁所撰写的《复兴道教计划书》。陈撄宁（1880—1969），原名元善、志祥，后改名撄宁，字子修，号圆顿子，是仙学创始人，中国近现代道教领袖人物，安徽怀宁人。道教界誉其为“当代的太上老君”，有“仙学巨子”之称。少年时体弱多病，不喜仕宦，羡慕仙学。遂遍历名山道观，寻师访友。1912 年至 1914 年，住在其姐夫乔种珊的家中，经常往上海白云观通读《道藏》，因而探求深得道教丹术的底蕴。后来又去杭州海潮寺华严大学阅读佛经，以便与他所读的《道藏》进行比较。1916 年，他与西医师吴彝珠结成婚姻，夫妻双双在上海的民国路自行设立诊所行医。陈撄宁钻研道藏，并结合西方医疗科学，亲身体验道教养生法。1922 年至 1932 年间，他和他的数位同志一起在家里进行了数百次外

---

① 《申报》影印本第 338 卷，第 95 页，第 9 版，民国二十五年(1936)九月四日。
② 《申报》影印本第 344 卷，第 683 页，第 6 版，民国二十五年(1936)九月二十五。

丹试验，但是，由于军阀混战、日寇侵占上海而遭受到破坏，没有获得最后的成功。1933 年，张竹铭医师在上海创办了《扬善半月刊》，陈撄宁主笔其中的“答读者问专栏”，他利用这个有利的条件，大力提倡“仙学”，团结众多好道之士，使这个阵地成为当时全国研究仙道的一个中心。1937 年 8 月，由于日寇进攻上海，《扬善半月刊》不得不停办。1939 年，张竹铭医师又创办《仙道月报》，当时陈撄宁仍然为主笔之一，1941 年的夏天，因为上海局势险恶，《仙道月报》再次被迫停办。其后，陈撄宁仍然坚持仙学研究，并且传授弟子。1953 年，浙江省政府聘请博学多才的陈撄宁为省文史研究馆馆员。1956 年，陈撄宁又被邀请为中国道教协会筹备委员；1957 年 4 月，中国道教协会正式成立，他被推选为副会长兼秘书长；1961 年，又当选为中国道教协会会长。“文化大革命”期间，中国道教协会被迫停止工作，陈撄宁深为惶恐抑郁，以致心力交瘁，并因肺癌住入北京医院，1969 年 5 月 25 日羽化。陈撄宁对发展道教尤其是仙学作出了重要的贡献。他对《道藏》书目重新进行分类，将七部十二类的旧名目都予以取消，只是就《道藏》原有的 1500 种书按不同的性质分为道家、道通、道功、道术、道济、道余、道史、道集、道教、道经、道诫、道法、道仪、道总等 14 类。陈撄宁一生著作颇丰，涉及史论、丹道等，共计有《黄庭经讲义》《道教起源》《教理概论》《静功总说》《老子第五十章研究》《静功疗养法》《仙与三教之异同》等近三十余种。

值得一提的是，此期上海道教会成立，出版了陈撄宁撰写的《复兴道教计划书》。陈撄宁的《复兴道教计划书》，早于民国三十一年（1942 ）即已提出，直到抗战胜利后，民国三十六年（1947）上海市道教会正式成立，才通过修改之后而面世。陈撄宁自己在《复兴道教计划书》后的“附启”中写道：“此稿作于民国三十一年（1942），彼时国内情形，与现在大不相同。今为民国三十六年（1947），上海市道教会正式成立。会中办事诸君，欲将此稿付印流通。愚见认为事隔六年，原稿已不适用，需要修改之处颇多，遂仓促作第二次修改后，再付于民。但此稿仅言大纲，未免简略，恐不足以应用。将来若要实行时，其中细则，须妥为审订，仍有赖于本会办事诸君之深谋远虑，斟酌尽善，拙稿止能作为参考而已。”而落款为“岁次丁亥（注：1947 年）清明节陈撄宁写于沪上”。《复兴道教计划书》内容的要点大致如下：

第一，《复兴道教计划书》认为，宗教是和平之母。“世界人类为战争所苦，希望和平，亦已久矣。宗教者和平之母也。吾人果欲实现和平，自不能不弘扬宗教。”道、儒、释、耶、回诸教归根到底都在于劝人为善，诫人作恶，促使“亿兆生灵”彼此皆能互助合作，而不相侵害，从而维持人类社会，长保国家治安，而这正是宗教的伟大精神之所在。

第二，《复兴道教计划书》强烈要求振兴与改革道教。“总以发挥道教真义，而又适合于现代心理为原则”。认为道儒、释、耶、回五教中首推道教为最古，因此，作为黄帝子孙，要对其予以特别爱护，努力弘扬，“抱朴素之胸怀，倡不争之道德；秉宏深之愿力，祈世界之和平。虽志欲存古，而不背于潮流；虽功在崇玄，而不妨于客教。”“凡关于玄门一切事项，当兴者即兴，当革者即革。”“总以发挥道教真义，而又适合于现代心理为原则。”

第三，《复兴道教计划书》着重推出复兴道教大纲。为了“化除界限，合方内方外为一家；造就人才，融入世出世为一贯”，使社会民众，实受道教的福利，特地“拟复兴道教办法大纲九条，以供海内奉道诸君子之参考。如能联络同志，筹备基金，斟酌缓急，依次举办”。其内容包括道教讲经坛、道学研究院、道教月报社、道教图书馆、道书流通处、道教救济会、道功修养院、道士农林化、科仪模范班。

第四，《复兴道教计划书》具体说明了大纲要旨。

其一，关于道教讲经坛。

“凡是正式宗教，无不首重讲经者。”儒教讲《四书五经》，耶教讲《新旧约圣经》，回教讲《古兰经》，释教所讲大小经典，更是名目繁多，不可胜计。“惟独道教历年以来未闻有讲经之事，人皆争先，我独落后。”因此，“各教之优点与特长，容易使大众了解，而道教的好处何在，人皆茫然，莫知所云。”也就是说，与其他宗教相比，道教不讲经、不注重宣传，显然是其不足之处。“而近代坊间所出版之道教书籍，虽有几种，惜其内容浅薄，不能为道教争光。社会上偶有一二名人演讲道教，听众亦未必因此有何感化。盖以编辑道书者，及演讲道教者，皆是普通文墨之士，而非专诚信仰道教之人故耳。”因此，要矫正此弊，应当从演讲道经和宣传道教真义入手。这就要求按如下办法实施：(1)地点选择。佛教讲经，在各处寺庙之中；耶教讲经，在各处教堂之内。这教派讲经都不需要选择地点。只有道教讲经，尚属创举，从来没有过，所以应当选择地点。“总以交通便利，房屋宽舒，最少能容纳百人以上座位者为合格。一切布置，皆要清静而庄严，庶足以壮观赡而保荣誉。”(2)听众限制。“各处耶稣教堂，每逢星期日讲道理，妇人孺子，劳动苦力，目不识字者，以及颇有学问者，挤满一堂。”“佛教丛林讲经，听众虽稍为齐整，然其中程度亦复高低不等。譬如小学生与大学生同在一堂听讲，同用一种课本。程度高者，每厌闻浅近之言；程度低者，又不识精微之义。讲师往往顾此失彼，殊非良法。”鉴于这些教派讲经的经验，“将来道教讲经时，凡听讲者，当凭听讲券入场，无券概不招待。听讲券发出时，必须确知其人恰好合于听讲之资格，始赠给之，切勿滥发。讲玄妙的道理，听讲券须给程度高的人；讲普通的道理，听讲券须给程度低的人。”(3)演讲材料。“全部《道藏》数千卷，内容极其复杂。况且外面尚有许多道书，未曾收录《道藏》者，亦不下千余种。”这样丰富的内容，应当从何处讲起？所以不能不拟定一个如下的标准：

(甲)老子《道德经》，此经乃道教圣典。大用之，可以治国平天下；小用之，可以修身养性，了脱生死。汉唐宋明历代皇帝，皆崇拜此经，与《四书五经》并重。故此经在道教中之尊贵，等于耶稣教之《新旧约》。有《道德经》，然后有道教；无《道德经》，则道教无所凭借，亦不能成立。历代注释此经者，有几百家之多，可以想见其价值。将来若要讲经，当从此经始。

(乙)诸子经书，如庄子《南华真经》、关尹子《文始真经》、列子《冲虚真经》、文子《通玄真经》、庚桑子《洞灵真经》以及《淮南子》、《抱朴子》、谭子《化书》、周子《太极图说》之类，皆可作为演讲材料，但须提要钩玄，择其有益于国家社会之理论，或修养身心之方法，善为说辞，以教世俗。不必徒事考据，搬弄陈言。

(丙)历代名人道教言行录，教外之人不识道教真面目，每每轻视道教，认为历代道教皆是巫觋方士之集合体，不足以言教。而教内之人，又终年忙碌于诵经礼忏，拜斗放炼，亦无暇称述前辈之遗徽，以作后学之模范。致将已往诸贤组织道教之苦心孤诣淹没而不彰。今日若欲提倡道教，宜从《二十四史》及各省府县志中，选择历代道教先贤所行所言足为后世法者，编作讲义，分期演讲，以挽末俗而正人心。则道教对于社会，利益良多，复兴之望，可计日而待。

(丁)各种劝善格言，如孝悌、忠信、礼义、廉耻，一切做人的道德，皆包括在内。但旧式善书，有许多不合于现代人之思想，宜慎重选择，免遭物议。

(4)演讲时期。按照上海的实际情况，每逢星期日，最宜于演讲。因为星期日听众都有闲暇。若是星期一至星期六各日，则最好在晚饭后七点至九点之间为适当。“凡宗教演讲，不是短时期所能发生功效，须要继续不断，方为有益。并要普遍散布各处，则效力更宏。奈道教演讲人才，今日难以多得。若有经费，可先就上海试办一处。俟人才足够分派时，再推广于各处。”假若自己没有固定的场所，那最好还是不办的好，而不能“徒慕虚声”，因为“姑借某公共场所，作短期演讲，大登广告，哄动许多男妇老少，来看热闹，等于听话剧一样，人己两方，皆无利益，止有劳神伤财而已。”

其二，关于道学研究院。

“道是何物？道教真义何在？道教对于人类社会有何利益？此等问题，非但教外人难以了解，虽教内人亦往往不能回答。”教内外对道、道教真义之所以不了解，是因为缺少研究工夫。而道教要如他教那样发展，必先从研究道学入手。为此拟有十条具体的办法，包括道学研究院的宗旨、地点、课目、试办、毕业后的出路、入学资格、学费及膳宿等、介绍人与保证人以及相关的人事管理。具体办法条目如下：

第一条：本院以研究中国古代道学，预备将来弘扬道教、利益国家社会为宗旨。其性质颇似前清各省用地方公款所设立之书院。与现时普通学校性质不同，与道功修养院专重个人修养者亦不同。

第二条：地点不宜在冷僻之区，亦不宜处繁华之境。如杭州西湖之城市山林，颇属相宜。本院乃道教中的文化机关，只可供奉黄帝、老子、孔子三圣牌位。其他神像，不便供奉。

第三条：本院课目如下：(1)道教真义；(2)道教源流；(3)道教清规；(4)道教名人列传；(5)道教应用文章；(6)儒释耶回各教大义；(7)诸子百家精华；(8)中外历史地理；(9)普通科学常识。

第四条：初次试办，止开一班，以四十名为满额，三年毕业，即可算是道教基本人才。第一期毕业后，第二期是否继续开办，须看将来情形如何，再行酌定。

第五条：毕业后之出路，由本院尽力介绍到各省道教大丛林中，担任讲师之职。平均分派，每省不过二人。只患人少，不怕人多。出路一层，可以无忧。

第六条：入学资格，年龄二十五岁以外、四十岁以内，国文精通，脑筋灵敏，身体健康，无一切嗜好，无室家之累，对于将来弘扬道教，具有热心宏愿者，为合格。方内、方外兼收。

第七条：考取入院之后，凡膳宿、书籍、讲义、纸笔等项，皆由院中供给，概不取费。假使本院经济力量尚欠充实，即不收方内学员，而专修方外学员。由各省道观选择合格之道友，保送入院肄业，并由该道观贴补本院学费及膳宿费；毕业后不受限制，听其回到原来道观自由服务。

第八条：凡有志入院研究者，在预备投考之前，须有介绍人一位，否则不能应试。考取及格以后，除原有介绍人外，须再另觅保证人一位，否则不能入院。入院时，须填写志愿书，言明毕业后以弘道为终身义务，并不许半途退学。将来该学人若违犯院规，介绍人与保证人，当连带负责。若是出家道士，自愿入学者，由各大道观住持，作介绍及保证。

第九条：本院设院长一席，请方外年高有德之人担任，或创办人自己担任亦可。须要常年住院，管理院务；若院长因他事不能到院时，得请相当之代理人。又聘请正副主任教师二位，常年住院，每日授课。助教师二位，不住院。又书记兼司账一人，又厨房一人，门房一人，杂役一人或二人。伙食净素，禁止荤腥。

第十条：本院开支各项：院长办公费、教师薪金、佣人工资、师生膳费、讲义书籍等费，房屋装修器具设备等费，日用必需一切杂费。

其三，关于道教月报社。

抗战以前，国内佛教定期刊物最盛，各教都有各种定期不定期出版物，唯独道教没有专门刊物。“八年抗战期内各教所出刊物，多已停止。胜利以后，世界大局安定，各教原有刊物，必将继续出版，以争取民众之信仰心。此时道教若再无所举动，无所表示，恐又不免落后矣。”如果聘请普通学校出身之人，来作道教文章，办道教刊物，这些人对于道教认识不清，也许会弄出笑话。然而本教内擅长于笔墨的人才，的确太少，“难以应用”，而如果能创办道学研究院，“则三年毕业以后，讲经的人才，传教的人才，编辑的人才，皆绰然有余。”而“假使目前急于要办道教刊物，则总编辑之人，最关重要。必须先得其人，然后月报方可出版；若无其人，只好缓办”。

其四，关于道教图书馆。

“徐家汇天主教图书馆，颇有名气，里面藏书甚多，并且有一部《道藏》。往年闸北佛教居士林，亦有佛学图书馆，内容尚佳，惜为战争炮火所毁。道教图书馆，从来未曾有过，假使能够成立，真可以称得起道门中伟大的事业。”指出“在往日承平时代，搜罗道书，已非容易，况又经过多年兵燹之灾，版本丧失者，不可胜计”。“听说杭州玉皇山所藏道书并经史子集不少。”缺少道教图书馆，信道、奉道、慕道、学道诸人要想看古本道书，就会无问津之处。为此，需要着力建设道教图书馆。

第一步，宜先请专家分门别类，编一部目录，并注明每部卷数册数、作者姓名、朝代、版本新旧样式。

第二步，宜设法在葛岭上面建设一所道教图书馆，将玉皇山所藏道书择其要者，陈列于葛岭图书馆中，托老成可靠的道友管理之，以便游客参观，兼售图书券及茶资，以贴补零碎开支。如此长久下去，则西湖葛岭道教图书馆之名，可与湖山共垂不朽矣。道学研究院，最好与图书馆相近，彼此皆有便利。

其五，关于道书流通处。

“耶教书籍，各教会中皆可购得，定价甚廉，等于半卖半送。佛教书籍，各大城市，亦有专售之处，价虽不廉，但因其流通甚广，触目皆是，学佛之士，可以自由选购，伊等喜其便利，故亦不嫌价昂。”其他各教书籍流通广，唯有道书在市面流通得甚少，得之不易。“全国学道之士，感受困难，常有半途改变宗旨，弃道学佛者。因为佛教的好处，在经典上说得明明白白，使人乐于信从。道教的好处，在佛教书中是一句不肯说的。即在杂书中亦寻不出道教的好处何在，偶有论及道教之事，大半是游戏讽刺一类的文章。而道教专门书籍，普通人又看不见、买不到，自然他们都倾向别一方面去了。”道教的好处，不易通过专门的道书，广泛地为人们所了解和信奉。提出在上海建立专门流通道书的机关的设想。“上海如此之大，人口数百万之众，不能不有一处专门流通道书之机关，以为学道的群众谋便利。”因为这种事情具有商业性质，与图书馆性质不同，“非有多年经验的熟手，不能办理此事。”而“将来若要流通道书，用何法进行，方不至于亏本，不妨先与翼化堂办事人一商”。建议与经营过道书、有一定经验的上海南市翼化堂书局办事人商议。

其六，关于道教救济会。

"宗教家原以济世度人为本务，所以耶稣教、天主教，最热心于办医院、开学校一类的工作。彼教人才甚多，凡医院学校中，院长校长、医师教师，以及其余职业人等，皆由本教信徒担任，故能诸事顺手，上下齐心。"由于道教缺乏人才和资金，"若亦要办医院开学校，则大小职务，都要请道教以外的人担任，未免诸事掣肘，劳而无功，况且常年经费亦不易筹募。但若对于社会救济事业概不过问，似非宗教家应有之态度。"拟先从近处做起，兴办道教救济会，初次创办，范围应有限制，以信仰道教之人为限，而不涉及教外，只能救急难，不能救贫穷。

其七，关于道功修养院。

"佛教居士林，早已有过。道功修养院，至今尚未见有人发起。一般好道之士，皆认为此种组织今日甚为需要。"因此，特拟定道功修养院的宗旨、选址、创办人、创办人的纪念、经济负担的分派及办事权限、供奉三清圣像、住宿安排各细节、住院道友禁忌、修养书籍及专家、道学研究院学者的收费等内容。

第一条：道功修养院宗旨，在脱离尘俗，修养身心，不应酬经忏，亦不招待香客，以示与普通道院有别。

第二条：本院宜设于山水名胜区域，不宜在城市中。

第三条：本院创办人，无论方内方外均可，或方内与方外合办亦可。

第四条：创办人造像，及生平事迹，永远供奉于本院内以留纪念。

第五条：设若本院由在家人与出家人合办时，经济负担如何分派，办事权限如何划清，当由彼此商量同意，载于文据之上。

第六条：大殿只一间，供奉三清圣像已足。其他诸神像，一概不供。

第七条：单人住宿的小房间，宜多做几间备用。凡是有志于修养者，皆性喜清静，不愿数人同住一室，妨碍其用功。

第八条：初次试办，暂不建设女道友宿舍，将来看情形如何，再议办法。

第九条：除道友宿舍而外，如饭厅、讲堂、会客室、阅书室、管理室、储藏室、门房、佣人房、厨房、浴室、便所，皆要齐全。

第十条：住院道友，禁止吸烟饮酒，及荤腥肉食。

第十一条：本院宜多备各种修养书籍，以供诸道友阅览，遇有机会，或可延聘修养专家，指导下手用功之法。

第十二条：道学研究院，注重研究学问。弘扬道教，是以利人为宗旨。故凡来就学者，应当酌收月费，或年费，按最低数目计算。

其八，关于道士农林化。

强调道士应“自食其力”。“所谓农林化者，即是以农业生产，并森林种植，维持道粮，自食其力，不必求人。然后品格清高，方不致被外人所轻视。”而“农业不限定耕田种地，收获米麦，凡植物可以充饥，药草可以疗病者，皆在农业范围之内；森林不限定松柏大树，凡是茶叶、竹笋、棉花、桐子，以及各种果木，只看土地相宜，皆不妨试种。各处荒山未曾开辟者，不计其数，正需人去经营”。认为“远离尘俗，退居山林，靠山吃山，靠水吃水，不靠化缘与经忏谋生，方是正理”，“隐居山林，自食其力为上策”。

其九，关于科仪模范班。

“古代道教真义，入世则治国安邦，出世则成仙了道，本无所谓经忏科仪。自魏晋以降，天师派道教，始着重经忏斋醮等事，而全真派仍贵清修。”而“无论何种宗教，皆注重祈祷”。所谓祈祷，就是以人的精诚，感动神的灵力。祈祷的仪式，虽各有专门，祈祷的原理，彼此却实无二致。原理如何，即在乎至诚感应。所以诵经礼忏、焚香上表、钟鼓音乐，都是一种仪式，而最重要的还是真心诚意，然后方有灵感可言。“科仪模范班者，其目的在训练一班经忏人才，免除时下种种习气，务必法事认真、精神贯注、衣冠整洁、态度庄严，处处遵照科仪，丝毫不苟，足以为道门之模范，而博得社会之好评。”如果真的能够做到如此，则经忏事业，“自然可以永久存在，而不至于逐渐衰落。”

总而言之，陈撄宁的《复兴道教计划书》明确了道教乃至各类宗教的真义与实质，在比较其他各教的基础上，入木三分地揭示了当时道教之所以衰落的多重原因，指出道教在生存与发展中存在的主要问题，并提出面向未来的九个方面的设想以及一系列切实可行的相应措施、办法，体现出陈撄宁深刻的洞察力、渊博的学识和对人对事的独到见解。可以说，此计划书，为道教的生存与发展指明了方向，是中国近现代道教发展研究极为宝贵的资料，它对于如何促进道教的发展，至今仍具有一定的借鉴意义。

三、浮海入台　阐扬教化

抗战时期，张恩溥天师归隐山中。民国三十四年(1945)春，日寇犯境，只见龙虎山上清宫洞天福地，神圣庄严，大多是跪拜离去，而不敢进犯。民国三十七年

(1948)张恩溥为承袭道派奔劳,经新加坡往台湾,继续进行道教活动。民国三十八年(1949)夏,大陆解放前夕,张恩溥天师率长子允贤、秘书龚行健、侍从邱建忠,云游澳门、广州、香港等地,翌年春即浮海入台,驻于台北市大龙峒觉修宫。

台湾道教曾屡遭日本干扰或破坏。早在第六十二代天师张元旭时期,民国七年(1918),据日本丸井圭砦郎编、台湾总督府出版的《台湾宗教调查报告书》,当时台湾就有道教庙观3062所。民国八年(1919),日本收缴台湾神像及家祠牌位,民国十年(1921),日本又将台湾道教徒全归类为佛教。至张恩溥天师嗣位履职时期,民国十六年(1927),日本又烧毁台湾道教神像,称之为送神归天,所以台湾道教亟待发展。张恩溥天师到台湾后,即首创台湾省道教会,历任理事长,并且设立嗣汉天师府驻台办公处,扩展道教工作,传授神法职牒。

1957年,张恩溥天师附设道教居士会于天师府,聘请道行高深之士为大居士,建立成为道学研究之所。1963年,农历二月十五日,道祖老君诞辰,张恩溥天师在苗栗狮潭乡灵洞宫主持建醮。醮典没有开始之前,灵洞宫因为天旱,水井干涸,人们饮水都十分困难。经过上坛拜表后,涸井忽现涌泉,一会儿又天降甘霖,于是乡民因之大悦。1964年的夏天,张恩溥天师访问马来西亚吉隆坡、马六甲、芙蓉、新加坡等地,所到之处,积极宣扬道教教义,奏授道法职牒,受度的信徒众多。1969年的春天,张恩溥天师赴菲律宾访问,向世界传播中国道教,阐扬教化,收效极好。在他返回台湾之后,便因为长期积劳成疾,罹患膀胱癌症,至十二月二十五日羽化,其在位长达45年。应该说,张恩溥作为一代天师,为中国道教向海外的衍扩作出了无人可以替代的历史贡献。

融入了大道信仰的圣洁生命,是凝聚于宇宙天地之间的恒在精华。其悠然洗尘于亘古不尽的圣河流川之中,自在逍遥于浩渺无垠的烟波碧浪之上。自我清净而脱俗为道仙的天师,以其灵明上升于群星,而凡世的一切,在其境域里,都已化为如梦泡影。通观张恩溥天师的一生,可以以诗评之:

擅长符箓精道法,灵验异常传仙话。
辗转磨砺多劫难,发心维持伴生涯。
沪上繁华行道远,大道运化转春夏。
中华道教求联合,庙宇宫观聚众家。
浮海入台传职牒,觉修宫中扬教化。
灵洞建醮降甘霖,茫茫沧海踏浪花。

主要参考文献

1.《申报》影印本。

2.《民国日报》影印本。

3.《道藏》,文物出版社、上海书店,天津古籍出版社,1988 年版。

4.《中华道藏》,华夏出版社,2004 年版。

5. 吴宗慈:《张道陵天师世家》之序文,江西省文献委员会印行,民国三十六年(1947)九月。

6. [法]安娜·塞德尔:《西方道教研究史》,蒋见元、刘凌译,上海古籍出版社,2000 年版。

7. [英]罗素:《西方哲学史》,商务印书馆,1963 年版。

8.《马克思恩格斯全集》第 23 卷,人民出版社,1972 年版。

9. 史仲文:《中国全史》(在线阅读)第 085 卷《清代宗教史》道教部分。

10. 赵尔巽:《清史稿》(48 册),中华书局,1977 年版。

11. [清]俞蛟:《梦厂杂著》,北京古籍出版社,2001 年版。

12. [清]张潮辑,王根林校点:《虞初新志》,上海古籍出版社,2012 年版。

13. 郑庆华:《清代乾隆初年道教史事两则考订》,《宗教学研究》2009 年,第 3 期。

14. [清]袁枚编、申孟、甘林校:《子不语》,上海古籍出版社,2012 年版。

15. [清]钱泳:《履园丛话》(清代史料笔记),中华书局,1979 年版。

16. 方宝川:《太谷学派遗书》,江苏广陵古籍刻印社,2002 年。

17.《拳乱纪闻》,翦伯赞等:《义和团》,上海人民出版社,1957 年版。

18. 中国档案汇编,国家档案局明清档案馆编:《戊戌变法档案史料》,中华书局,1958 年出版。

19.［清］程趾祥:《此中人语》卷四,上海进步书局印行本。

20. 徐从法、张学开:《邵伯镇志》,江苏人民出版社,1996 年版。

21. 康有为:《请饬各省改书院淫祠为学堂折》,光绪二十四年(1898)七月十一日《新报》,第 63 册。

22. 陈锡祺:《孙中山年谱长编》上册,中华书局,1991 年版。

23. 傅勤家:《中国道教史》,上海书店出版社,1984 年版。

24. 李镇:《同治究竟死于何病》,《文史哲》杂志,1989 年,第 6 期。

25. 山人:《龙虎山 62 代天师张元旭墓重修一新》,《中国道教》,1994 年,第 2 期。

26. 北京市档案馆:《北京寺庙历史数据》,中国档案出版社,1997 年版。

27. 王見川、高萬桑:《近代張天師史料彙編》,博揚文化事業有限公司,2013 年版。

后　记

由汉代张陵、张衡和张鲁祖师创立正一天师道（五斗米道），传续了两千多年，龙虎山天师府在中国历史和社会文化发展中有着重要的地位，堪与曲阜孔府相媲美，成为构成了中国历史文化儒、道、释三大支柱之一道教的代表与象征。历代张天师对中国民间民俗和地方社会生活有着重要影响。有关天师生平事迹，素来受到教内和教外的重视。天师府内部很早就有天师世家谱录，明初第四十二代天师据此撰有《汉天师世家》一卷，明代大文豪宋濂等为之作序；其后，第五十代天师张国祥续修第四十二代至第四十九代天师传记，于万历三十五年（1607）成《汉天师世家》；民国初，第六十二代天师张元旭继其功，增补第五十代天师至第六十一代天师传，是为今本《补天师世家》。

改革开放以来，随着道教研究的蓬勃开展，国内外学术界对龙虎山天师府研究日趋深入，有关历代天师生平事迹的考究也成为学界关心的焦点之一，有关张天师的通俗文学作品和传说读物也时有所见。但是就目前国内外张天师研究情况来看，尚未有系统的历代张天师生平事迹和思想研究的著作问世，这与龙虎山天师府的历史地位与深远社会影响极不相称。鉴于此，2011 年年初，龙府山天师府主持张金涛道长倡议启动龙虎山《中国历代张天师评传》系列研究计划，本丛书由四川大学道教与宗教文化研究所盖建民教授任执行主编，负责具体组织实施。各卷撰稿人均是近年来崭露头角、活跃在道教研究一线的中青年学者。

《中国历代张天师评传》五卷本，广泛收集《道藏》《藏外道书》《道教宫观志》《中华续道藏》《四库全书》《续修四库全书》等道藏内外张天师文献，包括考古出土的文献和民间抄本、碑刻史料，以及地方志和文人笔记史料、传说等，在详尽占有资料的基础上，以客观平实的态度，依照年代次序对龙虎山天师府六十三代天师的生平、道履、传道弘法和教义思想，以及在道教史上的贡献和社会影响诸方面，进行系统梳理考证、记述和评论。

传主上迄汉代张陵、张衡、张鲁祖师评传，两晋南北朝天师评传、隋唐宋元历代天师评传，明清历代天师评传，下至民国第六十三代天师张恩溥评传。体例采用传记与文学思想评论相结合的写作形式，每部作品主要由史传和评论两大部分构成。内容包括张天师的生平（包括姓名、生卒年月考证、嗣教时间、道号、赐号、封赠、赏赐）；主要传教弘法活动、神话传说、神异灵验等；著述文献和思想评析；道教史、道教思想史上的贡献和社会影响评述等。

《中国历代张天师评传》从社会政治思想、宗教、哲学、文学、医学养生诸方面重新审视评析张天师的地位和影响，在历代张天师生平史料挖掘方面，多有新的发现和新材料的运用，不仅对于正一道历史研究有学术价值，而且对于弘扬中华优秀传统文化也有积极的现实意义。

本丛书写作大纲由执行主编盖建民拟定，各卷作者分工如下：

卷一　蒋朝君

卷二　张崇富

卷三　何振中

卷四　贾来生

卷五　江　峰

全书最后由盖建民进行统稿和文字体例的编辑修订。

《中国历代张天师评传》能够如期出版，还要感谢香港黄维溢先生的热情资助。

执行主编盖建民谨识

甲午春于四川大学道教与宗教文化研究所

图书在版编目(CIP)数据

中国历代张天师评传. 第5卷 / 江峰著. —南昌 :
江西人民出版社, 2014.11
ISBN 978-7-210-06809-9

Ⅰ. ①中… Ⅱ. ①江… Ⅲ. ①道教-天师-列传-中国 Ⅳ. ①B959.92

中国版本图书馆CIP数据核字(2014)第258741号

中国历代张天师评传(卷五)
作　　者:江　峰　著
策划编辑:游道勤
责任编辑:吴艺文
封面设计:章　雷
出　　版:江西人民出版社
发　　行:各地新华书店
地　　址:江西省南昌市三经路47号附1号(邮编:330006)
编辑部电话:0791—86898470
发行部电话:0791—86898893
网　　址:www.jxpph.com
2014年11月第1版　2014年11月第1次印刷
开　　本:787毫米×1092毫米　1/16
印　　张:12
字　　数:210千
ISBN 978-7-210-06809-9
赣版权登字—01—2014—601

定　　价:52.00元
承 印 厂:深圳市精彩印联合印务有限公司